Ángela Monje Pascual

LA ARQUITECTURA DEL TRABAJO
El incremento de la entropía
organizativa en las corporaciones

Monje Pascual, Ángela
 La arquitectura del trabajo : El incremento de la entropía organizativa en las corporaciones / Ángela Monje Pascual . - 2a ed . - Ciudad Autónoma de Buenos Aires : Diseño, 2020.
 280 p. ; 21 x 15 cm. - (Textos de arquitectura y diseño / Camerlo, Marcelo)
 ISBN 978-1-64360-282-0
 1. Arquitectura . 2. Investigación. 3. Entropía. I. Título.
 CDD 720.1

Textos de Arquitectura y Diseño

Director de la Colección:
Marcelo Camerlo, Arquitecto

Diseño de Tapa:
Liliana Foguelman

Diseño gráfico:
Cecilia Ricci

Hecho el depósito que marca la ley 11.723

La reproducción total o parcial de esta publicación, no autorizada por los editores, viola derechos reservados; cualquier utilización debe ser previamente solicitada.

© de los textos, Ángela Monje Pascual
© de los dibujos, Ángela Monje Pascual
© de las imágenes, sus autores
© del retrato de la autora, Late mi Lente
© 2020 de la edición, Diseño Editorial

I.S.B.N. 978-1-64360-282-0

ISBN EBOOK: 978-1-64360-283-7

Junio de 2020

Ángela Monje Pascual

LA ARQUITECTURA DEL TRABAJO
El incremento de la entropía
organizativa en las corporaciones

LA ARQUITECTURA DEL TRABAJO
El incremento de la entropía organizativa en las corporaciones

El subtítulo hace referencia al artículo que publicó la Universidad CEU San Pablo en 2018 en su revista de Arquitectura, *Constelaciones*, que resume el mensaje principal que desarrolla este texto.

Dedico este trabajo a todos los que me orientaron y motivaron, profesores y compañeros de la unidad docente PFC de la ETSAM, por su contribución directa o indirecta. En especial a Maria José Aranguren López por su generosidad y entusiasmo, que me ha aportado el ánimo necesario para terminar la tesis doctoral base de este texto.

Agradezco a Cushman & Wakefield su patrocinio para la publicación del libro.

A Angel Luis, por su apoyo incondicional.
A Alba, Clara y Ángela, por el tiempo que haya podido robarles.

ÍNDICE

10 PRÓLOGO

14 INTRODUCCIÓN
- 19 EL TRABAJO EN OFICINA
- 28 DIFICULTAD DE LA NOMENCLATURA
- 34 SELECCIÓN DE OBRAS

42 LA OFICINA LINEAL
- 44 EL ORIGEN DE LA OFICINA LINEAL
  - 49 TAYLOR Y FORD
  - 54 EL APARTAMENTO
  - 56 LARKIN
- 58 EL ENTORNO DE TRABAJO LINEAL
  - 50 EL EQUIPAMIENTO LINEAL
  - 62 LA IMPLANTACIÓN LINEAL
  - 68 LAS CLAVES DE LA OFICINA LINEAL
- 70 EL EDIFICIO LINEAL
  - 78 LA MÁQUINA DEL TRABAJO
  - 82 LA OPACA PIEL DE VIDRIO
  - 88 LA CENTRALIDAD LABORAL Y URBANA

94	LA OFICINA MODULAR
96	EL ORIGEN DE LA OFICINA MODULAR
99	ELTON MAYO
104	MAD MEN
106	JOHNSON WAX
110	EL ENTORNO DE TRABAJO MODULAR
112	EL EQUIPAMIENTO MODULAR
116	LA IMPLANTACIÓN MODULAR
122	LAS CLAVES DE LA OFICINA MODULAR
124	EL EDIFICIO MODULAR
128	LA ISOTROPÍA ARQUITECTÓNICA
133	EL LUGAR DE LAS RELACIONES HUMANAS
138	LA CIUDAD PROTEGIDA DE LOS NEGOCIOS

144	LA OFICINA LIBRE
146	EL ORIGEN DE LA OFICINA LIBRE
150	QUICKBORNER
154	PLAYTIME
156	OSRAM
160	EL ENTORNO DE TRABAJO LIBRE
162	EL EQUIPAMIENTO LIBRE
168	LA IMPLANTACIÓN LIBRE
175	LAS CLAVES DE LA OFICINA LIBRE
178	EL EDIFICIO LIBRE
181	LA EXHIBICIÓN DE LA ALTA TECNOLOGÍA
169	EL PODER DE LOS NEGOCIOS
194	LA SEDE COMO MEDIO DE COMUNICACIÓN

200	**LA OFICINA INFORMAL**
202	EL ORIGEN DE LA OFICINA INFORMAL
207	FRANK DUFFY
214	LA RED SOCIAL
216	CHIAT
219	EL ENTORNO DE TRABAJO INFORMAL
222	EL EQUIPAMIENTO INFORMAL
224	LA IMPLANTACIÓN INFORMAL
229	LAS CLAVES DE LA OFICINA INFORMAL
230	EL EDIFICIO INFORMAL
233	LA ESTRUCTURA EN RED
238	CRITERIOS DE SOSTENIBILIDAD
248	EL TRABAJO EN LA CIUDAD DISPERSA
254	**CONCLUSIONES**
258	LA PROTECCIÓN EMPRESARIAL
261	UNA OPORTUNIDAD EN LA ERA DEL INDIVIDUALISMO
263	EL CAPITAL SOCIAL
266	**UN RETO PARA EL ENTORNO DEL TRABAJO 2020**
270	**BIBLIOGRAFÍA**

PRÓLOGO

Seguro que cuando Walt Disney pensaba a mediados del siglo XX aquello de que "se puede diseñar, crear y construir el lugar más maravilloso del mundo pero nunca será una realidad sin las personas", no estaba pensando en una oficina. Ahora, en el siglo XXI, no sería posible crear un entorno de trabajo sin tener en cuenta el impacto que tendrá en los hábitos y costumbres de sus usuarios y de todas aquellas personas que interactuarán con ella física o tecnológicamente.

Angela Monje nos muestra con esta obra el camino que la arquitectura corporativa ha seguido desde sus orígenes, hace algo más de un siglo, hasta nuestros días. Un libro que para Cushman & Wakefield, en su afán de investigar y desarrollar entornos de trabajo para empresas y organizaciones en todo el mundo, marca un hito en un texto de estas características en nuestro idioma, siendo un orgullo para nuestra organización haber podido participar.

Hoy en día, la creación de un nuevo ecosistema profesional no sólo se basa en conocimientos técnicos. Factores tecnológicos, el comportamiento humano, la responsabilidad social, los valores éticos, morales y culturales, así como el propósito mismo de su existencia o la capacidad de adaptación de una organización en un entorno global deben tenerse en cuenta desde el principio. Este nuevo paradigma hace que profesiones como la antropología, sociología o psicología sean hoy tenidas en cuenta en el desarrollo de esta ciencia, ya que la satisfacción de la persona en el uso de ese ecosistema es el parámetro de partida que mide el éxito del proyecto.

En este recorrido de "la arquitectura del trabajo" conoceremos cómo eran los primeros entornos administrativos de organizaciones que desarrollaban su actividad de manera sistemática y repetitiva y que se separaron de las plantas productivas a comienzo del siglo XX, hasta cómo la revolución tecnológica del siglo XXI ha impactado en nuestras vidas personales y profesionales, difuminando por completo la frontera que les separaba y con ello el cambio radical en nuestro modo de trabajar y relacionarnos, pasando por el momento, en la década de los 60, en los que la competencia del diseño de los edificios (contenedor) se separa del de la creación de los espacios de trabajo (contenido).

Las tendencias en un futuro próximo están enfocadas claramente en dos direcciones que deben coexistir: La toma de decisiones sobre los entornos de trabajo se deben medir en el impacto que esa decisión tenga sobre las personas, no sólo empleados, sino cualquiera que interactúe con nuestra organización, hablando así de una "arquitectura emocional y ambiental" y generar la máxima capacidad de adaptación posible de las empresas ante los factores globales que afecten a su actividad y a la economía en general.

Ahora, siguiendo la idea de Walt Disney, si pensamos primero en las personas, se podrá diseñar, crear y construir la oficina más maravillosa del mundo.

Óscar Fernández Serrano
Cushman & Wakefield
Project and Development Services Spain

INTRODUCCIÓN

En el ámbito de la cultura, las ciencias sociales o la economía, las crisis son un fenómeno que se sucede cíclicamente[1]. Descubrir una ley que regule el periodo o la duración de estas es algo que pretenden descifrar los expertos en cada campo. La última gran crisis financiera asienta la certeza de que el crecimiento continuado de la economía no es infinito[2]. Los ciclos económicos que producen subidas y bajadas consecutivas, planteados como auto-equilibrio de la economía, nos pueden llevar a "subidas tan vertiginosas que sus caídas sean catastróficas"[3]. En este contexto, el desarrollo de la tesis gira en torno al Trabajo, que aparece a lo largo del texto como tema de fondo.

Nos inspiran las palabras de Albert Einstein: "La crisis es la mejor bendición que puede sucederle a personas y países, porque la crisis trae progresos. La creatividad nace de la angustia como el día nace de la noche oscura. Es en la crisis que nace la inventiva, los descubrimientos y las grandes estrategias". Nos encontramos en un momento crucial para revisar la Arquitectura del Trabajo, para preguntarnos sobre cuál es el papel del arquitecto y qué puede aportar la Arquitectura en este panorama de crisis. Con este propósito nos enfrentamos a la observación de la Arquitectura del Trabajo administrativo desde el punto de vista de la organización laboral. La última crisis, originada en la primera década de este siglo, ha puesto en cuestión el sistema económico de los países desarrollados donde el trabajo es el gran perjudicado. Su escasez preocupa a los ciudadanos y ocupa a los gobiernos que se plantean fórmulas nuevas sobre los convenios del trabajo, que garanticen la estabilidad económica sin perder la protección de las condiciones laborales. Todo

---

[1] El primero que ofreció una visión del capitalismo como sistema dinámico, con alternancia de fases de crecimiento y crisis, fue el economista austriaco Joseph A. Schumpeter y desde entonces se ha considerado un factor cíclico.
[2] Señalan expresamente este hecho: Ulrich Beck: Un nuevo mundo feliz. La precariedad del trabajo en la era de la globalización. Paidos, Barcelona, 2003; Jeremy Rifkin: *El fin del trabajo. Nuevas tecnologías contra puestos de trabajo: El fin de una era.* Barcelona, Paidos, 1996; Elmar Altvater: *El fin del capitalismo tal y como lo conocemos.* El viejo Topo, 2012.
[3] Según Adela Cortina, en tiempos de globalización el trabajo estable se transforma en trabajo precario y la fuerza de una comunidad empresarial degenera en redes y trabajo en equipo, tan flexibles como evanescentes.
Adela Cortina, *¿Para qué sirve realmente la ética?*. Paidós, Barcelona, 2014 pág. 41.

esto, dentro de un debate social que da la impresión de estar dando palos de ciego, pero que indudablemente está planteando las bases de la economía del futuro, inmersa en nuevos retos con la vista puesta en la sostenibilidd del planeta.

La sociedad plantea sus dudas, los emprendedores buscan soluciones novedosas y los arquitectos debemos estar a la altura para ofrecer una salida razonada a los nuevos entornos de trabajo, de la misma forma que Frank Lloyd Wright apostó por una propuesta definitivamente taylorista en el edificio Larkin, en un momento en el que el crecimiento económico necesitaba un sistema de gestión innovador y adecuado a los tiempos modernos. Tras un siglo de andadura, conviene revisar los conceptos relativos a la gestión empresarial. Algunas cuestiones económicas, filosóficas y sociales nos acompañarán a lo largo del texto para analizar los cambios organizativos que durante el siglo pasado han promovido modificaciones en la arquitectura corporativa, en la medida en la que cada organización laboral necesite una respuesta arquitectónica coherente.

Cien años es el ámbito temporal que nos ocupa, un periodo largo pero preciso, necesario para poder evaluar un proceso de evolución efectivo. La organización del trabajo dispone de herramientas que han sido ensayadas durante el siglo pasado y que muestran el engranaje de su funcionamiento y su resultado. Partimos de la hipótesis de que las respuestas arquitectónicas a cada una de estas organizaciones no tienen tanto que ver con la época en la que se originaron, sino que aparecieron para quedarse, perduran hasta nuestros días, en algunos casos con mínimas modificaciones a pesar de los enormes cambios técnicos, sociales y estructurales que se han ido desarrollando. Para demostrarlo, se identifican los tipos más relevantes de la implantación de la oficina durante el siglo XX que podrían considerarse universales en base a criterios físicos, organizativos, sociales y técnicos. El objetivo principal incide en la búsqueda de ciertas características de la arquitectura que ha albergado estas implantaciones con el fin de vislumbrar algunas consecuencias arquitectónicas para cada organización al margen de su contexto histórico. El estudio paralelo entre la implantación de la oficina y la arquitectura que la alberga nos permitirá sacar las conclusiones oportunas que permitan evaluar la idoneidad de cada una de ellas con una visión crítica y actualizada.

La crisis del 2008 ha cuestionado el capitalismo que se puso en marcha a partir de los años ochenta, un capitalismo evolucionado y distante de sus planteamientos originales, que se ha visto afectado con los últimos cambios del sistema económico. En las siguientes líneas sólo pretendemos ofrecer una pincelada de una visión económica sobre diversas teorías del capitalismo, que apunta hacia las nuevas oportunidades laborales que han ido evolucionando el comportamiento de las grandes compañías, como primer acercamiento a un tema complejo que nos va a acompañar a lo largo de esta lectura, el Trabajo.

Para hablar del Trabajo no podemos dejar de mencionar la postura crítica de Karl Marx[4], que elaboró un análisis científico de las transformaciones económicas, sociales y políticas que tuvieron lugar a lo largo de la historia. Según él, el crecimiento de la producción y el incremento económico de los capitalistas, a costa del trabajo del proletariado, provocaría una revuelta tal que condenaría al capitalismo a su desaparición. Ese pensamiento permanece latente en la conciencia colectiva y resurge en momentos de crisis. Según Max Weber[5], pionero en estudiar la dimensión social y religiosa en el comportamiento económico, la ética protestante favoreció la expansión del capitalismo occidental. Pero fue el economista británico John M. Keynes[6] quién, sin oponerse al capitalismo, opinaba que si se dejaba a su libre albedrío podía degenerar en desempleo y crisis. Para evitarlo recomendaba políticas de grandes obras públicas, un reparto más igualitario de la riqueza y estimular la inversión. Estas políticas de inspiración keynesiana vuelven a suscitar interés a consecuencia de la última crisis.

El primero que ofreció una visión del capitalismo como un sistema dinámico fue el economista austriaco Joseph A. Schumpeter. Según sus teorías, la innovación es fuente de crecimiento hasta que su potencial se agota y aparece un nuevo ciclo. En este proceso los emprendedores desempeñan un papel esencial, quienes impulsados por la búsqueda de beneficios, estimulan el surgimiento de técnicas novedosas, cada

---

[4] Karl Marx: *El Capital*. 1867.
[5] Marx Weber: *La ética protestante y el espíritu del capitalismo*. 1901.
[6] John M. Keynes: *Teoría general del empleo, del interés y de la moneda*. 1936.

vez más eficientes. Según Schumpeter el mercado libre se autorregula y equilibra por sí solo. Pero como señala Karl Polanyi[7], el mercado libre de tierra, moneda y trabajo ya se llevó a cabo entre 1830 y 1930 y las tensiones económicas y sociales que se generaron como consecuencia, llevaron a la adopción de políticas intervencionistas tras la gran crisis de 1929.

A partir de los ochenta el capitalismo adoptó una nueva postura que está de nuevo en un profundo proceso de revisión a nivel internacional. Algunos autores como Elmar Altvater[8], seguidor del historiador francés Fernand Braudel, el capitalismo estará presente en la economía y no llegará a ver su final, a menos que lo haga a través de la combinación de un shock externo de extrema violencia y una alternativa convincente desde dentro de la sociedad.

La crisis del cambio de siglo ha movilizado a la sociedad que busca otras opciones políticas, pero a pesar de la larga duración y dureza del periodo en crisis, afortunadamente, no se han activado movimientos defensores de la extrema violencia de forma generalizada, afortunadamente, sin pretender obviar los levantamientos sociales que están forzando cambios a nivel político y social anteriormente inimaginables. Esté en lo cierto o no Altvater, lo que ha quedado realmente en evidencia es que el capitalismo no es estable y está lejos de permanecer libre de toda crisis. Las crisis financieras de las pasadas décadas son responsables de la creciente desigualdad, pobreza y miseria en el mundo. Y al mismo tiempo, es desde el seno de las sociedades capitalistas donde se desarrollan alternativas, una economía solidaria y una incesante búsqueda hacia una sociedad ecológicamente sostenible.

---

[7] Karl Polany: *La gran transformación.* 1944.
[8] Elmar Altvater: *El fin del capitalismo tal y como lo conocemos*. El viejo topo, 2012.

EL TRABAJO EN OFICINA

La Arquitectura del Trabajo[9] a la que nos vamos a referir no engloba aquellas edificaciones que alberguen cualquier tipo de trabajo. No vamos a hablar de agricultura, servicios de limpieza, venta de productos, profesores, médicos, ni pilotos aéreos. No vamos a estudiar, por lo tanto, naves, comercios, colegios, hospitales, ni aeropuertos. Nos referimos exclusivamente a un aspecto del trabajo que se enmarca dentro del sector terciario, ofrece servicios a la población, dirige, organiza y facilita la actividad productiva del sector primario y secundario. Se ocupa, por tanto, de gestionar el comercio, los transportes, las comunicaciones, las finanzas, el turismo, la hostelería, el ocio, la cultura, los espectáculos, la administración pública y los servicios públicos. La mayoría de estos servicios necesitan de una sede corporativa para realizar su actividad que se ubica principalmente en la ciudad o en relación con ella.

Un tema tan genérico como *la Arquitectura del Trabajo* plantea desde el principio dudas motivadas por su gran complejidad. Nos encontramos ante una dificultad que nos obliga buscar un camino coherente que sirva de guía para acometerlo en profundidad con un método ordenado y claro. Son muchos los temas relacionados y cada uno de ellos proporcionaría múltiples temas de estudio. Los edificios de oficinas deben incorporar y dar respuesta a una gran variedad de cuestiones, desde la relación con la ciudad, los avances en la investigación estructural, la representatividad del cerramiento, las instalaciones de climatización, electrificación y las condiciones necesarias para el mejor aprovechamiento energético. El tema es amplio y cubre tantos aspectos que correríamos el peligro de divagar sobre diferentes cuestiones, vinculadas entre sí, que consideramos se pueden tratar con cierta independencia.

---

[9] Bajo el título: *La Arquitectura del Trabajo. El entorno de la oficina en el siglo XX, hacia una organización informal*, se desarrolló la tesis doctoral origen del presente libro que fue leída en la Escuela Técnica Superior de Arquitectura de Madrid en Septiembre de 2016, con el respaldo de mi directora Mª José Aranguren López y que consiguió la máxima calificación, Sobresaliente cum Laude, otorgada por el tribunal formado por el catedrático José Gonzalez Gallegos y los profesores Jose María García del Monte, Oscar Rueda Jimenez, Jose Luis Esteban Penelas y Jose María Lozano Velasco.

Los grandes edificios funcionan como un organismo complejo. Cada elemento que lo conforma, lo define con precisión. Giedion señala que la arquitectura "… es un producto de una suerte de factores, sociales, económicos, científicos, técnicos y etnológicos"[10]. Partimos de la base de que si estudiamos una parte pequeña de los edificios más emblemáticos de la Arquitectura del Trabajo, tendremos con exactitud las características del organismo al que pertenece, como si se tratase de su ADN. La cuestión es encontrar el punto de observación adecuado y un método acertado que nos permita detectar los aspectos relevantes, sociales, económicos, científicos, técnicos y etnológicos dentro del complejo conjunto formado por la gran variedad existente de tipos de edificios de oficinas. Con este propósito, planteamos como punto de partida una cuestión relativa a las necesidades de las empresas y los trabajadores. Consideramos adecuado empezar por lo más pequeño, como una unidad de medida que contiene la esencia del organismo. Francisco Javier Sáenz de Oíza proponía como unidad del trabajo burocrático una unidad de papel, el folio. En la actualidad el folio ha sido sustituido por el ordenador personal. En la duda entre el folio y el ordenador, planteamos un elemento común, el usuario, el trabajador, como si se tratase de una unidad de medida básica. Prestar atención al elemento base de la organización laboral, al individuo y al puesto de trabajo adecuado a cada entorno laboral, nos permite identificar rasgos comunes en la implantación de la oficina. A partir del estudio de las características del equipamiento individual de trabajo y la relación entre ellos, encontramos ciertas leyes en la planificación identificativas del lugar de trabajo. Así como a principios del siglo pasado la organización laboral pretendía que cada empleado funcionase perfectamente como un elemento del engranaje de la máquina, en la primera década del nuevo siglo nos encontramos con una organización radicalmente diferente, con mayor intercambio de conocimiento y realización de actividades comunes, o tareas que requieren un mayor grado de concentración. La forma física del modo de trabajar ha cambiado profundamente gracias a la incorporación de nuevas tecnologías.

Es, por tanto, fundamental encontrar las claves de la Arquitectura del Trabajo desde este enfoque, una unidad espacial mínima, entendida

---

[10] Sifried Giedion: *Space, Time & Architecture, The growth of a new tradition.* Harvard University Press, London. Architecture as an organism. (pag 19)

como el elemento singular y unitario que sirve de base para la organización y distribución del espacio dentro de los edificios de oficinas. El equipamiento del puesto de trabajo nos sirve como argumento base para estudiar los diferentes cambios que van sucediéndose en la organización del trabajo y en las diversas necesidades arquitectónicas de los edificios que los acogen. Los casos más representativos se convierten en el hilo conductor e introducen aspectos como la evolución de los condicionantes socioeconómicos, las iniciativas empresariales de cada época, la incorporación de los avances tecnológicos aplicados a la electrificación concreta del puesto de trabajo y, por último, como consecuencia para esta tesis, la relación con las envolventes del entorno de trabajo, con la propia arquitectura y la tipología del edificio de oficina.

Pocos arquitectos tienen la oportunidad de incorporar en sus proyectos de oficina un mobiliario específico acorde con las necesidades empresariales. Podemos recordar a Frank Lloyd Wright en Larkin y Johnson Wax, y Richard Rogers en Lloyd's, que dieron una solución a la organización de la empresa y diseñaron un puesto de trabajo a la medida de las necesidades de sus clientes. Sin embargo, desde que se empezaron a comercializar los modelos elaborados por las casas comerciales, los arquitectos definen una implantación concreta y utilizan los productos que ofrece el mercado. Parte de la innovación en el trabajo surge de las empresas dedicadas al mobiliario de oficina. En el mejor de los casos, algunas casas importantes en el sector de oficina toman la decisión de contratar a arquitectos con renombre para que realicen los diseños estandarizados y dotar al mobiliario de un concepto que defina un tipo de oficina. Tecno, aprovechó el diseño del modelo Nomos para producirlo en serie y utilizar el nombre de Foster como reclamo para otras empresas. En este sentido, Vitra dispone de una colección de arquitectos de la altura de Charles & Ray Eames, Jean Prouvé, Eero Saarinen, Herzon & de Meuron, Frank Ghery, entre otros. Fabrica sus productos, especializados fundamentalmente sillería, que pasan a ser piezas de coleccionista para un mercado compuesto por arquitectos que visten los entornos de trabajo con piezas consagradas. Destacamos la silla Aluminium Group de los Eames por su gran aceptación en la oficina actual. Esta silla, junto a su versión posterior Soft Pad de 1969, es una de las más utilizadas en zonas de reunión o espera, a pesar de no disponer de las condiciones exigibles de regulación de asiento. La sillería en el puesto de trabajo es un elemento fundamental para adoptar las condiciones de ergonomía necesarias para una buena postura. Sin embargo, no afecta sustancialmente a la organización del entorno de trabajo. Por ese motivo no es centro de atención de este texto.

La elección de los ejemplos propuestos supone un interés en la búsqueda de los casos más emblemáticos, que reflejen de manera clara los aspectos organizativos y de agrupación señalados. El mobiliario de Frank Lloyd Wright y la casa comercial Van Dorn Works en el edificio Larkin, el mobiliario para el Rockefeller Center de la casa Roneo, el diseñado también por Wright posteriormente para Johnson Wax, esta vez junto a Steelcase y Warren Mac Arthur, el mobiliario de Design for Business que incorpora Gordom Bunshaft en la Union Carbide, la aportación en el mueble de oficina de los hermanos Schnelle, la línea Resolver de Herman Miller, el diseñado por Norman Foster como serie Nomos de la firma Tecno, y el mobiliario del edificio Lloyd de Londres diseñado por Richard Rogers, nombrados cronológicamente, no obedecen solo a maneras personales de diseñar. Los resultados son producto de cambios sustanciales en la organización laboral, de la incorporación de los instrumentos necesarios para el desarrollo de la actividad, de la aportación de la tecnología lumínica y ambiental y de la actitud empresarial que promueva la posibilidad de colaboración y comunicación entre los empleados. Una vez establecidos los principales equipamientos que han supuesto un cambio novedoso para la implantación de la oficina se han definido las claves del lugar de trabajo. Las diferentes organizaciones laborales se identifican con unos parámetros comunes que se aglutinan en un grupo genérico. A partir de ahí, estamos en condiciones de plantear en qué medida le corresponde una determinada arquitectura, con una mirada introspectiva, mediante pautas internas y básicas que se reflejan en un espacio adecuado a las necesidades de la empresa y de los trabajadores.

La presencia de los edificios administrativos en las grandes ciudades otorga una imagen de riqueza y poder que los convierten en elementos emblemáticos de interés para todos los ciudadanos. Seguramente por ello se editan innumerables libros, unos más teóricos que nos hablan de la estructura, soluciones constructivas, aspectos bioclimáticos, la evolución tipología o la tecnología aplicada, y muchos otros ilustrativos que nos enseñan espectaculares fotografías de rascacielos y grandes edificios de empresas. Pocos de ellos entran en cuestiones teóricas que afecte a la planificación interior, o lo hacen solo de forma tangencial. Algunos muestran ejemplos de actuaciones de interiorismo en oficinas como reflejo de la identidad corporativa de algunas empresas innovadoras, eludiendo la implicación con el edificio que las alberga. Son ediciones fundamentalmente fotográficas, con pequeños artículos justificativos de la propuesta, que en algunos casos ofrecen visiones interesantes aunque en aspectos muy particulares. Las revistas especializadas introducen algunos aspectos relativos a la planificación y organización interior. Por otro lado, existe una gran variedad de libros de mobiliario por etapas y estilos que apenas dedican atención al equipamiento de oficina. Los libros que editan habitualmente las casas comerciales del mobiliario de oficina nos ofrecen solo las opciones que existen en el mercado con la solución concreta de electrificación y agrupamiento sin profundizar en cuestiones arquitectónicas.

Entre los dos temas, el edificio corporativo y la organización laboral, pocos se han dedicado a estudiar el equipamiento de trabajo y las relaciones posibles entre las soluciones de planificación interior con el edificio, las necesidades de la empresa y la tecnología necesaria. El marco teórico de referencia para este tema se limita a los pocos textos que se incluyen en la bibliografía entre los que conviene destacar algunos. En América, Reinhold Martin en *The Organizational Complex, Architecture, Media and Corporative Space*, ofrece una visión actualizada de la oficina americana de la postguerra, interesante por su análisis teórico. En Europa, Frank Duffy había publicado anteriormente varios libros referidos al entorno del trabajo. En los años setenta introdujo el concepto alemán de 'burolandchaft' al mundo anglosajón y desde entonces ha publicado numerosos libros especializados en la oficina, el más significativo, *The new office*, publicado en 1995. Sus últimas publicaciones están más vinculadas a los desafíos que las comunicaciones virtuales ofrecen al diseño de la ciudad que a la implantación interior de la oficina. Es difícil encontrar información sobre la influencia de los cambios en la organización del trabajo en el mobiliario, el puesto de trabajo, su agrupación y el entorno más inmediato. En el mayor número de los casos esta información es superficial y se entretiene en detalles poco relacionados con la arquitectura en sí. A veces, sirven para la introducción de un tema más genérico y pocos profundizan en ello. La influencia anglosajona no ha repercutido en la organización del trabajo en España, de hecho se han traducido pocos de sus libros. *Planning Office Space*, de Frank Duffy, Colin Cave y John Worthington es un ejemplo con gran repercusión y junto a *El edificio de oficinas. Análisis y criterios de diseño* de Luis Fernandez-Galiano, plantean estas cuestiones a finales de los setenta, pero ambos casos se encuentran desfasados en cuatro décadas. *Técnica y Arquitectura en la ciudad contemporánea, 1950-2000*, de Iñaki Ábalos y Juan Herreros, inciden en esta cuestión, aunque no es el tema central del libro. Por otra parte, en los últimos años han aparecido numerosas publicaciones que hacen referencia a la crisis y a la economía. Las personas de a pie se interesan por las cuestiones económicas, sociales y filosóficas, que impulsan la edición de textos en esta línea. Los clásicos como Adam Smith o Joseph A. Shumpeter comparten estantería con Nuccio Ordine, Jeremy Rifkin, Elmar Altvater y Ulrich Beck, por nombrar solo algunos. Entre los españoles, Jose Luis Pardo y Adela Cortina han servido de referencia para introducir aspectos de otras disciplinas que son completamente imprescindibles. Tras el análisis de una larga bibliografía, se evidencian los desajustes que se producen entre unos y otros, las diferencias y variedad de la nomenclatura utilizada y la dificultad de aunar estos estudios en una visión común, que nos permita sacar algunas conclusiones.

El trabajo en las grandes ciudades de los países desarrollados se realiza fundamentalmente en edificios administrativos para la gestión de empresas públicas y privadas. La solución arquitectónica propuesta va a depender del tipo de empresa. No existe una solución única y óptima, sino que debe ser adecuada a las necesidades del trabajo, la actividad del trabajador y a la imagen corporativa interna y externa que pretenda la empresa. No debe, por lo tanto, tratarse de la misma manera una agencia publicitaria que un bufete de abogados. Entre las empresas más dinámicas e innovadoras y las más conservadoras existe una gran gama de posibilidades a las que debemos atender de forma adecuada con un posicionamiento crítico, actual y acertado.

La arquitectura dedicada en exclusividad al trabajo, la sede de una empresa, se presenta en muchas ocasiones de forma inequívoca como un elemento emblemático y representativo frente a la ciudad, mientras que se descuida en gran medida el entorno del trabajo, con una falta de propuesta en cuanto a una idea claramente definida. Durante el pasado siglo, cada década ha desarrollado innovaciones que reflejan el interés de los empresarios y arquitectos en buscar el entorno de trabajo adecuado. El gran espacio central de edificios como Larkin, Johnson, Lloyd, o la Fundación Ford, que identifica un lugar laboral, ha pasado a utilizar espacios anodinos, de 2'50 metros libres, limitados por un suelo y un techo técnicos estandarizados. Las características esenciales de los lugares de trabajo pasan por la homogeneidad energética, lumínica y climática, que permitan cualquier planificación. La versatilidad que se proporciona así es necesaria, pero no justifica la eliminación de algunos ámbitos que puedan proporcionar mayor calidad arquitectónica. La organización de los empleados y la estructura laboral de la empresa definen un esquema de implantación. Conseguir la máxima productividad pasa por considerar específicamente estos espacios. No se trata sólo de hacer un "diseño interesante", de escoger los colores, acabados y materiales que nos parezcan más adecuados por cuestiones de marca u otros motivos. Por el contrario, se debe partir de un conocimiento previo del engranaje interno de la empresa. Es fundamental entender la cultura propia de la compañía y crear una estrategia o programa de espacios que se ajuste a sus necesidades y que permita a las personas realizar su actividad laboral conforme a las exigencias de los nuevos tiempos con el fin de ser más eficaces en su trabajo. Desde este punto de vista, podemos encontrar soluciones arquitectónicas más convenientes que la inmediatez de la superposición de plantas idénticas, más o menos embellecidas con un maquillaje superficial de decoración arquitectónica.

La necesidad de una especialización para la definición de los entornos del trabajo es imprescindible desde la oficina paisaje de los años sesenta. Las condiciones del trabajo no son parecidas a las de entonces, sin embargo, la autonomía de la distribución continúa siendo necesaria. La complejidad del encargo completo conlleva una superposición de los tiempos en los que coinciden dos actuaciones independientes, por un lado, la construcción del edificio y, por otro, la organización de la empresa. El tiempo dedicado a la intervención en estos espacios es un elemento clave y está presente en todo momento ya que estas intervenciones ralentizan el funcionamiento de la empresa y repercute directamente en la inversión económica. Por otra parte, es habitual el régimen de alquiler de edificios enteros o por plantas, donde la arquitectura es independiente de la empresa que lo va a ocupar. Además, durante la larga vida de un edificio, éste puede acoger diferentes implantaciones de oficina, bien por cambios organizativos de la empresa o bien por la sustitución de una compañía por otra. En cualquier caso, los equipos que proyectan y construyen el edificio son diferentes de los que definen y materializan la implantación a la medida de las necesidades de la organización del trabajo que se va a desarrollar en él. Por lo tanto, los arquitectos especializados en edificios corporativos están obligados a conocer y asumir la tendencia que las organizaciones laborales empiezan a adquirir a partir de este convulso cambio de siglo y abandonar las propuestas anticuadas.

Por otro lado, numerosas empresas especializadas realizan estas intervenciones en el interior de los edificios de forma independiente de la construcción del mismo y ponen todo su esfuerzo en la planificación de los entornos laborales con diversos profesionales, arquitectos, ingenieros, interioristas y diseñadores industriales, que trabajan en equipo en un tiempo lo más ajustado posible. Por su parte, los arquitectos especializados en edificios de oficina se preocupan poco del entorno de trabajo, se limitan a definir espacios donde cualquier empresa pueda ser acogida y organizar a sus trabajadores mediante una homogeneización del espacio que permita cualquier distribución. Los arquitectos encuentran un nuevo reto en la planificación y diseño de estos espacios, una especialización para la que no han sido específicamente formados. Las consideraciones teóricas o el conocimiento de estos aspectos es mínimo y la mayoría de las veces cobra más importancia el tiempo de ejecución que la solución adoptada. Realizar una implantación implica considerar otras cuestiones que parten de identificar la cultura de la empresa, su imagen corporativa y su posicionamiento. A partir de ahí se puede establecer la ubicación óptima dentro de la estructura urbana de la ciudad, considerar las condiciones del edificio acordes a la cultura y el posicionamiento de la compañía, diseñar del sistema de equipamiento, como elemento independiente y con una conveniente agrupación, adecuado a la multitud de formas de trabajo y al posicionamiento de la empresa y proponer las áreas de uso periférico al trabajo, recepción, salas de conferencias, comedores, lugares de encuentro y descanso, y otros lugares alternativos que aparecen por primera vez.

Las empresas exigen unas condiciones específicas a sus trabajadores, una formación adecuada y una personalidad acorde al puesto. Marcan las pautas de comunicación de su imagen corporativa mientras que los arquitectos debemos ofrecer el espacio adecuado a cada organización. Las actividades de gestión de algunas compañías ven en la disgregación del trabajo en empresas de servicios subordinadas una oportunidad para su desarrollo. Esta diseminación del trabajo se propaga por la ciudad sin una zonificación previa y junto a la flexibilidad de los nuevos contratos y las escasas oportunidades laborales, establecen un marco de referencia inédito en el que el sistema de trabajo se encuentra en un proceso de adaptación. Estas cuestiones, en el contexto de crisis económica, cobran ahora un nuevo cariz donde, según Adela Cortina[11], los valores éticos de los profesionales adquieren un papel relevante.

Estos asuntos han sido acometidos en el siglo pasado por personajes con distinta formación, como Taylor (ingeniero), Mayo (psicólogo), Schnelle (fabricante) y Duffy (arquitecto) quienes, desde distintos puntos de vista, ayudaron al planteamiento de una organización laboral que repercute directamente en la forma física de la planificación de oficina. Veremos cada una de sus aportaciones de forma independiente pero también dentro de un conjunto de propuestas que surgieron a partir de sus trabajos. Muchas otras personalidades han aportado grandes conocimientos en este ámbito, pero son concretamente estas teorías las que definen una implantación precisa. Las tres primeras supusieron el origen de un modelo, con la implantación masiva de tres conceptos de oficina clásica conocidas habitualmente como *taylorista*, *abierta* y *paisaje*, respectivamente, que mantienen ciertos rasgos característicos aún en la actualidad. Los avances tecnológicos y las nuevas relaciones sociales entre los trabajadores plantean diferencias que no obstaculizan la identificación de unas pautas generales que permanecen constantes y que permiten incluir cada organización laboral clásica en alguno de los tres tipos que esta tesis propone y que hemos denominado como *lineal*, *modular* y *libre*, vigentes en la actualidad. La cuarta organización aparece al final del siglo XX y ofrece unos planteamientos sugerentes que no podíamos obviar en el desarrollo de este trabajo y que plantea una ruta coherente con los nuevos retos empresariales, hacia una oficina que hemos denominado *informal*. Estos cuatro tipos no son considera-

---

[11] Adela Cortina: *¿Para qué sirve realmente la ética?* Paidós, Barcelona. 2014. Pág 129.

dos como grupos cerrados y herméticos sino que, por el contrario, las diferentes organizaciones laborales se identifican con unos parámetros que le incluyen en mayor o menor medida en un grupo. A pesar de que en muchas ocasiones aparecen mezclados, es posible trazar las distintas líneas de actuación teniendo en cuenta el mayor o menor peso que tiene cada una de ellas. Los resultados arquitectónicos mantienen ciertos vínculos espaciales, sociales y culturales con alguno de estos grupos. El estudio de estas condiciones desde un punto de vista emocional y ético nos permitiría revisar su idoneidad ante los nuevos valores laborales.

DIFICULTAD DE LA NOMENCLATURA

"Las cuestiones de nombres son solemnes cuestiones de cosas, y por eso importa ante todo aclararlas para saber de qué estamos hablando"[12].

Para hablar con precisión, proponemos en primer lugar, definir la terminología que vamos a utilizar. La nomenclatura que se maneja habitualmente dispone de muchos matices, de tal forma que la abundancia de términos que desbordan las revistas del sector provenientes de los nuevos valores del trabajo, tales como *móvil, nómada, dinámica, ágil, hotdesk, a-territorial, participativa, mecanizada, optimizada, autónoma, icónica, inalámbrica, cubículo, oficina sin papeles, oficina en casa, coworking, parques tecnológicos,* incluso que hacen referencia a estados de ánimo, como *jovial o divertida*, hace referencia a cuestiones muy particulares, sin un planteamiento global.

La terminología actual además de abundante es ambigua. Hoy en día se habla de oficina *taylorista*, cuando este modo de organizar la implantación de las organizaciones corresponde exactamente con un periodo y un modo de trabajo que difiere desde su concepción con la organización actual. Sin embargo la oficina que hemos denominado *lineal*, mantiene la organización en línea y algunas cuestiones no solo laborales sino tam-

---

[12] Cortina, Adela: *¿Para qué sirve realmente la ética?*. Paidos, Barcelona, 2014. (p.29) La autora cuenta cómo el profesor de filosofía Fernando Cubells trata a los nombres como "solemnes cuestiones de cosas". La elección de la nomenclatura no es banal.

bién emocionales, pero consigue desvincularse de su tiempo y espacio original. El *área abierta* hace referencia al espacio abierto de la zona de trabajo, a un lugar sin divisiones internas, también llamado *open space* o *staff*. Cada tipo de oficina tiene una manera distinta de enfrentarse a este lugar en abierto y ofrecerá una solución particular para el *área cerrada*, despachos y salas de reunión. El espacio abierto en la oficina lleva a errores de nomenclatura con la *oficina abierta*, equívocos que conviene aclarar. Es habitual encontrar el término de *oficina abierta* que define a un tipo de organización en las empresas que surge en Estados Unidos después de la Segunda Guerra Mundial. En esta tesis aparece incluida dentro de lo que hemos denominado *oficina modular* ya que este tipo dispone de unas características muy precisas relacionadas con el módulo que todavía permanecen vigentes, aún en situaciones lejanas en el tiempo y espacio. Por otro lado, existe mucha confusión entre los términos de *oficina abierta* y *oficina paisaje*, sin ser consciente de que la primera hace referencia al mundo americano de los años cuarenta y la segunda, llamado desde sus orígenes *bürolandchaft*, al mundo alemán de los años sesenta.

La dificultad, sin embargo, se centraba en elegir una terminología genérica que pudiese identificar un tipo. La casualidad me permitió detectar el término *lineal* en los textos de economía que se referían a un tipo de organización empresarial jerárquica y piramidal, también llamada militar, que coincide con la forma de agrupación en línea del primer tipo de oficina propuesto, de hecho el más arcaico. En el otro extremo, la organización matricial o en red habla de una dispersión en empresas o equipos con relación horizontal y lateral que está muy vinculada a una oficina infinitamente flexible, sin una forma definida, que nos confirma el carácter no formal y libre de protocolos del término *informal*, más allá del carácter lúdico que veremos en ella. Los casos intermedios han sido los menos arriesgados puesto que los términos *modular* y *libre* ya habían sido testados en las configuraciones originales como rasgos particulares, por lo tanto solo había que comprobar en qué medida podía considerarse su permanencia en el tiempo.

La terminología propuesta ofrece una expresión genérica que engloba tanto a la oficina original como todas las que han surgido a partir de ellas. Si atendemos a los aspectos de organización de los trabajadores, podemos separar cuatro conceptos distintos de la oficina, que funcionan como modelo ideal, independiente de un espacio y tiempo definidos. El conjunto de las cuatro ofrece un panorama general de la implantación de la oficina en el siglo XX, que se desvincula de su origen local y temporal y pasa a formar parte de un tipo de oficina genérico que engloba actuaciones universales. Como veremos en el desarrollo de la tesis, cada propuesta de organización laboral no irrumpe de forma brusca con la incorporación de un nuevo sistema, los viejos métodos estáticos perduran insistentemente a través del paso de las décadas y coexisten con las nuevas tendencias. Si esto ocurre en la planificación de la oficina, las consecuencias arquitectónicas son todavía más evidentes. Los rascacielos, que surgieron a principios del siglo pasado con el incremento vertiginoso de la actividad empresarial y que simbolizan el poder de estructuras tan piramidales como anticuadas, siguen siendo una referencia arquitectónica.

Empecemos proponiendo algunas definiciones:[13]

La oficina lineal

La oficina lineal es un tipo de oficina genérico que parte de los estudios del ingeniero Frederick Taylor en la primera década del siglo XX en Estados Unidos. Aparece simbolizado por el equipamiento de Frank Lloyd Wright para el edificio administrativo de Larkin en 1906 realizado por la casa Van Dorn Works, un diseño específico para un trabajo rutinario, sin relaciones personales y en configuraciones lineales, que se desarrollará a partir de entonces en los rascacielos, desde el Rockefeller Center y el Empire State hasta nuestros días.

Se identifica con un trabajo individual, sistemático y repetitivo, ligado a un equipamiento en línea, sometido a un horario y un salario estipulado, con un concepto similar a las cadenas de montaje de producción en serie de las fábricas, bajo la supervisión de un directivo que permanece distante a la distribución general. El edificio administrativo encierra la acti-

---

[13] "Cominciamo con qualche proposta di definizione", así empieza *Perché leggere i classici* de Italo Calvino, quien cree oportuno definir en primer lugar qué se considera un 'clásico'.

vidad laboral en favor de la jerarquía del trabajo basada en una pirámide de responsabilidad y poder. La sede corporativa se convierte en una gran 'máquina del trabajo' que se manifiesta en la ciudad exhibiendo su altura y promueve la actividad empresarial y el crecimiento de la economía.

La centralidad de la organización lineal de la propia estructura corporativa se percibe en la misma configuración de la oficina, donde los puestos operativos encuentran su ubicación óptima en el centro de la sede. De forma homotética, el edificio que alberga este tipo de oficina tiende a una ubicación centralizada, en el foco administrativo de la ciudad, el lugar que genera la gran masa de trabajo para la mayoría de la población de las ciudades. Las grandes compañías, que ofrecen principalmente servicios financieros, energéticos o de comunicación, tienden a elegir este sistema de trabajo sometido a una rígida jerarquía de estructura piramidal. Para estas corporaciones el edificio en altura sigue siendo el símbolo de la representación.

Hoy en día, la disposición lineal extremadamente densa de puestos pequeños y fijos, a pesar de las grandes diferencias organizativas, sociales, culturales y técnicas, mantienen una vinculación con las primeras disposiciones lineales de la primera década del siglo XX. El rascacielos cada vez más alto sigue siendo la pretensión de poderosas empresas aunque conviene señalar que en determinados casos se elude la altura como condición fundamental pero se mantiene la centralidad de una disposición lineal llevada al extremo.

La oficina modular

Las aportaciones de Elton Mayo en los años cuarenta ofrecen nuevas soluciones en los entornos del trabajo, donde se considera por primera vez el valor de las relaciones humanas. El propio equipamiento recoge este aspecto proporcionando mayor calidad, como el sofisticado diseño para Johnson Wax en 1939, también de Frank Lloyd Wright, construido por Steelcase y Warren Mac Arthur. Las agrupaciones del equipamiento pasan a ser configuraciones modulares y repetitivas, en relación directa con los directivos que se ubican en la misma planta, aunque separados por mamparas en despachos individuales.

El modelo pasa a disponer de una organización modular y sistemática que mezcla áreas abiertas en grupos, con despachos y salas de reunión. El módulo se impone como metodología de proyecto y lo conforman elementos destinados a fragmentar el espacio con métodos de montaje limpio, rápido y reversible. Entran en juego espacios isótropos física y energéticamente. La distribución lumínica y de aire acondicionado es extensiva gracias a la incorporación de métodos prefabricados y modulares que impregnan la distribución de la oficina y el sistema constructivo-estructural del edificio. La arquitectura a partir de entonces desarrolla una nueva disposición de volumen prismático donde la verticalidad queda relegada a un segundo lugar.

La humanización del entorno de trabajo proporciona nuevos lugares dedicados al descanso y a la relación de los empleados. Aparecen patios interiores que introducen el paisaje natural en el interior. E incluso, se valora una nueva ubicación de la sede en una zona protegida y de uso privativo, lugares salvaguardados de la vorágine de la ciudad que empiezan a surgir como respuesta protectora. Surgen así las 'ciudades de negocios' que ordenan un espacio propio en torno a las periferias de las ciudades.

La isotropía arquitectónica irrumpe como una nueva característica de la arquitectura corporativa que da lugar a proyectos posteriores en el tiempo, en contextos sociales y culturales muy diferentes, pero con similitudes en su configuración modular y en la introducción de áreas dedicadas a la relación personal, que va a ser una constante desde entonces en favor de la humanización del lugar de trabajo. En algunos casos, la presencia de calles y plazas en una retícula ofrece soluciones de carácter urbano.

La oficina libre

Los años sesenta suponen un cambio en el liderazgo de la innovación de los espacios de trabajo. Los hermanos Schenelle y su equipo Quickborner ponen a Alemania a la cabeza y estudian la versatilidad del trabajo en equipo, donde el directivo pasa a trabajar en el área abierta en relación con su equipo de trabajo. Este nuevo entorno de trabajo se aplica por primera vez en la sede de Osram, de Walter Henn, en 1962.

La consideración de la movilidad del puesto de trabajo supone una independencia total entre la implantación de la oficina con respecto a la sede corporativa. El equipamiento incorpora desde entonces la mayor sofisticación técnica que le proporcione autonomía y movilidad, características que ofrecen la mayor parte de las casas comerciales actuales.

El edificio pasa a ser una envolvente contenedora de espacios libres donde toda configuración sea posible. Libre de cualquier exigencia modular, la arquitectura evoluciona hacia a una mayor exaltación de la tecnológica como medio de posicionamiento en el poder económico. El volumen del edificio corresponde a cuestiones ajenas a la organización interna, ya sea por su relación con el entorno urbano o por el componente publicitario, que utiliza la envolvente a modo de instrumento de comunicación y marketing, ya que la planificación de la oficina y la organización laboral interna se consideran variables y transitorias.

La incorporación de las nuevas tecnologías y el uso de ordenadores portátiles hacen innecesaria la movilidad física de los puestos de trabajo, pero el carácter móvil se mantiene en la actualidad con puestos de trabajo no asignados, donde la movilidad la asume el usuario. El uso libre de varios puestos de trabajo según la actividad que se vaya realizar proporciona el mismo carácter versátil de los equipos de trabajo que ya habíamos visto en los años sesenta.

La oficina informal

La nueva tecnología inalámbrica y los servicios en red suponen un cambio radical en la realización del trabajo para cualquier tipo de corporación, independientemente de su tamaño. Frank Duffy presenta en los años noventa estas diferencias y clasifica las formas de trabajo conforme a dos valores que hasta ahora no se habían considerado, la autonomía de cada trabajador y la interacción entre ellos. El equipamiento individual pasa a ser la terminal de un ordenador, completamente desvinculado del edificio, e incorpora un carácter informal en su configuración. Aparece por primera vez una conciencia lúdica del trabajo, donde la creatividad tiene más peso que la experiencia.

El entorno de trabajo para Chiat realizado en 1998 por Clive Wilkinson se plantea con el interés de ofrecer diferentes lugares de trabajo con criterios de yuxtaposición y añadidos, una gran variedad de soluciones que incrementa aún más la separación entre el entorno laboral y la arquitectura en la que se desarrolla. Los casos son tantos y tan variados, que las clasificaciones proliferan en relación a diferentes aspectos. La creatividad se refleja en la propia estructura de la empresa que sufre una transformación en los últimos años, desde las estables estructuras convencionales a otras que aparecen y desaparecen constantemente.

El contenedor del trabajo valora otras prioridades referidas a la sostenibilidad y el ahorro de la energía. La sostenibilidad del planeta empieza a ser considerado como el gran problema a escala mundial. La concepción global del proyecto debe equilibrar estos objetivos con una estrategia unitaria. El aprovechamiento energético en una doble envolvente y la recuperación del patio como regulador climático, son algunos de los conceptos arquitectónicos que han sido ensayados en tiempos anteriores y que ahora se recuperan. En esta idea, el uso de la red inalámbrica permite la recuperación de los edificios existentes para actividades laborales, con lo que el gasto que supone la construcción de nuevos edificios se reduce.

SELECCIÓN DE OBRAS

Con la hipótesis de partida establecida, se ha considerado que a cada organización laboral le corresponderá, en alguna medida una arquitectura acorde a su cultura, modelo organizativo, inquietudes y necesidades. Para profundizar en ello, se han recopilado los ejemplos de implantación de oficina más significativos, los que se repiten en todas las publicaciones referidas al tema y las que más han influido en la actualidad[14].

La representación gráfica del equipamiento y su forma de agrupación en la planificación de la oficina desvela ciertos parámetros geométrico-formales

---

[14] Numerosas publicaciones referidas a la oficina proliferan en los últimos años, por el gran interés que suscita. Revistas como A+T: "Workshops. A better place for work" y AV: "Tipos de Oficina", Monografías 103, entre otras, dedican números enteros a la implantación de la oficina y publican los ejemplos clásicos y actuales más característicos.

que diferencian cada uno de los cuatro grupos enunciados, con características laborales que conforman el carácter empresarial de cada grupo. A través de esta representación gráfica, se han estudiado las envolventes inmediatas que conforman el entorno de trabajo, su estructura, los paramentos divisorios, el plano del suelo, el plano del techo y la envolvente exterior. Todas ellas han sido tenidas en cuenta como límites físicos del entorno del trabajo. El análisis de cada organización laboral, lineal, modular, libre e informal, y sus límites arquitectónicos, a través de la planta, la sección y el alzado en cada una de las organizaciones laborales nos han ayudado a reconocer las características de la arquitectura que corresponde a cada una de ellas. La planta nos muestra la distribución de la implantación, la separación y ubicación de las zonas en área abierta y células de trabajo, los paramentos divisorios, las necesidades acústicas de la implantación y las características propias estructurales para cada organización. La representación de la sección, por otra parte, nos ha permitido entender otros aspectos estructurales y de relación entre plantas, además de la solución constructiva del suelo y techo técnico y de la envolvente. El estudio del alzado nos ayuda a entender la relación del edificio con su entorno físico inmediato, urbano o natural, las soluciones climáticas de la envolvente y la representatividad y capacidad de comunicación de la compañía.

Sin embargo, las implicaciones del entorno de trabajo no se ven reflejadas exclusivamente en el pragmatismo de su representación gráfica. La inestabilidad y vulnerabilidad del entorno de trabajo dificulta el análisis de la representación gráfica como método suficiente para estudiar estos conceptos. La búsqueda fuera de estos mecanismos convencionales nos ayuda a enfrentarnos con una actitud crítica a los ejemplos seleccionados. La vinculación emocional que se mantiene en los diferentes grupos establecidos y sus consecuencias arquitectónicas vistas desde un panorama ético-social actualizado no debe permanecer al margen. Por lo tanto, es necesario mantener una investigación interdisciplinar que nos facilite un marco amplio donde factores ajenos a la arquitectura entren en juego. La tendencia actual hacia una relación laboral lateral y horizontal[15], en contraposición con la estructura

---

[15] RIFKIN, Jeremy. *La tercera revolución Industrial. Cómo el poder lateral está transformando la energía, la economía y el mundo.* Paidós, Barcelona. Febrero 2012.
Jeremy Rifkin señala que el poder se ha ejercido tradicionalmente de forma vertical a tra-

piramidal y vertical que surgió hace ya un siglo, plantea un panorama social y económico que va más allá de las meras cuestiones geométricas y formales. Dentro de un marco general, se ha seleccionado una amplia bibliografía que acomete el tema de forma tangencial pero ineludible para alcanzar un conocimiento completo del estado de la cuestión. La transversalidad disciplinar es necesaria para enriquecer el contexto. Diferentes enfoques configuran una visión completa que aprovecha los avances de otros campos para potenciar y matizar los argumentos desarrollados en esta tesis.

Ciertas características de la organización vinculadas con aspectos sociales y filosóficos requieren de otros acercamientos teóricos para poder adentrarnos en las consecuencias arquitectónicas y ser capaces de establecer las vinculaciones que pudieran existir entre los cuatro grupos establecidos. La tecnología influye directamente en la forma física del puesto de trabajo, desde las primeras máquinas de escribir hasta los ordenadores más sofisticados. La tecnología actual, el ordenador portátil, el teléfono móvil y las posibilidades de intercambio electrónico de datos y comunicación, permite que el trabajo individual se pueda realizar fuera del edificio de oficinas, desvincular el trabajo de la arquitectura. La evolución de la iluminación artificial, las innovaciones en climatización y refrigeración total del edificio, y la incorporación de los más sofisticados ordenadores actuales, modifican las condiciones ambientales del trabajo en oficina. El filósofo alemán Peter Sloterdijk introduce el término *espuma* que va más allá de la simple climatización de los espacios[16]. Debemos, por tanto, considerar las características arquitectónicas, las condiciones climáticas, la envolvente, el uso y los sistemas de climatización y aislamiento.

El entorno de trabajo se adecúa rápidamente con cada novedad y se adapta a los nuevos equipos. Estos avances adquieren una importancia relevan-

---

vés de una estructura piramidal y que en los últimos años se está transformando en redes horizontales.

[16] Peter Sloterdijk: *Esferas III, Espumas*. Ediciones Siruela, 2006. Pág 385: "... un lugar es: una porción de aire cercada y acondicionada, un local de atmósfera transmitida y actualizada, un nudo de relaciones de hospedaje, un cruce en una red de flujos de datos, una dirección para iniciativas empresariales, un nicho para auto-relaciones, un campamento base para expediciones al entorno de trabajo y vivencias, un emplazamiento para negocios, una zona regenerativa, un garante de la noche subjetiva." Particularmente interesante el capítulo Foam City (págs. 459-496), donde plantea temas referidos a los macrointeriores y edificios urbanos.

te en la definición no solo de la arquitectura sino también del urbanismo. Se podría decir que la arquitectura del trabajo modifica la ciudad misma. El trabajo administrativo no requiere en la actualidad de un espacio concreto, puede desarrollarse en cualquier densidad edificada, desde la vivienda unifamiliar hasta rascacielos, y en cualquier ubicación urbana, desde las zonas más céntricas de los núcleos financieros a las zonas más alejadas en las periferias de las ciudades. Estamos en una situación que afecta directamente al puesto de trabajo y que repercute en la arquitectura y en su relación con la ciudad. En el planteamiento de esta tesis, partimos de que las organizaciones laborales están cambiando. Nos preguntamos cómo debe adaptarse la arquitectura del trabajo a la nueva situación. La experiencia del siglo XX nos ha dejado un patrimonio que debemos observar bajo un nuevo prisma abierto a los tiempos actuales.

Los textos revisados aparecen en la bibliografía en un apartado específico sobre la organización laboral, pero entre ellos cabe destacar algunos que nos han ayudado en la selección de los proyectos. *The New Office* de Duffy, introduce su texto de 1997 con las obras clásicas más relevantes que recuperamos aquí, Larkin, Johnson's Wax, Seagram, Connecticut Life Insurance, Fundación Ford, Lloyd's, Centraal Beheer, entre otros de menor interés. Pero para los ejemplos actuales hemos barajado otros textos posteriores, *Atlas de Edificios de Oficinas*, *Cómo planificar los espacios de oficinas* y *21th Century Office: Architecture and design for the new millenium*, de Hascher, Meel y Myerson, respectivamente. Desde un punto actual, Reinhold Martin revisa la implantación americana de mitad de siglo en *The Organizational Complex: Architecture, Media and Corporative Space*, con un nuevo enfoque de algunos ejemplos ya tratados anteriormente por Hold Reinhold y Mildred Schemertz, en los años sesenta y setenta.

Somos conscientes de que la extensa selección de casi cien obras, algunos ejemplos significativos de la arquitectura corporativa quedan al margen de este planteamiento. Es posible que algunas obras no estén incluidas en este listado, por lo que pudiera pensarse que es un texto incompleto. Sin embargo, durante el proceso de selección, hemos considerado que, aunque pudieran ser de interés en algún aspecto, no eran tan relevantes en cuanto a su organización laboral. Incluimos el cuadro completo de los ejemplos que aparecen en el texto para una rápida localización por orden alfabético de su autor.

Autor	Obra	Pág.
Aalto, Alvar	Ed. Pensiones, Helsinki, 1957	168-169
	Turum Sanomat, Turku, 1930	166
Behrens, Peter	AEG, nave turbinas, Berlín, 1910	196
Camenzind Evolution	Google, Zurich, 2008	224-225
Corrales/Molezún	Bankunión, Madrid, 1975	82
Eisemann, Egor	Olivetti, Frankfurt, 1972	87, 197, 242
Foster, Norman	Ayuntamiento de Londres, 2008	193
	Hong Kong Bank, Hong Kong, 1986	81, 181-184, 187
	Renault, Swindon, 1982	164
	Swiss Reinsurance, Londres, 2004	79, 140, 246
	Willis Faber&Dumas, Ipswich, 1975	88, 182, 198
	Hearst, NY, 2006	138
	Torre Cepsa, Madrid, 2009	138
Future System/Ove Arup	Coexistence Tower, 1986	78
Gilbert, Cass	Woolworth, Nueva York, 1913	74
Goldsmith, Myron	Rascacielos de Hormigón, 1953	76
	The Republic, Columbus, 1971	87, 169
Gropius, Walter	Panam, Nueva York, 1963	73, 75
Harrison, Wallace K.	Secretaría ONU, NY, 1950	183
Henn, Walter	Osram, Munich, 1962	34, 146, 153, 156-160, 170-175, 182
Hertzberger, Herman	Central Beheer, Apeldoorn, 1972	124, 130, 131
Herzog & de Meuron	Berlin Zentrum, 1990	253
	BBVA, Las Tablas, 2015	145
Holabird & Roche	Marquette, Chicago, 1893	48-50
	Old Colony, Chicago, 1894	48-50
Hollein, Hans	Oficina Móvil, 1969	224

Hood, Raymond	Rockefeller, NY, 1931-32	32, 50, 66, 73-75, 84-85, 92-94, 135-136, 191
Jahn, Helmuth	Xerox, Chicago, 1977	198
Kahn, Louis	Laboratorio Univ. Pensilvania, 1964	181, 184
	Rascacielos de hormigón, 1957	78
	Yale art Gallery, N. Haven, 1954	78, 81, 186
La-Hoz Arderius /Olivares	Edificio Castelar, Madrid, 1986	136
La-Hoz Castanys, Rafael de	Endesa, Madrid, 1999	246
	Telefónica, Madrid	145, 194
	Repsol, Madrid	145
Le Baron Jenney, W.	Home Insurance, Chicago, 1985	48
Le Corbusier	Tres millones de hab., 1922	92
	Plan de Voisin, 1925	92
	Centro de negocios, Argel, 1938	68, 73, 75, 84, 87, 94
Le Messurier, W.	Citicorp Center, NY, 1975	77
	Bank Southwest, Houston, 1982	78
Lloyd Wright, F.	Larkin, Buffalo, 1908	18, 27, 32, 39, 58, 62-65, 70, 80, 83-84, 90, 108, 205
	Johnson Wax, Racine, 1939	23, 33, 103, 106-111, 114-119
Lorenzen, Hans J.	Du Pont, Wilmington, 1967	153, 158, 182
Nimmons & Fellows	Sears, Roebuck and Company, 1903	67
Nouvel, Jean	Agbar, Barcelona, 2005	140
	Omnilife, México, 2008	246
	One Central Park, Australia, 2014	246
	Richemont, Suiza, 2006	246
Meyer/Scherer/Rockcastle	SEI Investment, Oaks, 1997	208
Meyer/van Schooten	ING Group, Amsterdam, 2000	199

Moretti L./ Nervi, P.L.	Stock Exchange, Montreal, 1966	183
Miralles E./Tagliabue B.	Parlamento de Edimburgo, 2004	193
OMA/ Rem Koolhaas	Euralille, Francia, 1994	253
Pei, Leoh Ming	Bank of China, Hong Kong, 1989	78
	John Hancock, Boston, 1973	89
Pelli, Cesar	Pacific Design Center, 1971	89
Penson	Google Central, Londres, 2012	225, 228-229
Perpiñá, Antonio	Banco Español de Crédito, 1963	136
	Ministerio Industria, Madrid, 1972	144
Perret, August	Ciudad-Torre, 1922	92
Piano, R/ Priest F.	Central St. Giles C. Londres, 2010	228
Población, Eleutelio	Endesa, Madrid, 1985	82
Ponti G./ Nervi P.	Pirelli, Milán, 1950	75
Roche/Dinkeloo	Fundación Ford, NY, 1967	27, 39, 90, 245-246
	Collage Life I., Indianapolis, 1967	198
	John Deere West O., Moline, 1975	246
Roche/Le Messurier	Federal Reserve Bank, NY, 1975	77
Roche, Kevin	Ciudad del Santander, Madrid, 2004	145
Rohe, Mies van der	Rascacielos vidrio, Berlín, 1922	85
	Seagram, NY, 1958	39, 130, 135, 139
	Ron Bacardi, Mexico, 1961	128, 139, 166
	National Gallery, Berlín, 1968	133
Rogers, Richard	Centro Beaubourg, París, 1977	80
	Cúpula del Milenio, Londres, 2000	193
	Lloyd's, Londres, 1978-86	23, 81, 151, 161 163-167, 181, 185-186
Rubio Carvajal/Alvarez-Sala	Pwc-Sacyr Vallermoso, Madrid,	2008 244
Saarinen, Eero	John Deere &Co, Moline, 1964	122-124, 139, 142, 197

Sáenz de Oiza, F. Javier	Banco de Bilbao, Madrid, 1977	87, 136-137, 184, 243
Sevil Peach Gence Ass.	Vitra, Weil an Rhein, 2000	227-228
Shreve, Lamb & Harmon	Empire State, Nueva York, 1930	32, 74
SOM	Lever House, NY, 1952	122, 132, 135-136, 139, 197
	Connecticut G.L.I, Bloomfield, 1957	39, 122, 132, 139-142
	Inland Steel, Chicago, 1957	120, 124, 127-128, 130, 184, 197
	Pepsi-Cola, NY, 1960	127, 130
	Union Carbide, NY, 1960	24, 120-121, 127, 197
	Brunswick, Chicago, 1962-66	76
	John Hancock, Chicago, 1969	77
	The Republic, Columbus, 1971	87, 166, 169
	Sears Tower, Chicago, 1974	77-78
	UBS, Stamford, 1997	67, 70, 90-91, 205
Stern, Nowicka	Another.com, Londres, 2000	224
Terragni, Giuseppe	Casa del Fascio, Como, 1936	192
Wilkinson, Clive	Googleplex, California, 2007	144
	Mother, California, 1998	225-226, 228
	TBWA Chiat, California, 1998	216-219, 223
Yeang, Ken/Hamzah	Menara Mesiniaga, Kuala Lumpur, 1994	240
Zobel, Werner	NINO & Co, Nordhorn, 1963	172-173

LA OFICINA LINEAL

Para entender las características de la oficina lineal vamos a situarnos en un marco previo, antes del siglo XX, que nos permite entender qué supone la incorporación de un nuevo modelo de la organización laboral diseñado para la producción en las fábricas. Definido por Frederick Taylor, el concepto se aplica inmediatamente a cualquier tipo de empresa incluidas las dedicadas a la gestión en oficina, con el edificio Larkin de Frank Lloyd Wright como primer ejemplo.

El factor alienante predomina en una nueva tipología edificatoria que, como una verdadera máquina del trabajo, encuentra en la arquitectura de vidrio un modelo que formaliza una organización laboral de estructura centralizada y piramidal.

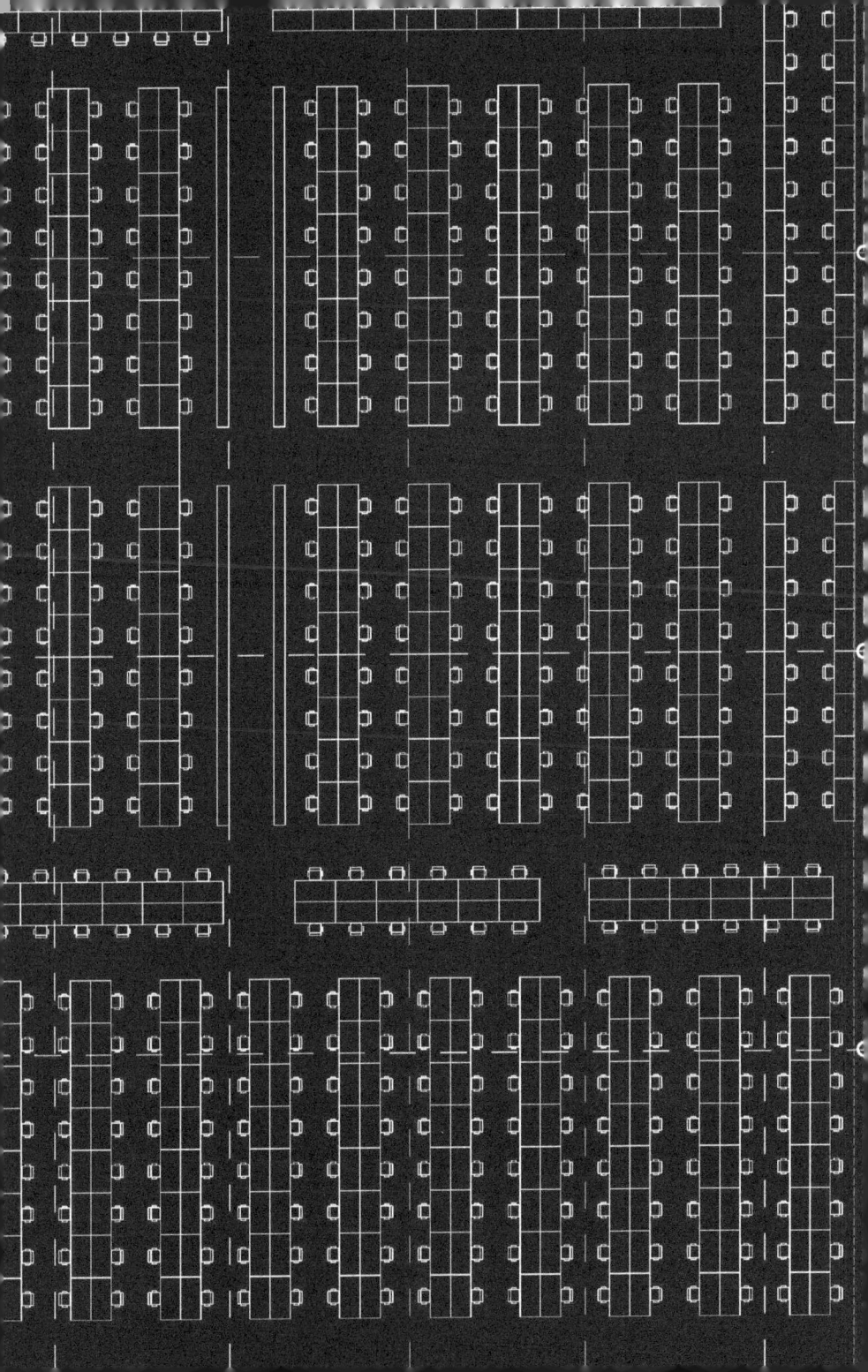

EL ORIGEN DE LA OFICINA LINEAL

El incremento del trabajo administrativo organizado surge en la primera mitad del siglo XIX motivado por un crecimiento de la actividad económica americana. Las empresas, que se dedicaban fundamentalmente a la producción, compartían la propia fábrica y los almacenes con un espacio reservado para su sección administrativa. A finales del siglo XIX, con el aumento de la actividad comercial, la gestión se va haciendo cada vez más compleja. El desarrollo de las redes de transporte ferroviarias y los medios de comunicación permiten separar la producción y los servicios. La gestión empresarial sale de la fábrica y pasa a ocupar un nuevo espacio dentro del centro de la ciudad, los primeros grandes enclaves de la actividad terciaria. Los empleados que trabajan en estos edificios de oficinas, conocidos como trabajadores de *cuello blanco*[17], se consideran dentro de una condición social más elevada en comparación con los operarios manuales de las fábricas, trabajador de cuello azul. En estos momentos se empieza a diferenciar dos estructuras, la fábrica, extensa y horizontal, y la oficina, vertical. Aparece así una nueva tipología edificatoria, inspirada en la estructura fabril donde se experimentó inicialmente, dedicada en exclusividad a las labores administrativas con una estructura reticular y metálica, que posibilita el crecimiento en altura.

El incendio que destruyó la ciudad de Chicago en 1871, permitió la creación de una nueva ciudad emprendedora. Las calles crecían de una manera nunca vista. En 1982, se inauguró la famosa red de tren elevada, el primer sistema de transporte rápido que rodeó el centro de negocios de la ciudad, el Loop. El ferrocarril y la construcción se convirtieron en el reflejo de la audacia americana[18].

Muchos edificios administrativos se levantaron rápidamente, un bloque tras otro, cada uno con su singular individualidad, pero a la vez, formando parte de la estructura urbana formada por calles y avenidas. Desde 1883 hasta 1893, periodo de máximo apogeo de la escuela de Chicago, el rápido crecimiento de su centro permitió el uso de nuevos potenciales de la construcción edilicia hasta ahora solo utilizados en puentes y

---

[17] Traducción de *white-collar worker*, término popularizado por el escritor estadounidense Upton Sinclair para designar a los modernos trabajadores de secretaría, administración y gestión.
[18] Giedion, Sigfried. *Space, tine and architecture. The growth of a new tradition*. First Harvard University Press Paperback edition, 2008 (pag. 370)

estructuras industriales[19]. Los primeros edificios fueron para empresas de negocios y compañías de seguros. Pero pronto aparecieron otros edificios para dar servicios a estas oficinas, como hoteles para viajeros, almacenes y combinaciones entre ellos como el Auditorio de Adler Sullivan que contenía un hotel, oficinas y un teatro. Aparecieron los primeros bloques de apartamentos modernos que representaron un avance hacia una clase de edificios habitacionales de gran escala comunicados por una red de metro que se inauguró en 1907. Aparece así una nueva gran ciudad, caótica y con interconexión de funciones, que funciona como los engranajes de una máquina compleja.

La Escuela de Chicago, encabezada por William Le Baron Jenney (1832-1907), formó a una serie de arquitectos que fueron capaces de afrontar el reto de la creación de una gran ciudad moderna mediante el uso de los potenciales de la técnica. El primer edificio que propone un nuevo tipo con respecto a la altura y construcción fue erigido entre 1884 y 1985 para la Home Insurance que, con una altura de 42 metros y sólo diez pisos, está considerado como el primer rascacielos, demolido en 1931. Con la aparición del ascensor se construyeron los primeros edificios en altura, entre 10 y 15 plantas[20]. De esta última etapa del siglo XIX de Chicago, señalamos dos ejemplos, ambos de Holabird & Roche. El Marquette Building [1], construido en 1893, es un ejemplo característico de la tipología descrita, un edificio en altura con estructura reticular y metálica.

[1]
Marquette Building.
Holabird & Roche. Chicago, 1893

[2]
Old Colony Building.
Holabird & Roche. Chicago, 1894

[19] Para profundizar en este tema ver: Giedion, Sigfried. *Space, Time and Architecture. The growth of a new tradition.* First Harvard University Press Paperback edition, 2008 (pag. 368-370. *Chicago in the eighties*)
[20] Los primeros ascensores: a vapor (Otis, 1864);mediante propulsión hidráulica (Baldwin, 1870); eléctrico (Siemens, 1887).

6,98
2,74
6,36
7,04
4,07
5,78
3,42
3,49
24,68
3,29
6,74
6,74
6,74
6,74
6,74
4,75
4,68
44,61
7,04
7,56
7,56
7,56
7,56
7,56
7,56
7,04
61,17
-5
0
10 m.

3,90
3,50
3,70
3,70
3,70
3,70
3,70
3,70
3,50
3,90
3,25
3,80
2,40
7,78
3,25
6,78
7,40
22,37
6,75
7,40
7,40
7,40
7,40
7,40
37,00
-5
0
10 m.

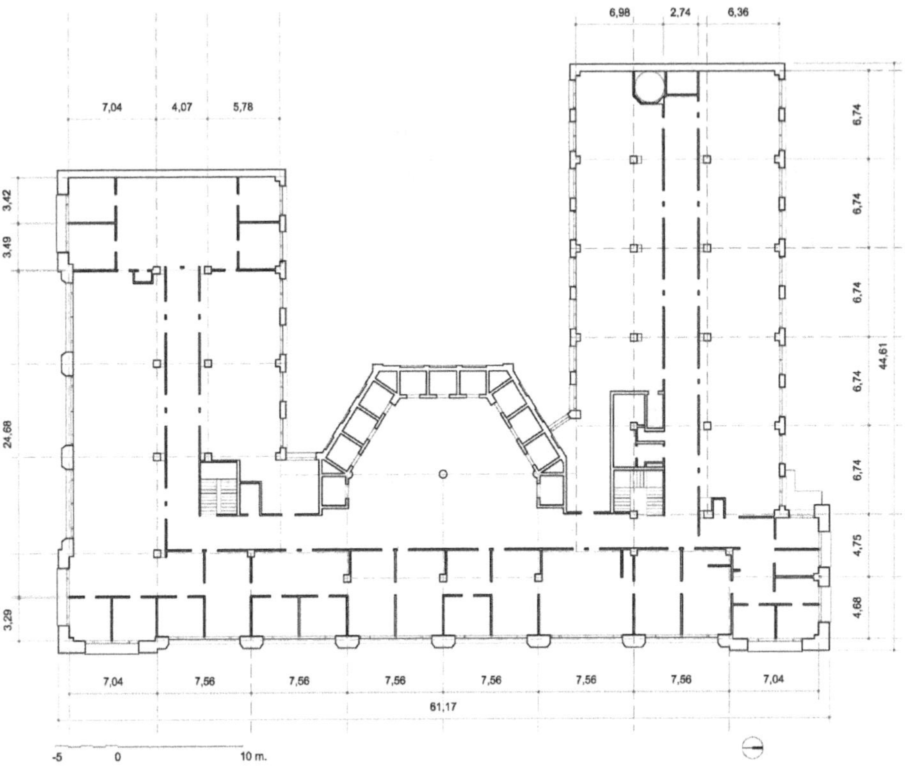

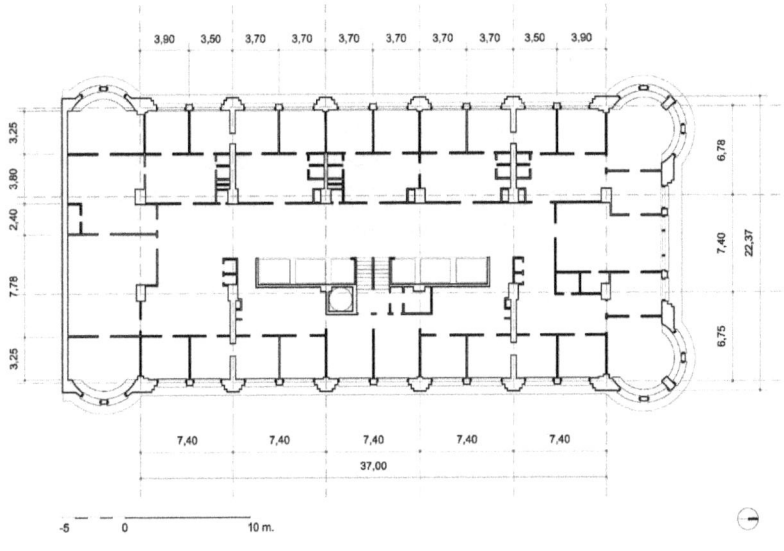

En este caso, adopta la forma en U para permitir un fondo útil que aproveche al máximo la luz natural. La diafanidad de los espacios permite una relativa flexibilidad en la división de las superficies en despachos o áreas abiertas. En el caso del Old Colony Building [2], de 1894, las plantas se organizan entorno a un núcleo central. Se trata de un edificio compacto, organizado verticalmente en plantas en torno a un núcleo interior. Esta será la tipología edificatoria más usada en los rascacielos del siglo XX. La crujía útil es similar a la del Marquette Building y también mantiene la estructura reticular sin divisiones estructurales interiores. La dimensión óptima del fondo de crujía será la clave para el mejor aprovechamiento de la luz natural en los edificios en altura que se situará en torno a los ocho metros. La flexibilidad que proporciona esta estructura permite la ocupación de ciertas zonas, plantas independientes o incluso el edificio completo. Aparecen así los edificios administrativos en régimen de alquiler.

Mientras Chicago introdujo en los últimos años del siglo XIX los nuevos potenciales de la arquitectura y el transporte, los primeros rascacielos de Nueva York carecían de la escala, la dignidad y la fuerza propias de los edificios de Chicago. Sigfried Giedion[21] señala que se trataba más bien de torres que se alzaban hacia alturas extremas, con una mezcla de reminiscencias pseudo-historicistas y una falta de preocupación por el entorno inmediato y sus efectos en la ordenación de la ciudad. El desorden prevaleció a partir de las leyes del 1916[22] hasta que empezaron a explotarse nuevas formas arquitectónicas. Nueva York implanta en los años treinta los Parkway, como grandes avenidas ajardinadas, y los centros cívicos, a modo de espacios públicos que formarán un foco de la comunidad y un gran hall popular, tal y como lo hicieron el ágora de Atenas y el foro romano. El principal representante de este cambio será el Rockefeller Center de Nueva York, 1931-1939, considerado el primer y mayor centro cívico formado por grandes edificios.

---

[21] Ibid, pág. 846.
[22] La normativa de Nueva York en 1916 libera de toda restricción en altura al 25% central de la parcela.

TAYLOR Y FORD

En los primeros años del siglo XX, la gestión de las empresas en Estados Unidos es cada vez más compleja, necesita mayor número de recursos y requiere de un esfuerzo en la organización laboral. La aparición de las fábricas que impulsaron la economía en el siglo XIX promovió la necesidad de los empresarios de estabilizar la clase social que formaba parte de su mano de obra. La racionalización del trabajo surge de un ambiente social y económico que requería mejorar los resultados de esa nueva clase social. La *Organización Científica del Trabajo* aparece así como una disciplina dirigida a aprovechar las posibilidades físicas de cada individuo y a sistematizar el trabajo, inicialmente en las fábricas. Aunque este concepto estaba presente en el cambio de siglo de una forma generalizada, el personaje que lo introduce y difunde es Frederick Winslow Taylor, quien aplica la racionalización del trabajo directamente en los talleres y en las fábricas. La organización científica del trabajo adopta el término de *taylorismo* para hacer referencia al incremento del control sobre el proceso de trabajo que permite emplear a trabajadores no cualificados en tareas manuales sencillas, mecánicas y repetitivas con el fin de elevar la productividad.

Taylor, ingeniero mecánico y economista nació en la ciudad de Germantown, en Pennsylvania, dentro de una familia acomodada. Empezó Derecho pero tuvo que abandonar sus estudios por el deterioro de su visión. A partir de 1875 se dedicó a trabajar como obrero en una empresa industrial siderúrgica de Filadelfia, pero gracias a su formación y capacidad personal pasó a dirigir un taller de maquinaria donde realizó sus primeras observaciones que publicó en 1903 con *Shop Management*. Asistiendo a cursos nocturnos se hizo ingeniero y trabajó como tal en una gran compañía, la Bethlehem Steel Company de Pensilvania entre los años 1898 y 1901. Se rodeó allí de un equipo con el que desarrolló algunos descubrimientos técnicos, como la introducción en 1900 de los aceros de corte rápido. Observó el trabajo de los obreros que se encargaban de cortar los metales y extrajo la idea de analizar el trabajo, descomponerlo en varias tareas simplificadas, cronometrarlas y conseguir que los trabajadores realizasen las tareas necesarias en el tiempo justo. Taylor publica en 1911 junto a Henry Fayol *The Principles of Scientific Management*, donde enuncian una teoría sobre la gestión científica del trabajo.

Los estudios de Taylor proponen un proceso de racionalización para optimizar el rendimiento y aumentar la eficiencia mediante el análisis del trabajo basándose en cuatro principios básicos. En primer lugar, se estudia el método de trabajo, los tiempos y los movimientos necesarios para desarrollarlo. El trabajo se descompone en unidades mínimas, se estudia cada unidad y se reorganiza el ciclo completo para ajustar movimientos y reducir tiempos de ejecución. En segundo lugar, se selecciona a los trabajadores dependiendo de determinadas habilidades para realizar cada trabajo. El tercer principio consiste en la formación de cada trabajador según sus habilidades con la supervisión del trabajo realizado. Taylor distingue entre dos tipos de trabajos, el mental y el manual. Considera que los trabajadores no son capaces de entender lo que están haciendo, ni siquiera las tareas sencillas, de modo que la dirección tiene que establecer el método del trabajo y el empleado realizarlo[23]. Por lo tanto, el trabajo se divide entre directivos y trabajadores. Los primeros aplican los principios al plan de trabajo y los segundos realizan las tareas según el sistema establecido. Por último, se establece el nivel justo de rendimiento y su coste, a la vez que se regula un incentivo al alto rendimiento. El incremento de las tareas burocráticas favoreció esta organización y muchos empresarios se posicionaron a favor. El mejor divulgador fue el empresario industrial Henry Ford, que lo desarrolló en su compañía de coches en Detroit con tal éxito que se dio a conocer como *fordismo*.

Henry Ford consiguió levantar un imperio de la nada, convirtiéndose en el líder protagonista del sueño americano. El joven Ford se emancipó con 16 años, fue aprendiz de maquinista en Detroit donde conoció el funcionamiento de la máquina a vapor. Estudió contabilidad y en 1888 fue contratado como ingeniero en Edison Iluminating Company. Su particular talento le convirtió en jefe de ingenieros, mientras que desarrollaba un proyecto de coche sin caballo. Consigue construir un primer modelo en 1896, el Quadricycle.

Después de varios intentos en la fabricación de automóviles, en 1903 Henry Ford crea la Compañía de Motores Ford. En 1908 produce el cé-

---

[23] Montgomery, David. *The Fall of the House of Labor: The Workplace, the State, and American Labor Activism, 1865-1925*, Cambridge University Press, Paperback edition. 1989. (Pág 251).

lebre modelo T, uno de sus modelos con mayor éxito, y en pocos años la compañía se duplicó. Lo más destacado fue su revolucionaria visión empresarial que consistía en fabricar un coche asequible, 825 dólares, muy por debajo del coste de los demás fabricantes, que se impuso como el coche americano por excelencia. La mitad de los coches de América en 1918 eran el modelo T de Ford, un vehículo fácil de conducir y reparar. Junto con la publicidad y una importante red de distribución, el éxito estaba asegurado gracias a la organización del trabajo y a la reducción de los costes de producción. En 1914, aplicó algunos de los preceptos de Taylor y propició el desarrollo de la línea de ensamblaje de producción masiva que revolucionó la industria. Escogió la localización de sus fábricas para reducir costes de transporte y desarrolló una política orientada a facilitar el consumo de la clase obrera. Ford se convirtió en el director de la compañía más famosa del mundo. Desde un punto de vista social tuvo un comportamiento empresarial controvertido desde una perspectiva actual. Un departamento social vigilaba los hábitos de sus empleados y ofrecía salarios ventajosos a los que llevaban una vida respetable. Sin embargo, las condiciones laborales no eran buenas y los obreros abandonaban a menudo el trabajo por lo que Ford se vio obligado a instaurar la jornada laboral a cinco dólares entre otros métodos que aumentaron la capacidad productiva.

Ford no fue capaz de prever el futuro inmediato de la crisis de 1929, pero consiguió sobreponerse a ella y es considerado como uno de los hombres de negocio que ayudó a levantar la vulnerable economía americana.

En 1936, Ford y su familia crearon la Fundación Ford, que proporcionaba becas a la investigación y el desarrollo, y para la que en 1968 Kevin Roche y John Dinkeloo construyeron su reputada sede en el Midtown de Nueva York. Este magnífico ejemplo de la arquitectura corporativa mantiene aún en esos años una estructura celular similar a los primeros edificios de Chicago, previos a la oficina taylorista. Podría considerarse un lugar para la concentración de determinados directivos en un edificio independiente donde no aparecen los espacios de trabajo en abierto, propia de la *oficina lineal*. Aunque la distribución de la implantación no es relevante, el volumen enfoca su esfuerzo en la configuración de un amplio patio ajardinado que sirve de acceso al edificio y que anticipa otros aspectos característicos de la oficina sostenible, que veremos más adelante.

Así como las fábricas establecieron estos principios de organización laboral de forma generalizada, las secciones administrativas también asumieron este sistema desde principios del siglo pasado, dando lugar a la denominada *oficina taylorista*, origen de la oficina lineal que nos ocupa. El término *'taylorismo'* apareció en los años veinte y designaba un conjunto de prácticas que cubrían sólo en parte el conjunto de las prescripciones enunciadas por Taylor, como la especialización y el control de tiempos. Este concepto supuso una referencia obligada que supeditaba la gestión empresarial a los métodos científicos. El desarrollo de estos sistemas se aceleró en los años treinta y posteriormente en los sesenta[24], aunque no supuso la norma dominante debido a que los empresarios se resistían a modificar la organización laboral tradicional. A pesar de ello constituyó uno de los principales motores que resucitó la economía.

---

[24] Galbraith, John Kenneth. *El crash de 1929*. Ariel, 2008.

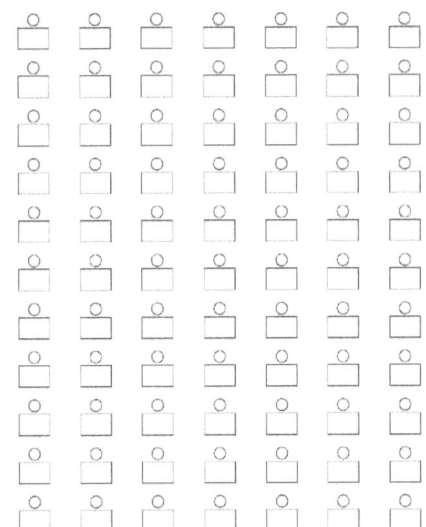

[3]
Distribución del equipamiento

[4]
'El apartamento'
Billy Wilder, 1960

EL APARTAMENTO

La escena de 'El apartamento' [3][4] que acompaña el texto, forma parte de nuestra memoria colectiva y la recordamos como un concepto de oficina americana típica de los años cincuenta. Sin embargo, la película de Billy Wilder, representa en esta imagen una caricatura llevada al límite de lo que supone el carácter de una oficina que surgió varias décadas atrás, la oficina *taylorista* que, considerando su permanencia como modelo, hemos denominado en esta tesis como *lineal.* La secuencia muestra pequeños puestos individuales que se hacinan en una inmensa sala en área abierta, mientras que los puestos de responsabilidad no aparecen en la escena sino que se ubican en despachos individuales en las plantas superiores. En esta imagen podemos ver al satisfecho protagonista, interpretado por Jack Lemon, que abandona el indigno trabajo en planta y se dirige hacia un privilegiado despacho en agradecimiento a sus continuos favores, la cesión de las llaves de su propio apartamento para uso personal de los directivos de la compañía.

La creciente complejidad de la actividad burocrática requiere de una organización precisa con criterios tayloristas donde la dirección y los trabajadores base se distancian totalmente, incluso separados en distintas plantas, cuanto más alto es el cargo, más alta la planta. La gestión empresarial crece y el nivel social del *white-collar* decae. La disposición de la oficina en la sala de operaciones se traduce en una sucesión de puestos alienados con una actividad individual, mecánica y repetitiva, mientras que los miembros de la dirección se desvinculan totalmente del área abierta. Frank Duffy compara esta disposición con un panel de abejas. La denomina *colmena* y la define como una organización que requiere de un trabajo rutinario, individual, especializado, estandarizado y con horario regulado. Son empleados con baja autonomía y baja interacción personal[25].

[5]
Buffalo, 1906
Frank Lloyd Wright

[25] Duffy, Frank. *The New Office*, 1996 (pág 62)

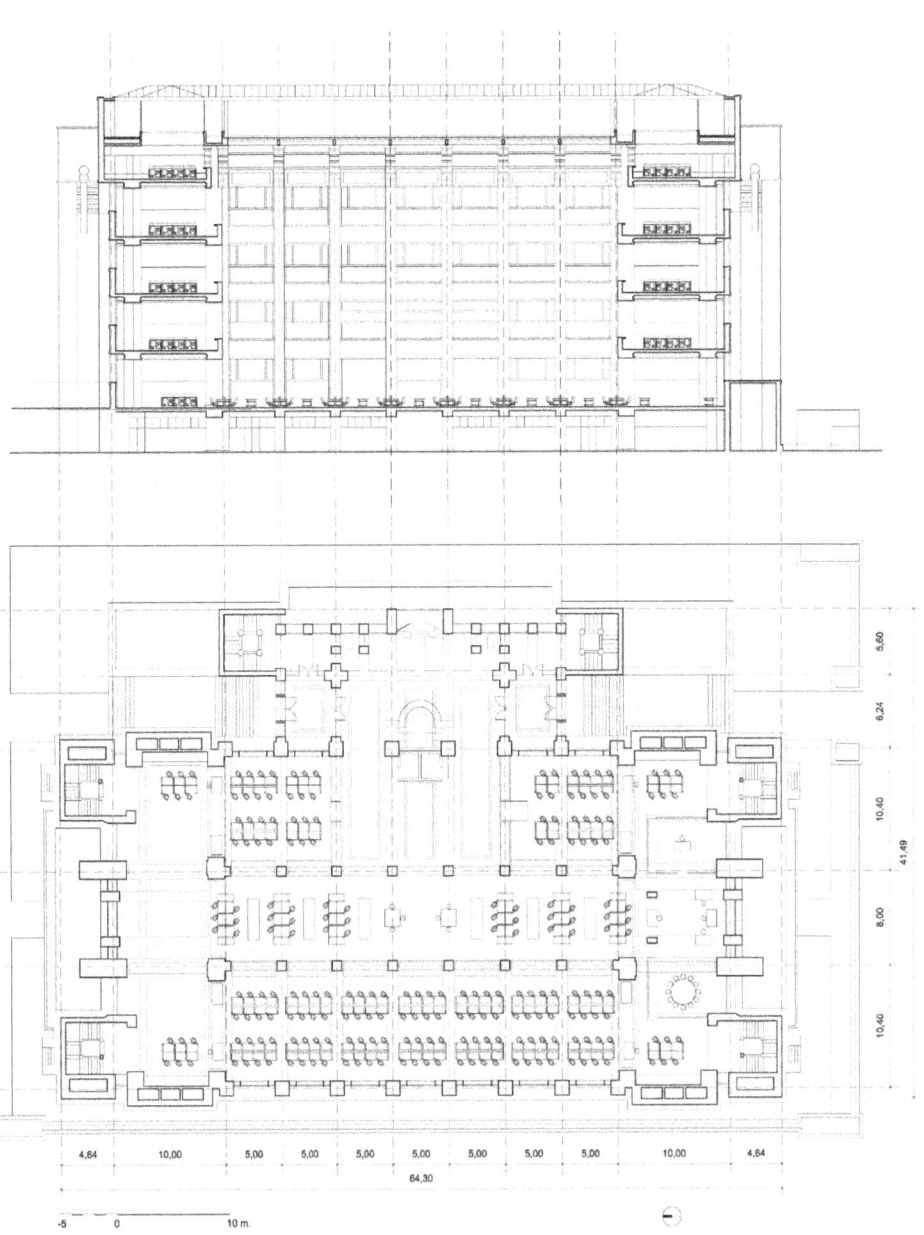

LARKIN

Si tenemos que señalar un edificio administrativo que sirva de pauta a la arquitectura del trabajo americana de principios del siglo XX nos vemos instados a señalar el edificio Larkin de Frank Lloyd Wright [5], que ya en 1906 estableció un modelo con un compromiso mecanicista que sirve de referencia obligada para indicar el origen de la oficina taylorista, o según nuestra nomenclatura, lineal. De hecho, el edificio se proyectó en 1903 y se construyó entre los años 1904 y 1906, unas fechas muy tempranas en la que Frederick W. Taylor no había publicado todavía *The Principles of Scientific Management*. En estos momentos la sociedad percibía un ambiente laboral nuevo en el que se empezaban a desarrollar ciertas cuestiones referidas a la organización laboral para mejorar la productividad. El edificio fue demolido en 1950 pero disponemos de innumerables publicaciones que lo mantienen vivo, como principal referencia del origen de la arquitectura administrativa tal y como la conocemos hoy en día.

Frank Lloyd Wright recibe el encargo de las oficinas para la compañía Larkin Soap, fundada en 1875, después de haber realizado varios proyectos domésticos. Wright se enfrenta por primera vez a una tipología edificatoria cuyo principal propósito era la organización de una gran empresa en expansión que requería de espacios eficientes para la gestión del correo y de las comunicaciones. El emplazamiento ocupaba una manzana en el 680 de Seneca Street dentro de un entorno fabril en las inmediaciones de Buffalo, Nueva York. Sus muros perimetrales de ladrillo rojo forraban una estructura metálica de cinco plantas con paramentos casi ciegos que dan la espalda al exterior industrial para abrirse a un patio interior con una iluminación cenital a través de un techo de vidrio. La creación de un ambiente neutro y artificial, dotado de las últimas innovaciones técnicas, luz incandescente, calefacción, extracción y renovación del aire, desliga al trabajador de la dependencia física del medio exterior.

El edificio se plantea como un volumen independiente y unitario. Las escaleras se agrupan en las cuatro esquinas que potencian el rotundo volumen ornamentado por el escultor Richard Bock. La entrada se realiza a través de zaguán situado en un volumen lateral anexo que pone énfasis en una teatralización del acceso desde la penumbra de este espacio hacia el luminoso patio central. En su interior, la continuidad de los pilares a lo largo de toda la altura interrumpe los antepechos de cada planta y aportan una imagen unitaria del hall central iluminado desde arriba.

Wright aporta su trabajo a las teorías sobre la organización científica del trabajo coetáneas y configura el lugar central con bancadas corridas para el trabajo en abierto, una distribución racional en hilera de mobiliario industrializado para mejorar la eficacia del trabajador especializado en clasificar el correo. Los miembros de la dirección asumen labores de organización y se separan de la base de operaciones en planta libre. El edificio diferencia los usos por plantas, con una gran de recepción en el acceso de primera planta y restaurante con cocina, galerías y una terraza interior en la última. Además incluía biblioteca, residencia para la familia Larkin y algunas mejoras para la motivación de los trabajadores. En los antepechos más altos, entre los pilares del atrio, se mostraban sugerentes inscripciones con la intención de elevar el espíritu de los trabajadores con pautas de conducta: entusiasmo, control e inteligencia. El mantenimiento de una climatización constante y las hileras de los puestos de trabajo conforman un orden espacial nuevo que se difundirá como modelo para la futura oficina del siglo veinte.

El edificio Larkin ha sido muy publicado y reconocido fundamentalmente por su equipamiento, que nos va a servir de introducción a la implantación de oficina que hemos denominado *lineal*.

EL ENTORNO DE TRABAJO LINEAL

En los primeros edificios de oficinas, el equipamiento utilizado para el puesto de trabajo es aún muy rudimentario y no requiere de ninguna sofisticación técnica, vinculado exclusivamente a un escritorio con capacidad para la clasificación y almacenaje de archivo. El instrumental que se utiliza es todavía muy arcaico, el papel y la pluma comparten tablero con el interfono o la máquina de escribir, inventada por Remington en 1870. Poco a poco la comunicación se fue desarrollando con los primeros teléfonos, telégrafos y la incorporación de máquinas sumadoras y modelos telefónicos de mesa con dial. El equipamiento es normalmente de madera, con cajoneras y archivadores sin ningún tipo de movilidad ni flexibilidad. La incipiente tecnología en los primeros edificios de oficinas permite que no sean necesarios los suelos registrables, que sin embargo serán imprescindibles posteriormente. Las teorías de la organización laboral propuestas por Frederic Winslow Taylor influyen directamente en la gestión de la oficina y en el diseño del puesto de trabajo con el fin de ajustar movimientos y tiempos que mejoren la eficacia de la labor realizada. El trabajo requerido en estos momentos es individual, sistemático y controlado por un superior, como en tantas compañías de nuestros días que, con un equipamiento adaptado a la tecnología actual, asumen los mismos criterios.

Con respecto a la sillería, aparece a partir de 1850 una silla giratoria utilizada en el hogar que se desarrolla posteriormente para adaptarla al uso de la oficina. En 1890 se le dota de movilidad mecánica que eleva el asiento y el respaldo para adecuarla a la altura de cada individuo y al sistema de trabajo. La evolución de la sillería tiene más que ver con la ergonomía que con la organización laboral y necesita de una atención independiente que no va a ser considerada en el desarrollo de la tesis, a excepción de algunos casos particulares con un diseño integrado en el equipamiento, como el ejemplo que nos ocupa.

EL EQUIPAMIENTO LINEAL

El puesto de trabajo que representa mejor el concepto de la oficina lineal es el diseñado para el edificio administrativo de la compañía Larkin [6], singular ejemplo diseñado para el área de trabajo en abierto que sigue las teorías tayloristas. Se trata de un equipamiento fijo y sólido, que supone una importante contribución por parte de Frank Lloyd Wright al diseño de mobiliario de oficina como equipamiento integrado que responde a un análisis meticuloso de las tareas especializadas con el fin de conseguir un mayor rendimiento.

El reto del encargo de un edificio administrativo no impidió a Wright ocuparse del diseño integral que incluía el diseño del equipamiento, unos innovadores puestos de trabajo con archivadores que funcionaban como máquinas del trabajo administrativo. La cadena de montaje se reproduce en las unidades compactas en línea con reducidos puestos de trabajo. La anatomic chair-desck, fabricada por la firma Van Dorn Works, consiste en un puesto de trabajo formado por una mesa acoplable en línea. De una de sus patas pivota una silla articulada que se pliega y esconde debajo del escritorio para ocupar el mínimo espacio y facilitar la limpieza. Frank Duffy[26] incide en que la limitación del movimiento del usuario de esta silla articulada supone una elocuente señal de la abdicación de la libertad del oficinista en los años del taylorismo. El tablero estaba acabado con magnesita, una especie de primer vinilo que se mezclaba como cemento y se vertía sobre la superficie horizontal. Este material se usó también como absorción acústica y acabado continuo del suelo. Wright proyecta una iluminación del escritorio bajo una balda elevada para potenciar la luz, como se puede apreciar en los detalles de sus dibujos, que hemos reflejado fielmente. Siguiendo los principios de especialización del trabajo, Wright realiza multitud de variaciones dependiendo del uso, como la versión para máquina de escribir o para dictáfono.

---

[26] Frank Duffy. *Office Building and Organizational Change.* Building and Society, 1980 (pág. 266)

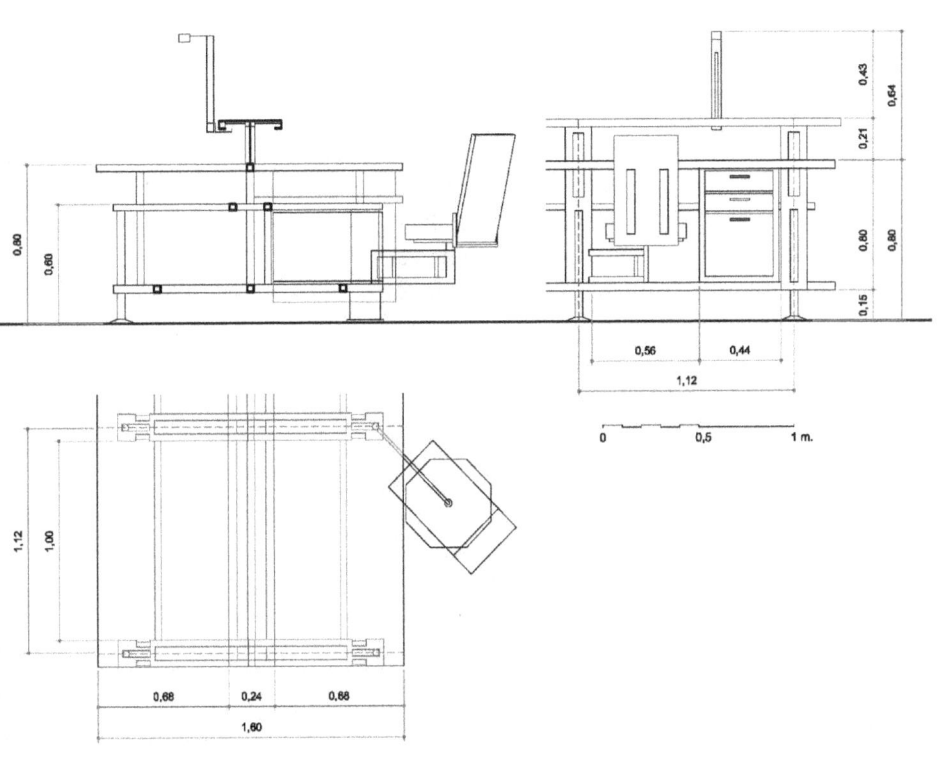

[6]
Equipamiento lineal
Diseño de F.L. Wright
Fabricado por
Van Dorn Works
Larkin, 1906

LA IMPLANTACIÓN LINEAL

La agrupación del puesto de trabajo adopta una disposición en hilera característica de la oficina lineal, normalmente formando un cuerpo único de hasta ocho operarios, en el caso de Larkin [7] [8] pero que llega a alcanzar los dieciséis en otros casos, con un concepto similar a las cadenas de montaje de producción en serie de las fábricas, con filas optimizadas y ajustadas a la realización de una actividad. Se trata por tanto de agrupaciones de puestos contiguos, anclados a un lugar dentro del área abierta y atados a un trabajo de oficina rutinario y sistematizado. En estos primeros ejemplos se empiezan a comercializar las lámparas incandescentes que disminuyen la necesidad de la luz natural y el contacto directo con el exterior, en comparación con la antigua iluminación de gas. Aun así estas organizaciones lineales todavía permanecen muy vinculadas a la fachada, pero según se vaya desarrollando la tecnología lumínica fluorescente se irá desvinculando de ella y dependerá cada vez más de un techo radiante.

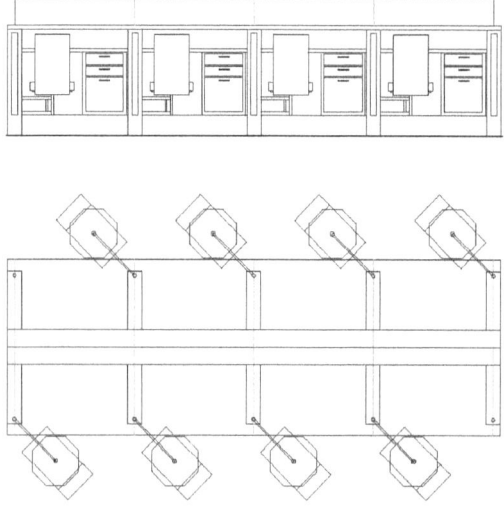

[7]
Agrupación en línea
Pool de 8 puestos
Diseño: F. L. Wright
Construido por la casa
Van Dorn Works

[8]
Distribución lineal
F. L. Wright. Larkin, 1906

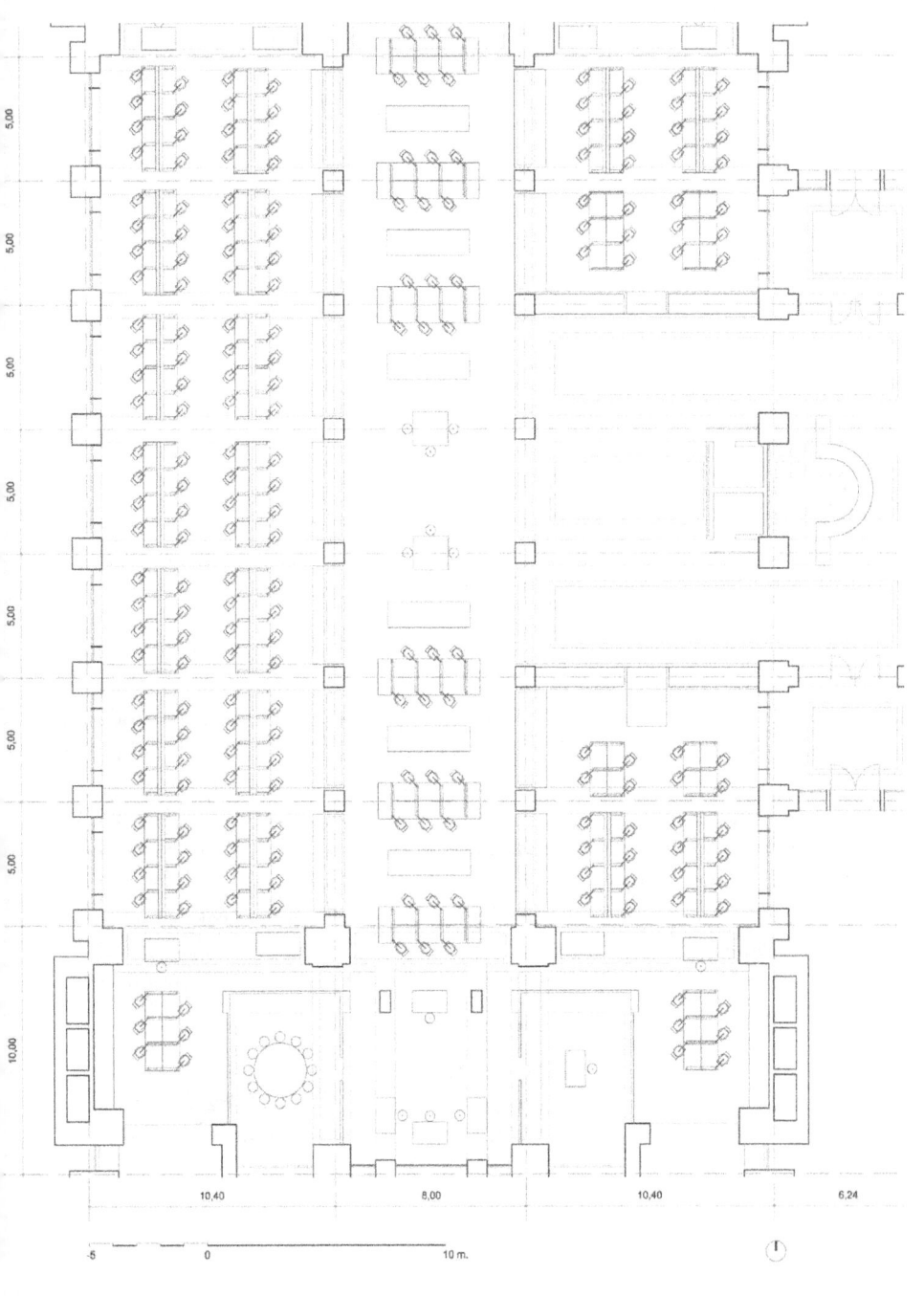

[9]
Dirección tipo
Oficina lineal

Los puestos directivos [9] no aparecen en esta zona de trabajo en abierto. Su actividad está ligada al conocimiento y no a la producción, por lo que se separa radicalmente de la sala de operaciones en áreas independientes y mantiene el tradicional esquema espacial celular. En algunos casos ocupan plantas reservadas a la dirección, que generalmente son las más altas del edificio. Esta disposición es característica de los primeros rascacielos americanos, donde la alta dirección domina desde el lugar privilegiado de la última planta, en la cumbre de una estructura jerárquica y piramidal, en clara competición con otras grandes sedes. Este modelo para la organización laboral en la oficina se consolida y se reproduce sistemáticamente y, aunque hoy en día se reclaman otros criterios, nunca terminará por desaparecer.

Los cambios en la organización laboral suelen tener dificultades para implantarse. En el Rockefeller Center, Nueva York, 1931-32, Raymond Hood & Associates Architects distribuyen en despachos independien-

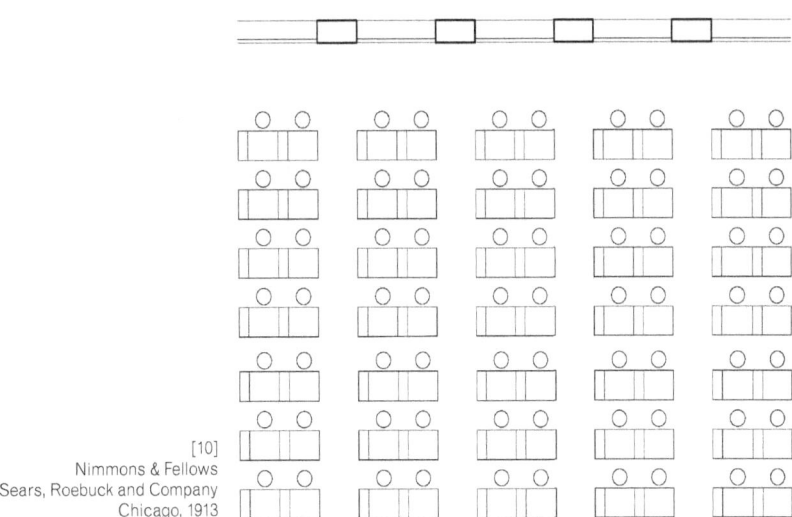

[10]
Nimmons & Fellows
Sears, Roebuck and Company
Chicago, 1913

tes tanto grupos de trabajo reducidos como la dirección[27], siguiendo los pasos de finales del XIX. Sin embargo, otros más valientes asumen plenamente la nueva oficina.

Sears, Roebuck and Company Chicago a principios del siglo XX [10] y el Centro de Negocios UBS, a finales, representan esta disposición llevada al extremo, con puestos de trabajo minúsculos y cercanos entre sí para las mecanógrafas en el primer caso y brókers en el segundo, que se amontonan en una gran sala diáfana sin divisiones. Aunque no forman grupos continuos, cada trabajador forma parte de una línea interminable de puestos idénticos donde realizan una actividad igualmente monótona y rutinaria bajo la mirada de algún vigilante que controla el *staff* para mantener el orden, una situación realmente equiparable a la que describe 'El Apartamento' de Billy Wilder.

Esta distribución lineal del equipamiento de oficina es habitual en los primeros rascacielos de los años veinte. Se configura un puesto de

[27] Reinhard y Hofmeister, en sus artículos de 1945 publicados en Architectural Record, incluyen una serie de planificaciones de oficina incluidas las del Rockefeller Center.

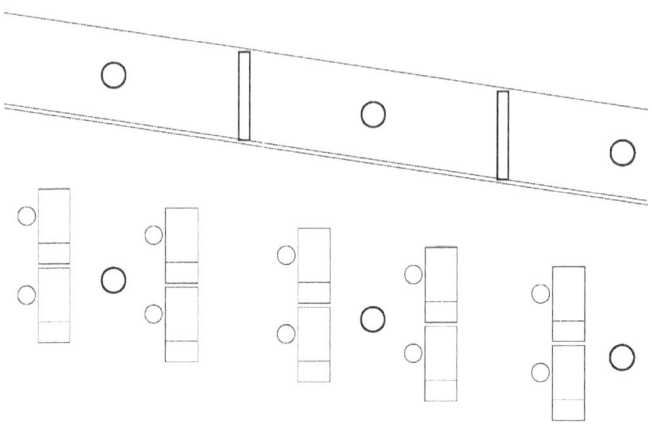

[11]
Le Corbusier
Cap.Marine, Argel, 1938

trabajo que tiene que dar servicio a un instrumental más sofisticado de máquinas de escribir principalmente. Metálico o de madera, el equipamiento se producirá en serie por casas comerciales con gran difusión, como Roneo[28], especialista en equipamiento de oficina.

El equipamiento en sí mismo no ofrece ninguna contribución añadida a la organización laboral y se limitaba a seguir las pautas marcadas por lo que se empezó a llamar *oficina taylorista*, que se propagó rápidamente a Europa. Desde el punto de vista de distribución espacial y del mobiliario los arquitectos europeos no proponen nada diferente a lo que ya se estaba haciendo en América. Si prestamos atención a la arquitectura de Le Corbusier, el rascacielos lenticular de la Marina en Argel, que proyecta en 1938, plantea igualmente una planta libre y el puesto anclado a un lugar fijo [11]. La alineación uniforme y rígida de los puestos de trabajo y los espacios climatizados vinculados con el exterior y con la luz natural configuran el medio para la organización moderna de las tareas administrativas.

---

[28] Iñaki Ábalos y Juan Herreros. *Técnica y arquitectura en la ciudad contemporánea*. 1950-2000. Editorial Nerea 1992 (pag. 182)

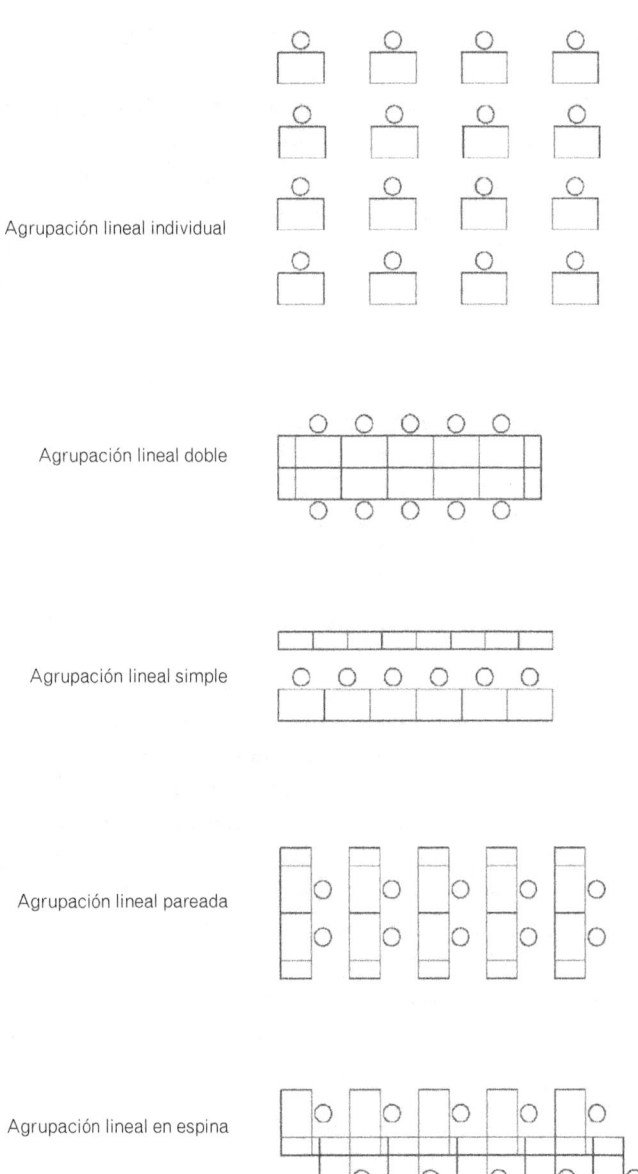

[12]
Diversas agrupaciones en línea

LAS CLAVES DE LA OFICINA LINEAL

La distribución lineal, experimentada por Wright en Larkin, se considera el modelo a seguir. Los puntos a tener en cuenta para identificar esta implantación parten de un área de trabajo en abierto, que dispone de un equipamiento especializado de dimensiones ajustadas, diseñado expresamente según las exigencias de la actividad, que siempre es individual y sistemática. Se agrupan normalmente en filas de a uno o en hileras continuas, simples, dobles, pareadas o en espina, sin movilidad ninguna [12]. Tradicionalmente se vinculan con la luz natural exterior a través de los paramentos verticales o mediante luz cenital. Los directivos, sin embargo, no ocupan este lugar principal de trabajo, sino que pasan a áreas reservadas e independientes, compartimentadas en célula, sin relación directa con el staff.

Tan característica es esta descripción física del lugar de trabajo como lo es el tipo de organización que desarrolla este sistema. Según los manuales de Economía de la Empresa[29], se trata de una *organización lineal*, también conocida como *organización militar*, que dispone de un orden piramidal en la medida en la que según se asciende en la escala jerárquica disminuye el número de cargos y aumenta el nivel de autoridad y responsabilidad. A menor nivel jerárquico aumenta la especialización con responsabilidades asignadas, limitadas a lo específico del cargo. Es una estructura simple, claramente definida, fácil de implantar y estable, formada por una unidad de mando que centraliza las decisiones. Estas disposiciones se transmiten a través de líneas formales de comunicación establecidas previamente. El Centro de Negocios de UBS, en Stamford (1997), de Skidmore, Owings & Merrill, ubica a sus brokers en un lugar de trabajo claramente lineal. Los agentes de bolsa compran y venden acciones a un ritmo desenfrenado en una colosal sala deshumanizada, como peones insertos en una perfecta maquinaria capaz de generar dinero [19].

---

[29] Pérez Gorostegui, Eduardo. *Curso de Introducción a la Economía de la Empresa.* Editorial Universitaria Ramón Areces. Uned. Madrid. 2009. (Pág 69, 184).

EL EDIFICIO LINEAL

[13]
Rockefeller Center
Nueva York, 1931-32
Raymond Hood y
Arquitectos asociados
Dibujo de la autora

[14]
Quartier de la Marine
Argel, 1938
Le Corbusier
Dibujo de la autora

[15]
Panam / Metlife
Nueva York, 1963
Walter Gropius
Dibujo de la autora

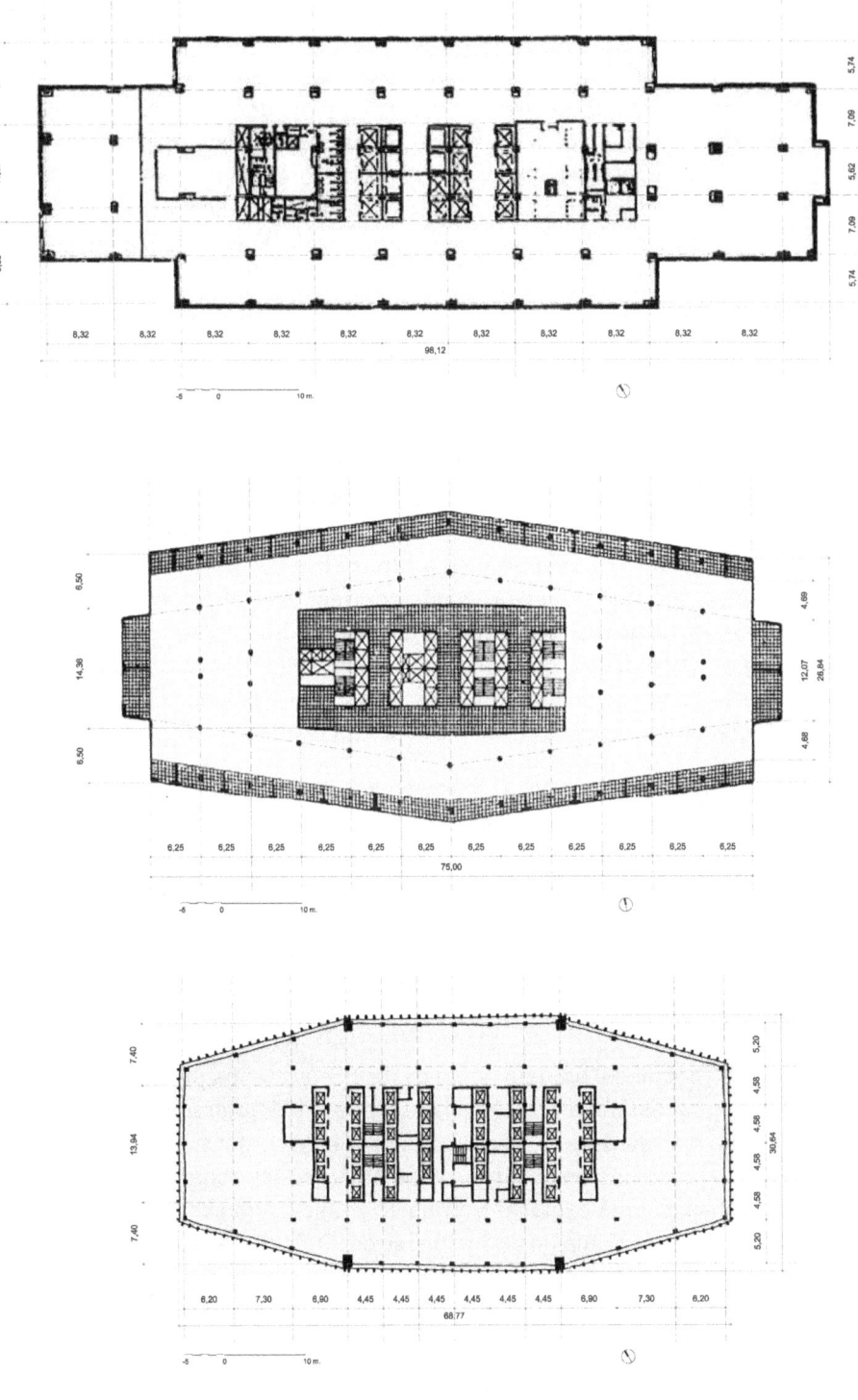

En los años treinta predomina en Nueva York una nueva tipología edificatoria que se establece como una gran máquina del trabajo alienante y que ha predominado desde entonces en la arquitectura corporativa, el rascacielos, un volumen de vidrio con claro predominio vertical y con una organización lineal absolutamente vigente, como se muestra en esta escena de la película 'Margin Call' [16] en la sede de una compañía financiera.

El crecimiento en altura del edificio administrativo acompaña al desarrollo de la oficina lineal. En un principio, se propone la prolongación de la estructura reticular utilizada hasta entonces absorbiendo la acción horizontal del viento mediante la masividad de los muros de fábrica. Pero esta estructura resultaba poco eficiente para superar las veinte plantas, pues las mayores acciones del viento hacían necesaria una resistencia mayor a la que permitían los nudos de la estructura metálica. Holabrid & Roche, a finales del siglo XIX, ofrecieron una alternativa con pórticos rígidos en la primera crujía, que se utilizaron posteriormente en el Woolworth y en el Empire State. La necesidad de liberar el espacio útil trasladó el problema de la rigidización de la crujía periférica al núcleo interior de comunicación y con estos sistemas de tipo reticular y apantallado bidimensional, se pudo incrementar la altura hasta las cuarenta plantas.

El rascacielos, heredero de las experiencias desarrolladas en Chicago, necesita coordinar a un gran número de expertos, ingenieros y constructores. Los arquitectos empiezan a considerar por primera vez la rentabilidad de la construcción y el mayor aprovechamiento del suelo, que obliga a incrementar la altura al máximo. Eran necesarios nuevos instrumentos de análisis que permitiesen cálculos bidimensionales de las estructuras, como el método de Cross utilizado desde 1930 hasta prácticamente nuestros días. La altura empieza a ser un reto.

El espacio central del edificio ocupaba las zonas menos útiles para el trabajo por su distanciamiento de la fachada y la dificultad de conseguir luz natural. Así las zonas no ligadas a la fachada conforman el espacio perfecto para los núcleos centrales que albergan las zonas de servicios, instalaciones, comunicaciones verticales y rigidización estructural, liberando un fondo de crujía entre 8 y 10 metros. El Rockefeller Center [13] reúne a principios de los años treinta estas características y agrupa los ascensores y servicios en el centro con una crujía libre para el trabajo

[16]
Margin Call
Director: J.C. Chandor. Estados Unidos, 2011

de 27 pies, unos 8'23 metros, que asegura una adecuada luz y aire natural en cualquier parte del edificio[30]. Esta organización laboral se traslada a Europa con arquitectos como Mies van der Rohe y Le Corbusier, quien influenciado por la visita a Estados Unidos en 1935, realiza el proyecto del rascacielos lenticular de Marine de Argel [14]. De la misma forma que adopta la implantación de la oficina lineal, asume literalmente la disposición en planta del Rockefeller Center, la profundidad de crujía, la relación con la luz natural y la posición central de los núcleos de comunicación. El edificio en altura con un núcleo central corresponde a una estructura organizativa lineal que se repite constantemente en América y Europa. El edificio para la Panam [15] en Nueva York (1963), de Walter Gropius, y el edificio Pirelli en Milán (1950), de Gio Ponti y Pier Luigi Nervi, son destacados ejemplos de una larga serie.

---

[30] Raymond Hood "The Design of Rockefeller Center City". Architectural Forum, January 1932. (pág.5).

Aunque el sistema de organización alienado, masificado y concentrado mantiene una relación directa con el edificio en altura, no todos los rascacielos obedecen a estos criterios. De hecho, en los últimos años el edificio en altura incorpora, en la medida que lo permite su estructura, las nuevas formas de trabajo. En cualquier caso, la evolución estructural de los edificios en altura dirige todo su esfuerzo al claro propósito de conseguir tener la torre más alta con una actitud tan masculina como tradicional, característica de estas organizaciones piramidales y lineales, preocupadas en primer término por una gran ambición de representatividad.

Añadimos unas breves notas sobre la estructura de los edificios en altura con el único propósito de dar un marco de referencia a una tipología edificatoria que ha luchado por conseguir el lugar más alto de la ciudad para posicionarse económicamente e incidir en el elevado nivel de la compañía.

La investigación técnica lleva a Myron Goldsmith a plantear en 1953 la descomposición estructural en el rascacielos de hormigón, donde la resistencia al viento se contrarresta con una macroestructura de hormigón exterior de nudos rígidos de la que cuelga y se apoya una estructura metálica y ligera que conforma los pisos diáfanos. Goldsmith y Fazlur Khan colaboran como profesores en el IIT de Chicago y participan en Skidmore, Owings and Merrill[31] como general partners, hecho que les ofreció la oportunidad de experimentar su teoría. El Chestnut-Dewitt de Chicago, 1965, de M. Goldsmith, B. Graham y F. Khan, es el primer intento de superar las 43 plantas y 120 metros de altura. Mantiene la estructura en la periferia del edificio unida a la piel. La altura se incrementa hasta los 143 metros con la solución estructural adoptada en el Brunswick Building de Chicago, 1966, donde plantean el *tube-in-tube*, que anula el retraso en la transmisión del cortante que se producía en el tubo estructural perforado. El nuevo tubo interior, formado por pantallas,

---

[31] Para profundizar en el desarrollo estructural de los edificios en altura, los ejemplos de SOM en Chicago muestran una progresión lógica en la estructura en rascacielos que buscan un incremento de su altura. Véase: Schmertz, Mildred. *Office Building Design*. Mc Graw-Hill Book Company. Second Edition Arquitectural Record. 1975. (Págs. 179-192). (edición original de 1961).

colabora con el cerramiento constituido por pórticos ante la acción de las cargas exteriores. Esta estructura de hormigón sirve de modelo a una generación de edificios americanos que puede elevarse hasta los 200 metros con completa diafanidad para el desarrollo de la planta libre de las oficinas. En la Sears Tower de Chicago, B. Graham y F, Khan culmina en 1974 el trabajo llevado a cabo por SOM sobre la evolución estructural de los rascacielos. En este caso se consiguen 110 plantas y 442 metros de altura con el *haz de tubos*, nueve tubos unidos que funcionan como uno sólo exterior y que se eliminan sucesivamente en altura. La rigidez del conjunto se consigue mediante nudos rígidos de estructura metálica. El hormigón se desechó por el tiempo mayor de ejecución que requiere. Cada tubo de 22'8 metros de lado, deja diáfanos 520 m2 en las que la retícula estructural ha desaparecido definitivamente.

Las triangulaciones de la retícula perimetral del John Hancock que proponen Graham y Khan, siguen la línea de las experimentaciones de W. Le Messurier, que abogan por un aligeramiento de la masa estructural, anulan el esfuerzo a cortante y permiten la eliminación de núcleo central. Le Messurier desarrolla su trabajo desde tres principios: la concentración de la masa en los puntos más separados del centro para lograr la máxima inercia con respecto al vuelco; la rigidización a base de diagonales a 45° para conseguir la máxima eficacia del índice de rigidez a efecto de cortantes; y la aproximación del centro de gravedad al plano del suelo, para contrarrestar la vibración. Su proyecto teórico *Erewhon Center* funciona como una ménsula reducida a sus líneas de fuerza, de hormigón para el momento y acero para el cortante. Junto a Kevin Roche realiza una estructura híbrida en el Federal Reserve Bank donde elimina el núcleo central y propone cuatro grandes pilares en las esquinas que liberan una plaza abierta a la ciudad. En el Citicorp Center, colabora con Hugo Stubbins y Emery Roth & Sons y ubica los cuatro pilares en los puntos medios de los lados, por respetar la situación de St. Peter's Church. La posición centrada del núcleo llega hasta el suelo y resta cargas gravitatorias a la estructura periférica. Las triangulaciones en V rigidizan la envolvente a cortante y establecen seis grupos de ocho plantas permitiendo la desaparición del pilar en esquina de la última planta. No manifiesta la estructura al exterior para no someterla a las cargas térmicas diferenciales lo que fomenta el aspecto ingrávido. Ubica por primera vez en la cubierta un sistema pasivo frente al viento, el *Tuned*

Mass Damper, un amortiguador de masa que absorbe las vibraciones mediante el balanceo de un contrapeso que permite optimizar la estructura. En el Bank of the Southwest colabora con Helmut Jahn. Los pilares de hormigón en esquina se duplican produciendo caras achaflanadas que reducen la superficie expuesta al viento y crecen según llegan al terreno, donde soportan mayores cargas verticales. La estructura de acero rigidiza a cortante el conjunto, transmite las cargas verticales al perímetro y se descompone en triangulaciones de nueve plantas en forma de K para que incida menos en el espacio de uso.

Por otro lado, las aportaciones experimentales de Nervi, Le Ricolais y Fuller ofrecen un punto de vista diferente. Louis Kanh mantuvo una estrecha relación con Le Ricolais, profesor en el Institute for Architectural Research de Filadelfia, que se manifestó en proyectos como la Yale Art Gallery y el rascacielos de hormigón que realiza junto a Ann Tyng y donde extienden la configuración tetraédrica a todo el edificio. A pesar de la inadecuación en el uso y en los sistemas verticales de comunicación dará lugar a una dialéctica similar a la que desarrollará el rascacielos muchos años después, en el Bank of China de Hong Kong, 1985-1989, de Leoh Ming Pei y la ingeniería Robertson, Fowler & Associates. El edificio disminuye en sección, como el Sears Tower, modificando su periodo de vibración que dificulta la aceleración en caso de seísmo. El contorno, la sección, la textura superficial del cerramiento y los sistemas exteriores de descomposición tangencial del viento propician un método de diseño cada vez más cercano al de los prototipos aerodinámicos y afectan progresivamente a la tipología del rascacielos con propuestas anticipadas por Buckminster Fuller.
A partir de los años sesenta se considera la variación de la velocidad del viento, el "efecto máscara" y la presión sobre diferentes configuraciones. Future Systems realiza junto a Ove Arup la Coexistence Tower en 1986, donde introduce el postensado con dos familias de cables de acero que estabilizan el hormigón. La figura circular reduce al mínimo la incidencia del viento.

En la actualidad, los modelos experimentales han sido sustituidos por programas informáticos de simulación. El cerramiento ofrece una respuesta energética global.

La lógica de la excentricidad y de la disipación introducida por Fuller abre campos basados en la disolución de la presencia de la estructura consecuentes con las necesidades de la organización del trabajo en la oficina. El concepto del edificio para Swiss Reinsurance Company se remonta al proyecto del Climatroffice, de Norman Foster y Fuller en 1971. Entonces proponía una relación armónica entre la naturaleza y el lugar de trabajo mediante unos jardines integrados que creaban un microclima y donde la fachada y la cubierta se diluían en una piel continua diseñada para ahorrar energía. Esta idea utópica hace treinta años se ha hecho realidad en Londres. La forma aerodinámica del edificio reduce las cargas del viento debido a la menor superficie de la fachada respecto al volumen edificado y la estructura principal se minimiza.

Con estas breves notas, incidimos en una tipología representativa para la arquitectura del trabajo, el rascacielos. Muchas más consideraciones respecto a la estructura del edificio de altura no tendrían cabida en esta investigación[32]. Sin embargo, conviene hacer otras en cuanto al carácter del edificio que alberga la oficina lineal y que se desarrollan en los apartados que vemos a continuación.

---

[32] Para una visión general de la evolución de los edificios en altura véase Ábalos, I; Herreros J. *Técnica y arquitectura en la ciudad contemporánea 1950-2000*. Nerea.2000 (págs. 49-94). Para profundizar en detalle, véase: Condit, C.W. *American Building*. The University of Chicago Press, 1982; Martorano, L.D. y Aguirre de Yraola, F. *Sistemas de rigidización de edificios de altura frente a acciones de viento y sismo*. Monografías del Instituto Eduardo Torroja nº342, Madrid, 1977; SOM: *Architektur von Skidmore, Owing & Merril*, Verlag Gerd Hatje, Stuttgart, 1974; Fischer, R. E. *Engineering for Architecture*, Mc Graw Hill, Nueva York, 1980; Rastofer, D. "William J.Le Messurier's super-tall structures: A Search for the ideal", Architectural Record, enero 1985.

LA MÁQUINA DEL TRABAJO

En *Animal Farm*, los animales se rebelan contra el trabajo sistemático y rutinario de una organización lineal: *"We are born, we are given just so much food as will keep the breath in our bodies, and those of us who are capable of it are forced to work the last atom of our strength"*[33]. La crítica política que subyace en el texto y las cuestiones referidas al trabajo reflejan una situación similar a la que se lleva al cine en las revueltas callejeras de *'Tiempos modernos'*, dirigido y protagonizado por Charles Chaplin [17], significativo ejemplo que nos ofrece la filmografía como crítica a las condiciones laborales de la clase obrera provocadas por la obsesión con la eficiencia industrial y la producción en cadena.

La rigidez del puesto de trabajo ubicado en un lugar fijo, con una tarea inamovible como una pieza dentro de un complejo engranaje, sostuvo duras críticas desde su origen, no sólo en la fábrica, sino también en la oficina. Los trabajadores consideraban que la búsqueda de la eficacia reducía puestos de trabajo y eliminaba el respeto por la persona, transformada en parte de la cadena de producir dinero. Una crítica social y laboral llevada al cómic en las tiras de Scott Adams[34], con *Dilbert*, el *white-collar* protagonista.

A partir de los primeros ejemplos tayloristas, la condición mecanicista pasa a ser inherente al edificio administrativo. De forma paralela a como Le Corbusier planteó la máquina de habitar, podíamos considerar el rascacielos como la máquina del trabajo. El aspecto fabril que adopta Larkin en Buffalo es llevado al límite en los años setenta, momento en el que la manifestación de la tecnología vive su mayor auge. La parte más ingenieril y técnica del edificio se expone a la ciudad y ofrece una imagen arriesgada de la arquitectura del trabajo, como si se tratase de una gran máquina que se pone en marcha con el trabajo de las personas. El Centro Georges Pompidou o Beaubourg de Renzo Piano y Richard Rogers en París experimenta este mecanicismo conceptual en 1977 con la integración de la comunicación de forma dinámica en el espesor del cerramiento, como lugar

---

[33] George Orwell. *Animal Farm*, 1945 (edición utilizada: Penguin Books, 2008. Pág 3)
[34] Scott Adams ha recibido por su trabajo en Dilbert el prestigioso premio Reuben 1997 de la National Cartoonist Society, el premio más importante en EEUU dentro del campo de las tiras de prensa.

[17]
"Tiempos Modernos"
Charles Chaplin, 1936

de intercambio, que le permite dejar libre una profundidad edificada de cincuenta metros. La estructura vista recupera la triangulación de acero que planteó Eero Saarinen y la fina losa superior de hormigón que incorporó Kahn en Yale, pero además añade el suelo técnico registrable elevado catorce centímetros con respecto a la losa continua que utiliza sólo para el cableado eléctrico. Los conductos de aire acondicionado y los tubos de iluminación aparecen por debajo del techo técnico sin ocultar junto a la estructura que cuelga para conseguir una luz de cuarenta y ocho metros. Con esta exhibición técnica tanto al interior como al exterior adopta una visión figurativa en línea con el carácter mecanicista que van a desarrollar algunas sedes corporativas como el Hong Kong&Shanghai Bank de Norman Foster y el edificio Lloyd de Richard Rogers, que ofrecen diferentes soluciones formales al sistema de comunicaciones e instalaciones disperso en fachada. En el edificio Lloyds, las instalaciones y núcleos de comunicación aparecen expuestos al exterior para dejar libre el patio central. El cerramiento exterior se transforma en un elemento técnico, compuesto por un vidrio triple y dos cámaras, la exterior al vacío y la interior ventilada mecánicamente, se conecta al retorno del aire canalizado desde las luminarias para aprovechar su energía residual. Desde el punto de vista formal responden de forma adecuada a la búsqueda de la tecnicidad del artefacto que genera gran repercusión en otras sedes corporativas.

En estos términos, destacamos dos de los mejores ejemplos de arquitectura mecanicista en Madrid que, en la medida de las posibilidades de la empresa y con diferentes condicionantes, se acercan a esta posición arquitectónica, Bankunión y Endesa. El primero de ellos, de Corrales y Molezún[35], aunque a una escala reducida acorde al tamaño de las empresas madrileñas del momento, hace prevalecer la imagen de las planchas metálicas de acero cortén y la visible estructura en cubierta para soportar los mecanismos de limpieza exterior. Por otro lado, con el antiguo edificio de Endesa, Eleuterio Población Knape propone una envolvente industrial y sólida formada por piezas de hormigón prefabricado, que presentan una pequeña perforación como apertura hacia el exterior, como si se tratase de una ventanilla de avión. En ambos casos las instalaciones se muestran al exterior y ofrecen a la ciudad el carácter industrial de la arquitectura del trabajo madrileña.

Por último, en tiempos de crisis económica, los gobiernos realizan recortes en enseñanza, asistencia social, sanidad y empleo público, al mismo tiempo que las empresas reducen el sueldo y los puestos de trabajo. El ser humano pierde en alguna medida su libertad en la "obsesiva búsqueda por lo útil que transforma en inútil la vida misma"[36]. La ciudad se convierte en un lugar de hombres con prisas sin tiempo para reflexionar, en vez de ciudadanos libres y responsables. Nos viene a la memoria el pasaje en el que Charles Dickens describe la ciudad-fábrica: "…donde habitaban gentes que también se parecían entre sí, que entraban y salían de sus casas a idénticas horas, produciendo en el suelo idénticos ruidos de pasos, que se encaminaban hacia idéntica ocupación y para las que cada día era idéntico al de ayer y al de mañana y cada año era una repetición del anterior y del siguiente"[37].

[18]
Patio interior. Edificio Larkin, 1906
Frank Lloyd Wright

---

[35] AAVV: "Corrales y Molezún", CSCAE, Madrid, 1993, págs. 164-175
[36] ORDINE, Nuccio, *La utilidad de lo inútil*. Acantilado, Barcelona, 2013. (6º edición) (pág. 57)
[37] Dickens, Charles. *Tiempos difíciles*. 1854 (pág. 56)

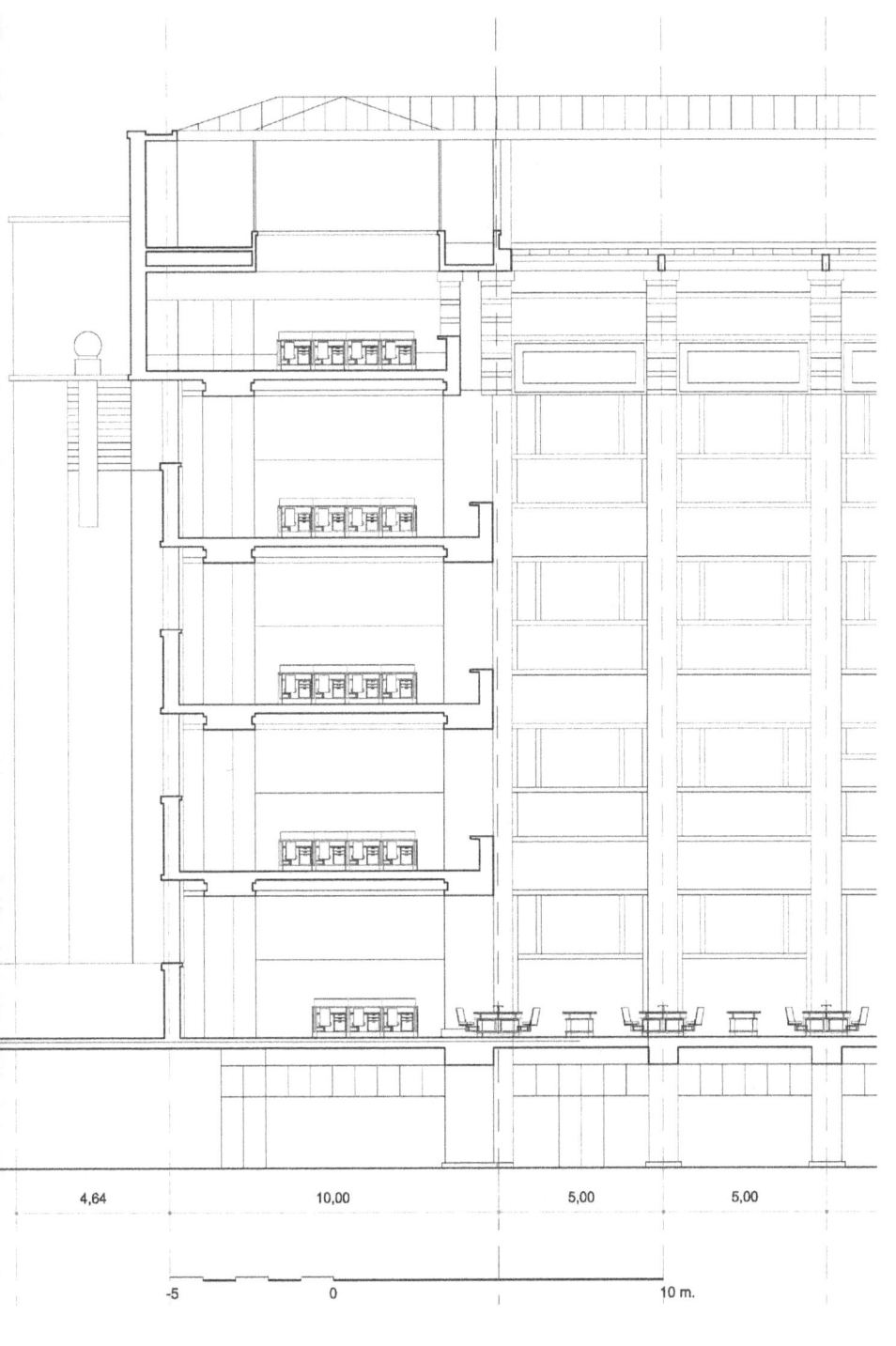

LA OPACA PIEL DE VIDRIO

La disposición en línea de los puestos de trabajo, introducido en el mundo de la oficina por el taylorismo industrial, mantiene una relación estrecha con la envolvente exterior. En este apartado plantearemos el ideal emocional y sus soluciones formales, como elemento separador entre el interior y el exterior en este tipo edificatorio para la sede corporativa.

Los primeros edificios dedicados a la gestión administrativa requerían una vinculación directa entre la oficina lineal y la luz natural. La iluminación artificial de gas no era suficiente y dio paso a la luz incandescente, que fue sustituida por la fluorescente, más efectiva, cuando empezó a comercializarse en 1938. Su uso se extendió de forma masiva después de la Segunda Guerra Mundial, momento en que el fondo de crujía fue capaz de incrementarse hasta los veinte metros y en el que aparecen otros modelos de gestión para la organización laboral. Pero hasta entonces, la primera oficina lineal mantiene una relación directa entre el trabajo y la luz natural exterior, como en los ejemplos del Rockefeller Center y del edificio de la Marina de Argel que mantienen el núcleo central y la envolvente de vidrio como modelo estructural para innumerables oficinas posteriores.

En esta línea aparece un interés por eliminar el muro al máximo y transformarlo en un elemento captador de luz natural. El cerramiento tradicional en los edificios de la revolución industrial estaba formado esencialmente por acumulación de masa. Los macizos integraban la estructura y el cerramiento en una unidad de gran espesor que constituía un buen aislante térmico y disponía una gran inercia térmica. Los edificios de oficinas debían aprovechar la luz natural mediante la apertura de huecos en el muro. Como alternativa, Frank Lloyd Wright propone el edificio Larkin, un compacto edificio que se cierra a su entorno y envuelve un patio central iluminado. Se anuncia así un edificio independiente, cerrado y aislado, que será relevante en la arquitectura corporativa del siglo XX. La necesidad de captación de luz y la opacidad física y organizativa juegan un papel contradictorio en la definición de la envolvente de la oficina lineal.

En la primera década del siglo pasado aparece una tendencia que busca romper con la estética tradicional y brinda cualidades novedosas, como la ligereza y la transparencia. La exaltación de lo sensual, la adoración de la máquina y la representación del movimiento intentaban reflejar en las artes las señas de identidad del mundo moderno. Antonio Sant'Elia presentó en 1914 su Manifiesto de la Arquitectura Futurista, un proyecto utópico que se materializa en las imágenes de la Ciudad Nueva, vertical, mecánica y deshumanizada, materializada en hierro y vidrio. Ludwing Mies van der Rohe ofrece una solución teórica al entusiasmo por la ligereza con su rascacielos de vidrio. La imperceptible cortina acristalada que envuelve la planta poligonal se plantea como una lámina continua y transparente, una propuesta arriesgada que aportaba una presencia formal exterior muy sugestiva tanto a nivel emocional como intelectual, pero opuesto al carácter cerrado y opaco de la oficina lineal. La envolvente de vidrio tiene sentido por su carácter de transparencia que permite ser observador desde una posición dominante, más que por mostrar una verdadera transparencia organizativa. Se busca la transparencia en un solo sentido, de dentro a fuera, pero no al contrario.

Para que el proyecto de Mies se llevase a cabo era necesario introducir nuevos materiales y aportar un paso más en la evolución del sistema constructivo. Desde finales del siglo XIX, el acero laminado y el hormigón revolucionaron las técnicas constructivas, ofrecían nuevas posibilidades y permitían la separación entre la estructura y el cerramiento. Los materiales como el vidrio y los paneles de acero formaban una fina capa de separación entre el interior y el exterior que exigía conocimientos en profundidad de los fenómenos físicos aplicados a la construcción. En el Rockefeller Center, el escalonado del muro exterior resuelve las necesidades prácticas de proveer de luz y aire a todas las partes del edificio. El cerramiento es un muro que se levanta 850 pies, en el que las ventanas aparecen reducidas a meras ranuras en la fábrica. Giedion[38] pone énfasis en los muros exteriores que se mueven imperceptiblemente con el viento gracias a la flexibilidad de los elementos estructurales. La tarea a plantearse a partir de este momento consistirá en incrementar la superficie de vidrio hasta alcanzar la ligereza máxima propuesta por Mies. Prevalecía la idea del volumen puro, cristalino y ligero ante la compleja solución constructiva de las cuestiones climáticas, que quedaron relegadas a un

---

[38] Giedion, Sigfried: *Space, Time and Architecture. The growth of a new tradition.* First Harvard University Press Paperback edition, 2008. (pág 848).

segundo lugar. El problema residía en ofrecer una solución limpia del encuentro entre los montantes de la carpintería metálica con el vidrio en un paño recto. Así el esfuerzo constructivo se ceñía a la solución de un detalle tipo que se repite de forma sistemática en todo el alzado según el módulo compositivo del conjunto. La esquina y los límites superior e inferior del paño serán los únicos puntos donde el módulo deberá adaptarse a aspectos particulares.

A pesar de que el cerramiento continuo de vidrio fue una de las propuestas más ambiciosas para los edificios en altura, las soluciones constructivas en los primeros rascacielos no pudieron resolver las pérdidas energéticas. Le Corbusier[39] ofrece distintas concepciones del cerramiento que aún hoy son modelos de referencia pero que en los primeros intentos europeos tienen más acogida en los edificios residenciales que en los administrativos. Coincidiendo en el tiempo con la propuesta de rascacielos de Mies, el cerramiento continuo de vidrio había sido insinuado por Le Corbusier con el rascacielos cruciforme donde separa dos funciones de la ventana tradicional, la ventilación y la iluminación. Le Corbusier propone un edificio hermético con un doble muro de vidrio. Entre sus hojas hace circular aire tratado, a temperatura constante (18°C) y humedad regular para equilibrar las condiciones exteriores. Aunque de forma esquemática, la "respiración exacta" es la primera solución teórica de "muro neutralizante" que pretende reducir la energía necesaria para calentar todo el edificio[40].

La contribución más importante que Le Corbusier incorpora es el brise-soleil. El elemento protector surge de la necesidad de resolver ciertos antagonismos entre el beneficio del sol y el mal comportamiento climático del vidrio. La protección solar es una primera respuesta típica de la cultura mediterránea, basada en la ventilación natural que impide el acceso de radiación directa en los meses más calurosos. Esta forma pasiva de regulación energética se formaliza en la propuesta de rasca-

---

[39] Le Corbusier: *Precisions sur un état present de l'architecture et de l'urbanisme.* G. Grés. París, 1930.
[40] No llegó a realizarlo porque los experimentos de laboratorio llevados a cabo por Saint-Gobain dieron como resultado un gasto mayor de la energía consumida en comparación con otros sistemas de climatización, según aparece en Le Corbusier: *La ville Radieuse.* L'Architecture d'Aujourd'hui, París, 1935.

cielos en Argel donde aparece además como un elemento que constituye el cerramiento y desvela la estructura interna del edificio. El brise-soleil se convierte en un elemento compositivo del alzado, que no siempre cumple con las exigencias de orientación, inútil en el lado norte, ni con cuestiones térmicas, el hormigón calienta el vidrio por convección como un radiador acumulando de aire recalentado. A partir de los proyectos de Le Corbusier, las lamas protectoras del vidrio, se van a perfeccionar con el fin de conseguir un mejor ahorro energético en el consumo de los edificios. Egon Eisemann aporta varios ejemplos en Alemania entre los que destacamos las lonas tensadas del Edificio Olivetti de Frankfurt, de 1968-72. En Madrid Francisco Javier Saenz de Oiza ofrece un magnífico estudio en el Banco Bilbao Vizcaya. Ambos ejemplos los veremos en detalle en el apartado de 'criterios de sostenibilidad'.

La búsqueda de la expresión máxima del vidrio se mantiene presente en los edificios administrativos y se investiga en su tecnología. El gasto energético y de mantenimiento demanda una mejora del sistema constructivo que se resuelve con una carpintería hermética que garantiza el control técnico de la renovación del aire. La subestructura expuesta al exterior en los proyectos de Mies y SOM en los años cincuenta pasa a ocupar un lugar protegido entre el forjado de anclaje y el cerramiento, que permite mayor continuidad de la piel exterior en la exploración de simplificar del problema constructivo. El punto más conflictivo a nivel estético y técnico lo asume la propia carpintería, que empieza a eliminar diferencias entre la junta vertical y la horizontal con la consideración de que la acción difusora del viento dispersa el agua precipitada. En 1971, Goldsmith desarrolla este sistema para la sede del periódico The Republic en Columbus, un edificio de estructura metálica y de baja altura (con equipamiento en cubículo que veremos en el capítulo de la oficina libre), donde propone una subestructura de acero como carpintería coincidiendo con la estructura principal y ubicada en el interior del cerramiento. La fijación del vidrio exterior se realiza mediante una junta abierta, similar a la del panel ciego, y con total indiferencia en cuanto a la posición horizontal o la vertical.

La eliminación de la carpintería pasará a ser un objetivo técnico y figurativo. En 1969, Norman Foster había experimentado en el Fred Olsen Limited Amenity Centre, de Millwall, un sistema de eliminación del puente térmico mediante la utilización estructural del neopreno que, sin perder su cualidad de elasticidad, servía como fijación del vidrio a presión. Pero es el edificio administrativo de Willis Faber en Ipswich, realizado en 1975, el que supone el mayor acercamiento en la búsqueda de una lámina continua de vidrio. La pared exterior, formada por lunas coloreadas simples y selladas entre sí con silicona, es independiente de la estructura de hormigón y cuelga del forjado superior como una cortina a lo largo de tres plantas. Está rigidizada frente a la succión y presión del viento únicamente por montantes de vidrio templado estructural, a modo de cartela de media planta de altura, que transmiten los esfuerzos del viento al forjado y se atornillan a la lámina de vidrio por medio de pletinas. A pesar del vidrio tintado que absorbe los rayos ultravioletas y evita una insolación demasiado fuerte, tuvo que incrementarse la climatización del edificio, cuyas redes horizontales transcurren por el forjado nervado de 70 cm de espesor. Foster aplica las nuevas posibilidades y logros técnicos con el fin de obtener un cuerpo transparente que se adapta a la forma del solar irregular, sin tener en cuenta ninguna orientación ni consideración climática. Willis Faber se realiza antes de la primera crisis energética, por lo que todavía no es consecuente con las condiciones de sostenibilidad actuales.

La eliminación total del junquillo de fijación exterior es un paso relativamente reciente que facilita la desmaterialización de la junta. El desarrollo en los ochenta de la silicona estructural hace posible la fijación del vidrio por adherencia en lugar de por presión. Uno de los ejemplos más avanzados en esta técnica es la Pirámide del Louvre en París, realizada por Leoh Ming Pei en 1988.

El avance técnico de la envolvente no afecta solamente al cuidado en el diseño de la junta, cada vez más sutil, sino que la industria del vidrio evoluciona acorde con las nuevas tendencias. Desde la comercialización de los primeros vidrios dobles con cámara al vacío en los años cincuenta, las lunas coloreadas primero y las reflectantes después supondrán un nuevo campo para la investigación en cuanto a la transmisión térmica y la permeabilidad a la radiación solar. Desde los años setenta la luna reflectante ha sido la respuesta técnica ante las radiaciones solares, especialmente perjudiciales en climas cálidos. Sin embargo, estos sofisticados vidrios, especializados para las diferentes longitudes de onda del espectro solar[41], se alejan de la transparencia teórica original. La opacidad resultante oculta la división de los pisos y la escala humana en favor de la gran escala total. Una nueva caja de cristal sólido refleja el entorno exterior para crear una imagen ilusoria. Leoh Ming Pei y Henry Cobb aplican este sistema de vidrio plano en el John Hancock[42] de Boston de 1973, con una volumetría oblicua derivada de su posición urbana. Otros ejemplos significativos son el Pacific Design Center de Cesar Pelli, de 1971, y los dos volúmenes de la United Nations Plaza, en Nueva York, 1969-75, de Kevin Roche.

De la misma forma que el edificio en altura asume las diferentes organizaciones que las compañías consideran para su negocio, la arquitectura envuelta en vidrio opaco también podría albergar cualquier disposición, sobre todo desde que en los años sesenta la implantación se desvincula completamente de la arquitectura. Sin embargo, algo queda de su carácter mecanicista. La búsqueda por una sofisticación técnica que requiere este elemento acerca la imagen de la empresa a la máquina del trabajo alienante. El vidrio se transforma en un sólido opaco impenetrable que convierte al edificio en un elemento autónomo que encierra en su interior el trabajo masificado.

---

[41] Para más información sobre el comportamiento energético y de transmisión espectral de los vidrios ver el resumen que ofrecen Ábalos y Herreros. *Técnica y arquitectura en la ciudad contemporánea 1950-2000*. Ed. Nerea 2000. (pág 117)
[42] Moneo, Rafael: "Sobre el John Hancock de I.M.Pei&Partners", Arquitecturas bis, n°52, diciembre de 1985, (págs. 4-12). Véase también Agrest, D. *Architecture from Without. Theorical framing for a critic.* MIT Press, Cambridge, Massachusetts, 1991, capítulo 7: "Architecture of mirror/ mirror of architecture", (págs 139-155).

LA CENTRALIDAD LABORAL Y URBANA

La captación de luz natural a través de la envolvente exterior de la fachada no es la única opción. En algunas ocasiones es pertinente la luz cenital, como resuelve Frank Lloyd Wright en el caso de Larkin con la introducción de un patio interior y una cubierta transparente. Larkin ha servido de ejemplo no sólo como pionero en la implantación de una nueva organización laboral, sino que además introduce el patio como elemento en torno al cual se dispone la sede ofreciendo una tipología edificatoria que se ha repetido en innumerables ejemplos representativos de los edificios administrativos y que podría ser denominada como la *oficina-patio*. El patio central iluminado sustituye en estos ejemplos el núcleo ciego de comunicaciones. Cuando este centro está ocupado por la actividad laboral se podría sospechar sobre su relación con la oficina lineal, que ubica el trabajo en el centro de atención, como en Larkin o el caso de la inmensa sala para UBS [19], que aglutina a novecientos cincuenta operadores de banca en líneas de dieciséis trabajadores, en un único espacio central iluminado cenitalmente. En otras situaciones, la *oficina-patio* no gira en torno al lugar del trabajo sino que tiene otro tipo de intereses a nivel climático o como lugar de relación para los trabajadores, como veremos más adelante con la Fundación Ford de Nueva York y el edificio Lloyd en Londres, respectivamente. Aunque desde el principio el centro físico del edificio fue relegado al núcleo de comunicaciones e instalaciones para resolver la estructura y crecer en altura, la centralidad del trabajo ha sido inherente a la oficina lineal. La ubicación del trabajo en el centro del edificio representa la vocación de la sede como aglutinadora de la función laboral, que a su vez dispone de una estructura interna centralizada y piramidal.

[19]
Centro de negocios UBS
Skidmore, Owings and Merrill. Stamford, 1997

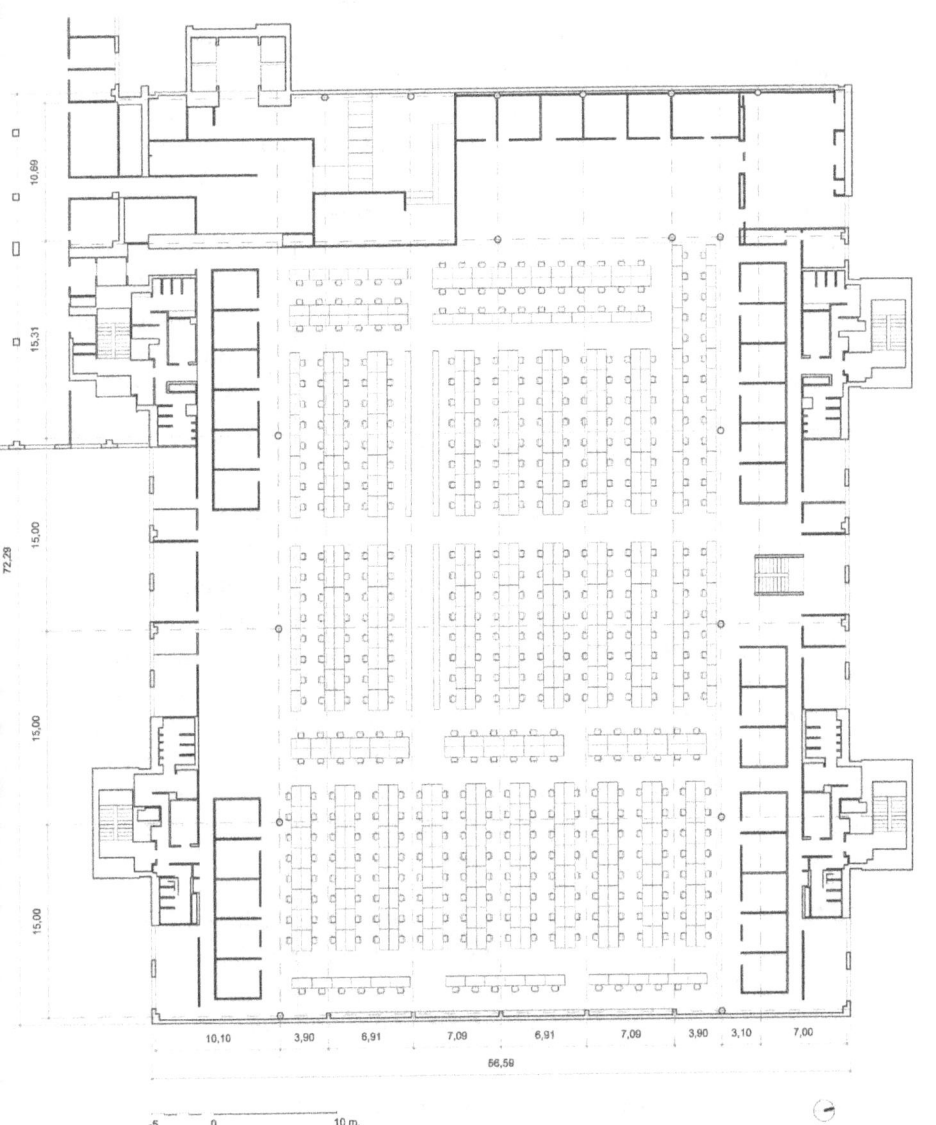

De forma homotética, la situación de la sede de una empresa en el centro neurálgico de la ciudad ha sido decisiva para competir con éxito desde finales del siglo XIX. La experiencia americana y la espectacular transformación urbana de ciudades como Chicago y Nueva York[43], convirtieron el centro de la ciudad en el lugar idóneo para establecer los edificios de oficinas y la actividad comercial. La centralidad del trabajo con respecto al edificio y en relación con la ciudad tiene una vinculación directa con la centralidad de la organización laboral y su disposición en estructura piramidal. Este proceso se desarrolla de forma paralela en Europa, donde la demanda de espacio y el caos de transporte llevan a Auguste Perret al planteamiento de proyectos urbanos utópicos, como las ciudades-torre para París, de 1922. El proyecto consiste en un anillo de rascacielos periféricos conectados entre sí por vías en altura simulando una muralla permeable alrededor de la urbe. El rascacielos es la ciudad del trabajo, como objeto aislado y repetido que aparece en el medio urbano integrado en la naturaleza y ordenando el tráfico rodado.

Le Corbusier desarrolla las ideas de Perret en el modelo teórico de la Ciudad Contemporánea para Tres Millones de Habitantes, donde propone rascacielos cruciformes, ubicados en el centro de la ciudad y organizados a través de un viario urbano cartesiano que se extiende al resto de la ciudad. Este proyecto lo desarrolla en el Plan de Voisin para la ciudad de París, en 1925. Hilberseimer[44] en *Arquitectura de la Gran Ciudad* valora el orden formal establecido pero señala que deja sin resolver los conflictos ocasionados por la industrialización y el tráfico. Después de otros proyectos en Sudamérica, como Buenos Aires y Montevideo, Le Corbusier viaja a Nueva York y comprueba la capacidad de transformación que el Rockefeller Center ejerce en la ciudad.

Hasta ahora hemos visto el rascacielos del Rockefeller [13] como el edificio de oficinas por excelencia, representante de un momento histórico, con un fuerte contenido técnico y simbólico. El esfuerzo del diseño ajusta la forma final a las necesidades de uso, luz y ventila-

---

[43] Una interpretación de los hechos urbanos como conjunto de factores heterogéneos, culturales y artísticos, durante el cambio de los siglos XIX y XX aparece en el libro de Antonio Pizza & Maurici Pla. *Chicago & Nueva York.* Adaba Editores, 2012.
[44] Hilberseimer, L. *Gronszstadt Architektur, 1927* (edición en castellano: *La arquitectura de la Gran Ciudad,* Gustavo Gili, Barcelona, 1979, Pág. 16.)

ción. Pero también es importante señalar lo que supone su presencia como aportación a la ciudad. La disposición en planta del proyecto del Rockefeller Center no modifica la planimetría de la ciudad, la retícula de las calles pasa a través de todo el área ocupada por el conjunto de edificios sin sufrir modificaciones y el esquema volumétrico en forma de pirámide en cuyo centro destaca la altura del edificio administrativo principal es convencional. Sin embargo, el proyecto supuso una provocación agresiva por el modo en el que organiza los volúmenes en torno a plazas, que por primera vez expresan una planificación en abierto a una nueva escala.[45] Los catorce edificios originales del Rockefeller Center se agrupan hacia la Sexta Avenida, donde se encuentra La Radio City, con su enorme Music Hall, el Teatro y el gran edificio de setenta plantas del RCA Building. Por el contrario, los pequeños edificios de la Quinta Avenida, dedicados a naciones extranjeras, disponen de sólo seis plantas y se enfrentan con sus lados estrechos a la calle. Detrás de ellos, separado por la gran plaza, se levanta el edificio más alto en el centro del conjunto. Otra vez aparece el centro relacionado con un edificio representativo de la oficina lineal, esta vez para ubicarse dentro del conjunto de edificios al que pertenece levantado por iniciativa privada y llevada a cabo con intereses especulativos, basados en cálculos de coste y beneficio.

Cuando el Rockefeller Center fue proyectado había objeciones críticas por la creciente congestión del centro. Se necesitaba cambiar la estructura completa de la ciudad. Las grandes avenidas ajardinadas y el Rockefeller Center fueron aislados crecimientos nuevos que afectaban al inmenso cuerpo de Nueva York, adelantado para su tiempo en lo que respecta a la escala urbana. El desarrollo esperanzado del auge del espíritu de Nueva York de los años treinta no tiene equivalencia a nada similar. El Rockefeller Center fue pionero en la ubicación de diferentes volúmenes en una nueva relación espacial[46] entre el edificio principal con el conjunto edificatorio. Desde una vista aérea se percibe la forma escalonada en altura de los edificios y los diferentes volúmenes, ubica-

---

[45] Giedion, Sigfried. *Space, Time and Architecture. The growth of a new tradition.* First Harvard University Press Paperback edition, 2008. (Pág 850)
[46] Giedion, Sigfried. *Space, Time and Architecture. The growth of a new tradition.* First Harvard University Press Paperback edition, 2008. (Pág. 856)

dos de tal forma, unos paralelos y otros perpendiculares, con el fin de que sus sombras caigan lo menos posible sobre los demás edificios. En el momento en el nos movemos en medio de los edificios que se levantan en diferentes direcciones y con diferentes alturas, como afirma Giedion, somos conscientes de un nuevo elemento inherente en el concepto de espacio-tiempo[47].

El edificio influye decisivamente en Le Corbusier que pone fin a la repetición como mecanismo de organización de la Ciudad de los Negocios. El rascacielos que define en Argel [15], está pensado desde su singularidad, como una Ciudad de Negocios puntual y simbólica, donde mantiene la concentración, la centralidad topográfica, la verticalidad y la conexión con las infraestructuras urbanas que había experimentado hasta ahora en los edificios de oficinas. El conjunto adopta del Rockefeller el lobby, la plaza, los accesos y la planta en forma de quilla como la proa de un barco erguida sobre la ciudad. El rascacielos queda definido desde entonces como elemento singular dedicado a los negocios que impulsa la vida para la ciudad y que gira alrededor suyo como su motor y centro neurálgico.

---

[47] Ibíd. Pág 851.

LA OFICINA MODULAR

Tras la experiencia de la oficina lineal surge un nuevo tipo de oficina que hemos denominado modular. Definiremos a continuación su estrategia de implantación y el tipo arquitectónico asociado. Para ello, mantenemos el orden establecido en el capítulo anterior que nos permite plantear similitudes y diferencias de forma inmediata. Empezamos con la localización de un tiempo y un espacio en el origen de la oficina modular, veremos el contexto del que partió una nueva filosofía propuesta por Elton Mayo, que planteó los principios teóricos en las fábricas y estudiaremos su paso a la oficina con un ejemplo pionero, el Johnson Wax de Frank Lloyd Wright.

Los planteamientos de la organización laboral lineal se empiezan a cuestionar cuando se presta atención a las relaciones humanas que afectan directamente en la productividad. Desde el punto de vista de la implantación de la oficina ofrece una propuesta del equipamiento y de su agrupación en las áreas de trabajo. La isotropía será el orden espacial, social y técnico, en el que aparecerán las ciudades de negocios.

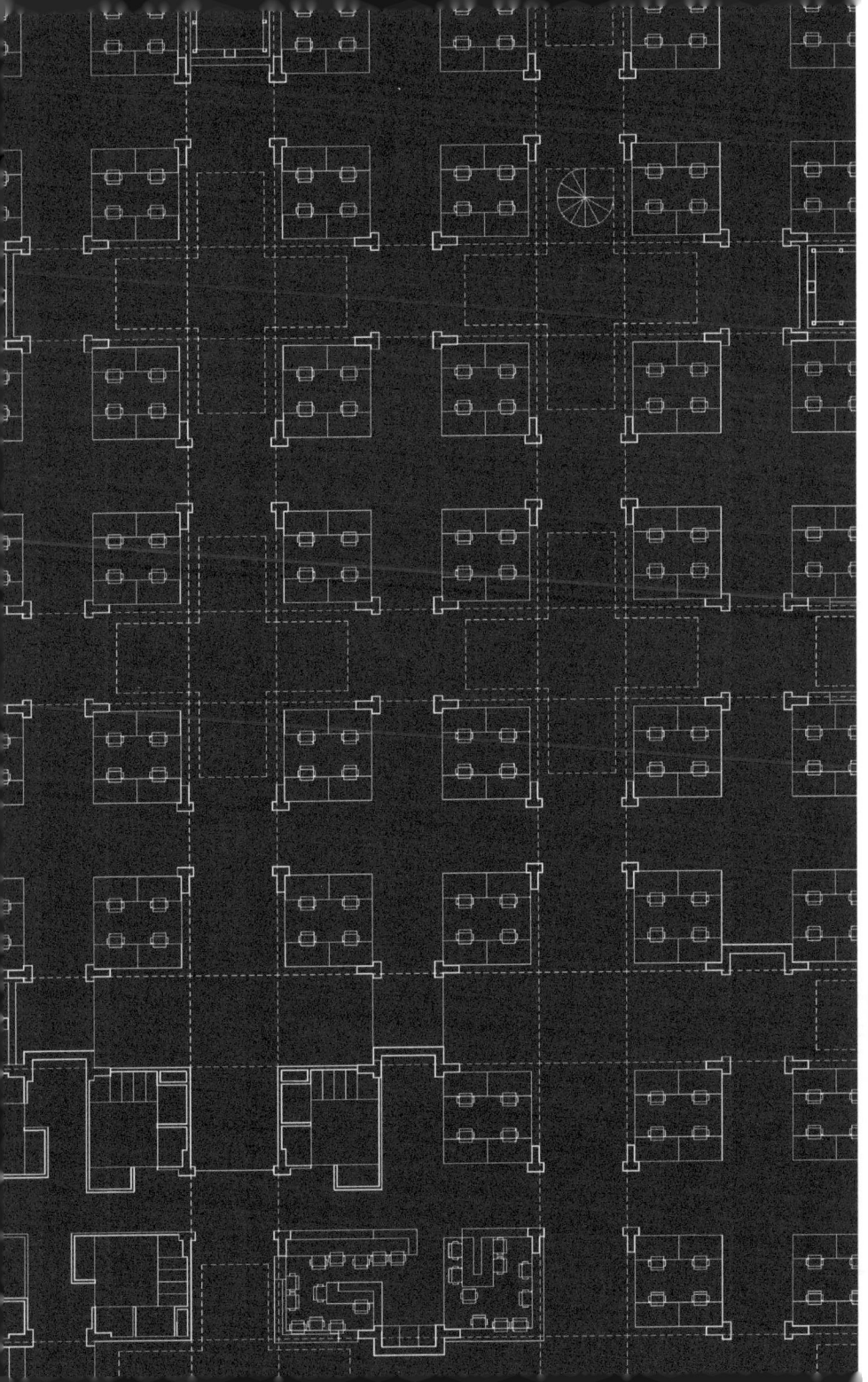

ORIGEN DE LA OFICINA MODULAR

En las primeras décadas del siglo XX, Estados Unidos experimentó un desarrollo industrial y comercial espectacular y sin precedentes. La obsesión por la eficiencia, la máquina y la producción servía de propaganda de un estilo americano. La década de los años veinte fue tranquila y próspera en Estados Unidos, Canadá y algunos países europeos. La producción industrial creció considerablemente gracias a la demanda de nuevos aparatos eléctricos en los hogares, frigoríficos, radios y aspiradores, apoyada por créditos al consumo y, como consecuencia, la tasa de paro bajó.

Los especuladores generaron una burbuja financiera sobre una estructura que en el fondo era frágil. La sobreproducción tuvo como resultado una deflación, una bajada de precios que repercutió en una bajada de ingresos. El Crack de 1929 actuó como detonante para el derrumbe del sistema bancario y su frágil estructura. El comercio internacional seguía siendo débil por las deudas acumuladas desde la Primera Guerra Mundial. Los precios bajaron, desapareció el crédito y el paro se disparó. En esta situación, se llevaron a cabo unas primeras políticas estabilizadoras de la mano del presidente Franklin D. Roosevelt, que pone en marcha el conocido New Deal. La fuerte reglamentación de la economía y las políticas de redistribución de los ingresos que lleva a cabo Roosevelt tendrán una amplia influencia durante los próximos años. Tras la gran depresión de la década de 1930 se levantaron voces socialistas herederas de las teorías de Marx, cuya amenaza provocó que los liberales abogaran por un capitalismo que preservase las libertades económicas. El paralelismo con la crisis del 2008 es inevitable.

En Estados Unidos destacó la intervención del periodista Walter Lippman, consejero del presidente Roosevelt, y en Reino Unido, el economista británico Maynard Keynes, asesor de Winston Churchill, primer ministro en Reino Unido entre los años 1940-1945. La Segunda Guerra Mundial supone una caída para las potencias económicas europeas y la supremacía la asume Estados Unidos frente a la Unión Soviética.
En 1944, EEUU estaba en posición de sentar las bases de un desarrollo económico y eliminar la competencia del modelo socialista. El dólar se convirtió en la base del sistema monetario a nivel internacional y en 1945 se fundaron el Fondo Monetario Internacional y el Banco Mundial, ambos con sede en Washington D.C.

En este contexto, se asumen los métodos de trabajo tayloristas a cambio de un incremento en los ingresos que mejorasen las condiciones laborales. Durante el periodo de prosperidad que duró treinta años después de la Segunda Guerra Mundial, los Treinta Gloriosos, se desarrolló una etapa dorada para el *fordismo*[48.] El desarrollo del estado social, el establecimiento de un baremo salarial según la productividad y el crédito favorecieron la estabilidad de los salarios. El fordismo articuló la producción y el consumo en un periodo de fuerte crecimiento económico que durará hasta 1975, momento en el que sufrirá una nueva caída con la crisis del petróleo.

Sin embargo, las empresas, que se habían preocupado por los problemas de organización y producción, en los años cuarenta empezaron a valorar el papel que podían jugar las relaciones humanas en la eficiencia y en el establecimiento de una nueva imagen corporativa. Los aspectos negativos de las teorías tayloristas presionaban hacia nuevas orientaciones de la gestión empresarial que ofrecieran una alternativa al trabajo alienado. Estos nuevos valores caracterizarán el cambio de una etapa a otra, que arranca con la crisis de 1929 y la irrupción de la Segunda Guerra Mundial[49].

---

[48] Antonio Gramsci, teórico marxista, usó por primera vez el término en su ensayo *Americanismo y fordismo* en 1934, dentro de sus *Cuadernos desde la cárcel*.

[49] La influencia de la crisis del 29 en la evolución de la nueva imagen corporativa aparece reflejada en una extensa bibliografía entre la que destacamos tres textos. Galbraith, John Kenneth: *The Great Crash: 1929*. Boston: Houghton Mifflin. 1954; Klein, Maury. *Rainbow's End: The Crash of 1929*. New York: Oxford University Press. 2001; Klingaman, William: *1929: The Year of the Great Crash*. New York: Harper & Row. 1989.

ELTON MAYO

En este contexto de posguerra, entre la imposición de la perfección de la máquina productiva y la esperanza de una alternativa humanizada para el trabajo, se plantean nuevas cuestiones en el ámbito de la organización laboral. Las personas no podían ser tratadas como partes de una máquina, donde su eficiencia se valorase en términos empíricos, trabajo a cambio de sueldo. Las condiciones más subjetivas y emocionales empezaban a adquirir interés y se empezaron a plantear estudios desde este paradigma.

El personaje que introduce cuestiones relativas a las relaciones humanas en la productividad es, sin género de dudas, el psicólogo australiano George Elton Mayo (1880-1949), un profesor de la Escuela de Negocios para Graduados de la Universidad de Harvard que realiza una serie de experimentos para valorar la influencia de la calidad ambiental en la actitud del trabajador y la importancia de la relación personal en los resultados de la empresa. Su trabajo fue reconocido en el ámbito de la psicología industrial, preocupado por cuestiones como la fatiga y los efectos del ambiente físico, luz, humedad y temperatura en la producción industrial.

La compañía Western Electric fabricaba equipos para plantas telefónicas con treinta mil empleados entre los que crecía cierto descontento. La administración, bastante progresista para su tiempo, estaba buscando la manera de incrementar la productividad entre sus trabajadores[50] para lo que se planteó realizar una serie de estudios sobre la conducta humana en situaciones de trabajo. En 1924 comenzaron los estudios en la planta Hawthorne, una fábrica en Cicero, a las afueras de Chicago, donde se construían aparatos para la Bell System, que dan el nombre a los conocidos "estudios Hawthorne"[51]. Los experimentos fueron conducidos por miembros de la Escuela de Negocios de Harvard bajo la dirección del psicólogo Elton Mayo desde 1927 hasta 1933 en un proceso de cuatro fases. En una primera fase un grupo de trabajadores se aislaban en una

---

[50] Perrow, Charles. "Complex Organizations. A critical Essay". New York, McGraw Hill, 1986, (pág 79)
[51] Emeterio Guevara Ramos. "La gestión de las relaciones y la responsabilidad social empresarial". Edición electrónica, 2008 (pág. 438)

sala cuyos parámetros físicos y condiciones lumínicas variaban sistemáticamente al tiempo que se modificaban sus incentivos económicos para comprobar los efectos en la productividad. La sorpresa de los resultados fue que la productividad permanecía constante o incluso crecía en condiciones adversas. En una segunda fase, se estudiaron dos grupos en espacios separados y con distintas condiciones. Según la interpretación que Mayo publicó en 1933, *Human Problems of an Industrial Civilitation*, ambos mejoraban la productividad por el simple hecho de que los trabajadores sabían que forman parte de un experimento. Con esta base, Mayo y sus colegas concluyeron que la productividad en la fábrica podría ser mejorada a través de métodos diseñados con el fin de que los trabajadores se vean reflejados como miembros de un grupo social. En tercer lugar, se desarrolló un programa de entrevistas que determinaba si los trabajadores eran propensos o habían sido objeto de disfunciones sociales en sus vidas familiares. Por último se estudió la sala de montaje y se demostró que los operarios velan unos por otros. La relación social en el trabajo pasó a ser un factor de gran relevancia. Para Mayo, el director del equipo se convertía de hecho en terapeuta, con la responsabilidad de cuidar del buen estado psíquico de sus trabajadores, capaz de establecer sistemáticamente identificaciones para que los trabajadores se sintiesen parte de la base social de la compañía como si de una familia de trabajadores se tratara.

Estas investigaciones dieron lugar a la *"teoría de las relaciones humanas"*. Los investigadores llegaron a la conclusión de que los empleados pondrían más empeño en el trabajo si veían que la gerencia se interesaba por su bienestar. Había algo más importante que los horarios, salarios y condiciones físicas. Los estudios de Mayo descubrieron que lo que hacía que los empleados adquiriesen mayor implicación en su trabajo no era sólo el entorno laboral, sino el mismo hecho de sentirse considerados, poder opinar y participar en las decisiones de la empresa. Esta nueva visión de la organización operativa supone una atención especial al trabajador estimulando la calidad y la competitividad. Surge así el sentido de identificación con la institución corporativa.

A finales de los años cuarenta, una década y media después de la primera vez que se publicó el texto de Mayo, esta nueva doctrina se había convertido en referencia para muchos ejecutivos en las grandes corporaciones americanas. Estos directivos estabilizaron unos nuevos criterios sociales y tecnológicos que podrían ser agrupados bajo el principio del "control". Las teorías de las relaciones humanas se unen con otros sistemas y lógicas que buscan unir diversas formas de conocimiento que también abarquen a la dirección. Mayo enfatiza las dimensiones organicistas del proyecto de las relaciones humanas, en las que la integración dentro del "sistema social" de las corporaciones estaba siendo solicitada por parte de los empleados.

Para ser justos, Elton Mayo no puede ser considerado como un personaje que de manera aislada apostaba por el lazo social en beneficio del crecimiento de la productividad. En realidad, estaba vinculado con Fritz Roethlisberger, otro de los mayores propagadores de la teoría de las relaciones humanas, y el sociólogo Talcott Parsons, conocido por su libro *The Social System* de 1951. Los tres formaron parte, entre 1932 y 1934, de un reducido círculo que asistía regularmente a un seminario conducido por el psicólogo y sociólogo Lawrence J. Henderson de Harvard que trataba sobre los trabajos del sociólogo italiano Vilfredo Pareto.[52]

A partir de la Segunda Guerra Mundial, la corporación empresarial disponía de un marcado carácter familiar. Esta condición caracteriza a la compañía Johnson Wax [23]. Frank Lloyd Wright realizó este proyecto en 1939, una temprana fecha en la que avanza en una lógica espacial en relación con ciertas innovaciones llevadas a cabo en décadas posteriores por arquitectos que promocionaban la flexibilidad espacial. En realidad, cabría plantearse en qué medida los arquitectos y planificadores de la oficina eran realmente conscientes de aplicar los principios de los discursos de las relaciones humanas, de hecho el grado de aplicación de estas técnicas en el entorno de trabajo variaban de una corporación a otra. Se podría afirmar, más bien, que las distintas prácticas culturales reflejan distintos ángulos en una visión conjunta potenciadora de

---

[52] Reinhold Martin en *The Organizational Complex* (pág 92) explica brevemente el interés de este seminario. Según el texto, Henderson entendió el pensamiento de Pareto como un modelo de integración social que podría ser movilizado contra las incursiones que el Marxismo había hecho en la sociología americana. Henderson representaba uno de los mayores defensores de un sistema basado en la revisión del organicismo funcional recibido por Louis Sullivan como "la forma sigue a la función", convertido en una ciencia de la organización social.

la creación de una nueva oficina americana que simbolizaba el carácter de la empresa en un momento concreto de la historia. Reinhold Martin[53] menciona, en este sentido, la interacción con los patrones publicados por Kepes que dan forma a *Powers of Ten* (1968 y 1977), el conocido cortometraje de Charles y Ray Eames[54]. Pero después de estos años y hasta hoy, queda una huella de lo que fue la oficina americana de los años cincuenta en lo que hemos denominado *oficina modular* en referencia a ciertas características que no han quedado desfasadas, tales como la isotropía edificatoria, los lugares apropiados que facilitan interrelaciones personales y las grandes ciudades de negocios, que tienen su origen en estos años y, como veremos a continuación, siguen vigentes.

---

[53] Martin, Reinhold. *The Organization Complex. Architecture, Media and Corporate Space.* (Pág. 93)
[54] Powers of Ten (Potencias de diez) muestra la escala relativa del Universo en factores de diez, como distancias diferentes para la observación del mismo objeto.

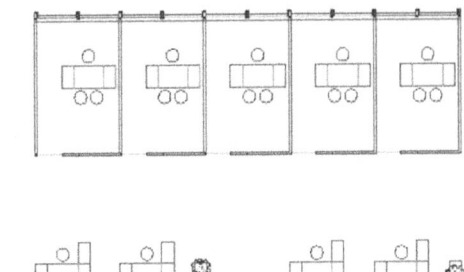

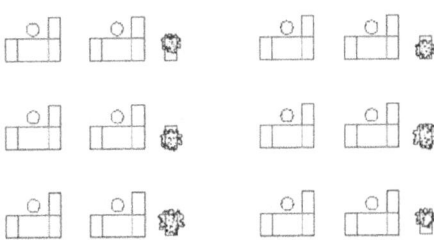

[21]
Distribución del equipamiento modular

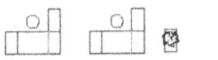 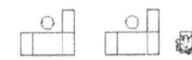

[22]
'Mad Men', Matthew Weiner
Lionsgate television

MAD MEN

Las teorías desarrolladas en Estados Unidos sobre la motivación del trabajador y las relaciones humanas, ponen en relieve el origen psicológico de los fallos organizativos de la oficina taylorista. No hay más que echar mano de la filmografía y comparar dos conocidas escenas cinematográficas, 'El apartamento' y 'Mad men'[55], para comprobar que cada una de ellas refleja un tipo de oficina. La primera, alienante y rígida, vinculada a la oficina *lineal* y la segunda, humana y personalizada, acorde a los estudios de Mayo. Mientras Jack Lemon abandona la esclavitud del trabajo en planta hacia el privilegiado despacho de ejecutivos, en 'Mad men' [22] una secretaria ascendida a creativa, mantiene una conversación con el socio-director. La relación entre los dos personajes evidencia un entorno de oficina que lo permite, despachos en relación directa con el área abierta y un ambiente espacioso, donde incluso algunos elementos vegetales tienen cabida [21].

Dos conceptos muy distintos en su planteamiento que Frank Duffy plantea en otros términos. Según él, cualquier tipo de trabajo se puede clasificar con sólo dos variables, la interacción y la autonomía. La interacción, considerada como el contacto personal entre los empleados con trabajos en común, y la autonomía, como el grado de control individual de algunos empleados. Como vimos, la oficina taylorista alineada pertenecía claramente al grupo *Colmena*, con baja interacción y baja autonomía, representado en 'El apartamento'. Frente a esta disposición, aparece el factor humano en la oficina de 'Mad Med', que facilita la interacción de las personas. Mayor interacción y una baja autonomía sometida a los grupos de trabajo, indica un segundo grupo en el planteamiento de Duffy, el *Estudio*[56].

[23]
Johnson Wax
Racine, Wisconsin, 1939

---

[55] 'Mad men' es una serie de televisión creada por Matthew Weiner y producida por Lionsgate televisión. Ha sido mundialmente aclamada por su autenticidad histórica y por su estilo visual. Ha ganado cuatro Globos de Oro y quince Emmys.
[56] Frank Duffy, "The new office", 1996. (Pág.64)

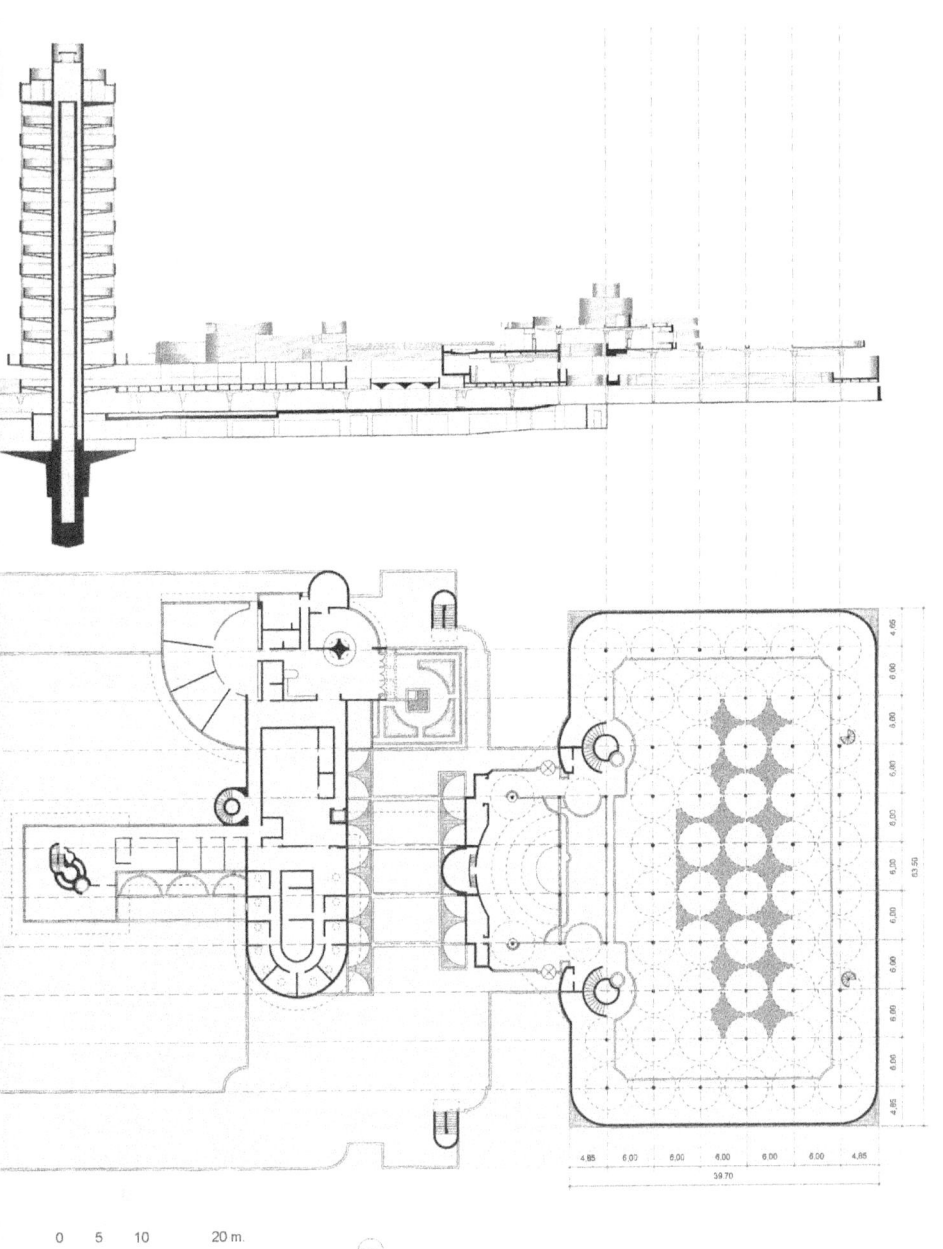

JOHNSON WAX

De nuevo Frank Lloyd Wright ofrece un ejemplo pionero. Empezó a proyectar el edificio para la Johnson Wax [23] en 1936 con la intención de aplicar por primera vez los recientes estudios sobre las relaciones humanas en un entorno distinto a la fábrica. La organización general se realiza de forma similar al edificio Larkin, entorno a un único espacio de trabajo abierto. El carácter unitario de la sala de operaciones transforma la oficina en un lugar público evocando una naturaleza artificial que resuelve el conflicto entre el carácter cerrado del edificio y las necesidades emocionales de los empleados. La alta calidad espacial del lugar de trabajo se aleja de las prácticas tayloristas y mecanicistas planteadas en Larkin con un nuevo propósito para la organización. El propósito es, por un lado incentivar a los trabajadores y, por otro, presentar una nueva imagen comercial y empresarial acorde a las nuevas orientaciones de la organización laboral. Las galerías superiores comunican otros espacios de trabajo para directivos y ofrecen una visión conjunta del gran espacio central. La organización unitaria de los empleados introduce el área abierta de la sala de operaciones en profundidad sin divisiones sectoriales entre empleados, que se desarrollará en las dos décadas siguientes y caracterizará la oficina americana. Esta disposición en abierto favorece la relación entre los usuarios y facilita el tráfico del papel, en beneficio de un mayor rendimiento laboral.

En enero de 1938, el proyecto de Wright se publicó en *Architectural Forum* y, una vez inauguradas las oficinas, se presentó en la revista *Life* especializada en proyectos. Tuvo especial cobertura en numerosos artículos periodísticos, incluso en radio y en el cine, ya que se estaba poniendo en entredicho la excesiva despersonalización del ambiente de la oficina taylorista desarrollada hasta entonces. Este hecho motivó un fuerte impacto en su época, tanto a nivel nacional como internacional. Y no solo en su época, de hecho se convirtió en un referente de un tipo de oficina americana y de calidad que se refleja incluso en la filmografía. Si se tiene que elegir un escenario que signifique un lugar de trabajo del futuro, moderno y sofisticado, se copia de forma casi literal la sala en abierto. En la presente escena de 'Men in black' [24] se puede comprobar que la disposición del escritorio y la forma cónica invertida de los pilares es una reproducción fidedigna de la primera y más publicada oficina modular, donde solo varían los materiales que cambian la madera y el latón por el blanco nuclear y el acero inoxidable.

[24]
'Men in black', 1997
Director: Barry Sonnenfeld
Productor: Steven Spielberg

Wright puso especial énfasis en la inspiración de las formas naturales y la integración de la forma en la estructura, siguiendo las enseñanzas de su maestro Louis Sullivan. Lleva a cabo una integración de diseño total que llega hasta el nivel de los detalles y del equipamiento, desarrollado específicamente para este edificio[57]. Los sofisticados acabados del mobiliario del puesto de trabajo individual reflejan esta nueva sensibilidad.

En estos momentos todavía existía una gran dependencia de la luz natural en el entorno de trabajo. En este caso, vuelve a utilizar la entrada de luz cenital, como ya resolvió en el edificio Larkin, manteniendo el carácter hermético hacia el exterior, donde ubica los despachos individuales cerrados e iluminados tan solo por una alta y estrecha franja horizontal [25].

---

[57] Thomas a Heinz "Frank Lloyd Wright, 3 Architectures", Academi Editions, Ernest & John, 1994. *Johnson Wax Administratios building and research tower.*

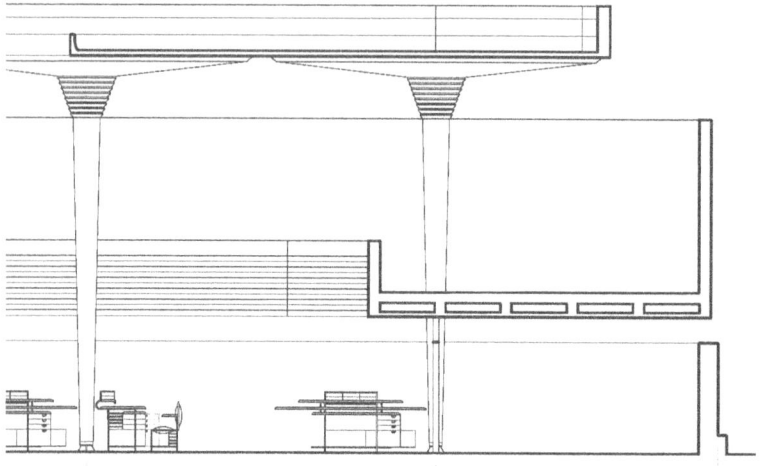

[25]
Despacho perimetral
Johnson Wax
Racine, Wisconsin. 1939

El espacio central de trabajo se ilumina mediante vidrios que ubica entre las cabezas de los pilares [26]. Las condiciones lumínicas de los puestos de trabajo se potencian con la luz integrada en cada equipamiento individual bajo una balda elevada [27]. Las condiciones técnicas son todavía muy incipientes y no permiten una solución de planta completamente flexible como pretende. El forjado de la sala de operaciones no dispone de suelo registrable y las conexiones de teléfono y de electricidad del equipamiento de trabajo discurren en líneas sobre el suelo hasta unos puntos fijos en la base de la estructura. La electrificación de los puestos de trabajo se resuelve a través de unos conos metálicos en la base de los pilares [28], por lo tanto, la vinculación entre el equipamiento y la arquitectura es directa, no exclusivamente a través del diseño único, sino que además se une físicamente a la estructura para su electrificación, a pesar de la pretendida libertad en la ubicación de los puestos. Esto mejorará en los próximos ejemplos de la oficina modular con la utilización de suelos y techos registrables que proporcionarán mayor flexibilidad de uso.

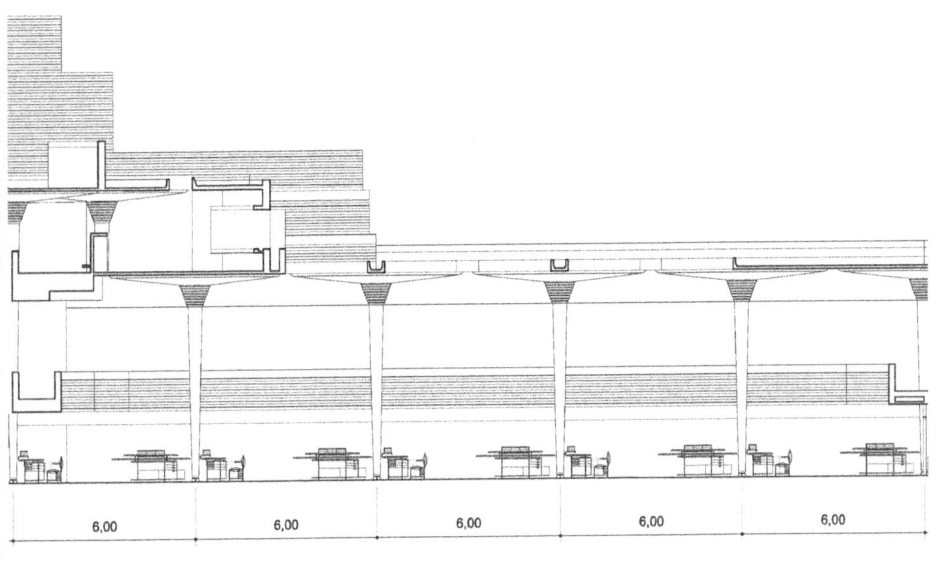

[26]
Patio central. Johnson Wax
Racine, Wisconsin
1939

EL ENTORNO DE TRABAJO MODULAR

Las teorías sobre el valor de las relaciones sociales en el trabajo que publicó Elton Mayo en 1933 fueron aplicadas inicialmente en los centros fabriles y se trasladaron rápidamente a los departamentos de gestión dando paso a lo que hemos definido como *oficina modular*. Los cambios empresariales promovidos siempre para obtener un incremento de la productividad que se reflejen en sus correspondientes beneficios económicos desarrollarán, en este modelo, un ámbito confortable y representativo, motivado por la doble necesidad de estimular al personal y de ofrecer una nueva imagen empresarial. El trabajador ya no es una mera pieza del engranaje, sino que forma parte de un grupo social. Adquiere importancia el equipo como método de trabajo, que asume responsabilidad compartida y requiere una supervisión conjunta, no exclusivamente unidireccional y descendente. Aparece una nueva relación entre directores y equipo de trabajo, que se refleja en una nueva ubicación de los despachos dentro de la misma planta, separada en salas acristaladas y en continuidad visual. De esta forma se consiguen dos propósitos, la dirección puede supervisar al staff de los operarios a la vez que da ejemplo con su dedicación.

El sistema organizativo evita los errores de la excesiva especialización y promueve un contacto más cercano entre los distintos niveles jerárquicos. Aparecen entonces nuevos lugares en la oficina que favorezcan esta interacción visual y física, lugares de paso, salas de descanso y patios y jardines exteriores, entre otros espacios dedicados a nuevos usos que se integran en la oficina como si de una ciudad se tratara, como guarderías, tintorerías y comedores para los trabajadores.

La Segunda Guerra Mundial provoca una dura pausa en el crecimiento económico que no se recupera hasta los años cincuenta, década que ofrece los ejemplos más representativos de este nuevo modelo de oficina de origen americano.

EL EQUIPAMIENTO MODULAR

El equipamiento inaugura una nueva etapa en el que el diseño integrado de la implantación de la oficina, el puesto de trabajo y la distribución general asumen rápidamente el objetivo de mejorar el diseño y la calidad de los diversos lugares del trabajo dentro de la oficina.

El mobiliario de la Johnson Wax requirió una especial atención, tanto por parte de Frank LLoyd Wright como de la propiedad, comprometidos ambos en crear un nuevo y eficiente espacio para la oficina que permitiera la integración total del diseño desde el edificio al equipamiento individual. De hecho, desde el inicio del encargo, Johnson y Wright mantuvieron discusiones respecto al coste económico y los honorarios por estos trabajos, según recoge Brian Carter en su texto[58]. Wright sostuvo reuniones con representantes de Stow-Davis Furniture Company, una fábrica de mobiliario de madera y posteriormente, en 1937, profundizó en los diseños en colaboración con fábricas de Steelcase Inc. y Warren Mac Arthur para la construcción de los prototipos al año siguiente. El diseño del mobiliario [27] sigue las pautas marcadas por el edificio y resuelve la creciente complejidad organizativa de la oficina. Como en Larkin, cada puesto de trabajo estaba especialmente diseñado para la actividad que debía desarrollar. Se trata así de un mobiliario individual especializado y exento, de dimensiones generosas, que potencia la calidad del entorno de trabajo. Wright diseñó una gama de mobiliario completa con estructura de acero y archivadores integrados, nueve variaciones de mesa que incorporaban el almacenaje, las papeleras, iluminación integrada, bandejas y superficies a diferentes alturas para los utensilios de trabajo. Además desarrolló una gama de sillas tapizadas con patas de estructura tubular de acero.

---

[58] Brian Carter, "Johnson Wax Administration building and research tower". *Frank Lloyd Wright, 3 Architectures*. Paidon Press Limited, 1999. ISBN 0 7148 3869 1.

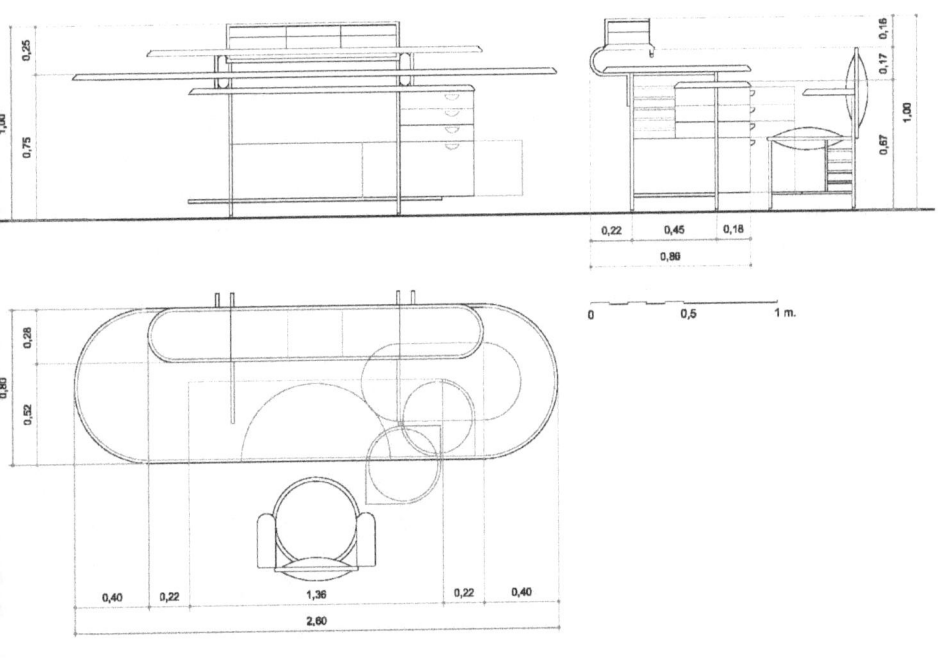

[27]
Equipamiento individual. Diseño de F. Ll. Wright
Fabricado por Steelcase. Johnson Wax, 1939
Frank Lloyd Wrigh

El crecimiento de los departamentos de gestión de las empresas favoreció el desarrollo de fábricas de mobiliario técnico y de oficina que producían en serie un equipamiento versátil y adaptable. El auge del edificio corporativo fomenta la creación de empresas dedicadas a este sector. Las grandes compañías actuales, Herman Miller, Knoll y Steelcase, surgen a partir de la década de los cuarenta y se propagan rápidamente en un nuevo mercado en expansión. En la producción masiva del equipamiento de oficina estará presente la industrialización[59] y el espíritu europeo de la Bauhaus, pues serán algunos arquitectos europeos emigrados a Estados Unidos los que darán forma a esta propuesta de ambiente integrado, donde tanto el equipamiento como los paneles divisorios y la propia arquitectura utilizan el mismo lenguaje y la misma métrica. Las casas de mobiliario de oficina produce líneas completas de equipamiento que incluyen mesas de trabajo, archivadores integrados, paneles separadores y mamparas, apoyadas en sofisticados sistemas de unión compatibles y modulares que permiten una gran flexibilidad y que garantizan un mejor aprovechamiento de los elementos. En los años cincuenta el equipamiento básico requerido para un trabajador consistía en una mesa en L con estructura metálica y planos de trabajo acabados en formica o madera. Dispone de archivadores metálicos modulares que forman parte del sistema divisorio del espacio y mamparas, también modulares, con estructura metálica y acabados de vidrio, madera o laminados.

Enseguida se desarrolló una organización en malla basada en un módulo capaz de coordinar tanto la compartimentación, como los techos, las fijaciones de las luminarias, el mobiliario y multitud de posibles de combinaciones.

[28]
Distribución
Johnson Wax

[59] En línea con la "medida común" de El *Modulor*, Le Corbusier, 1948.

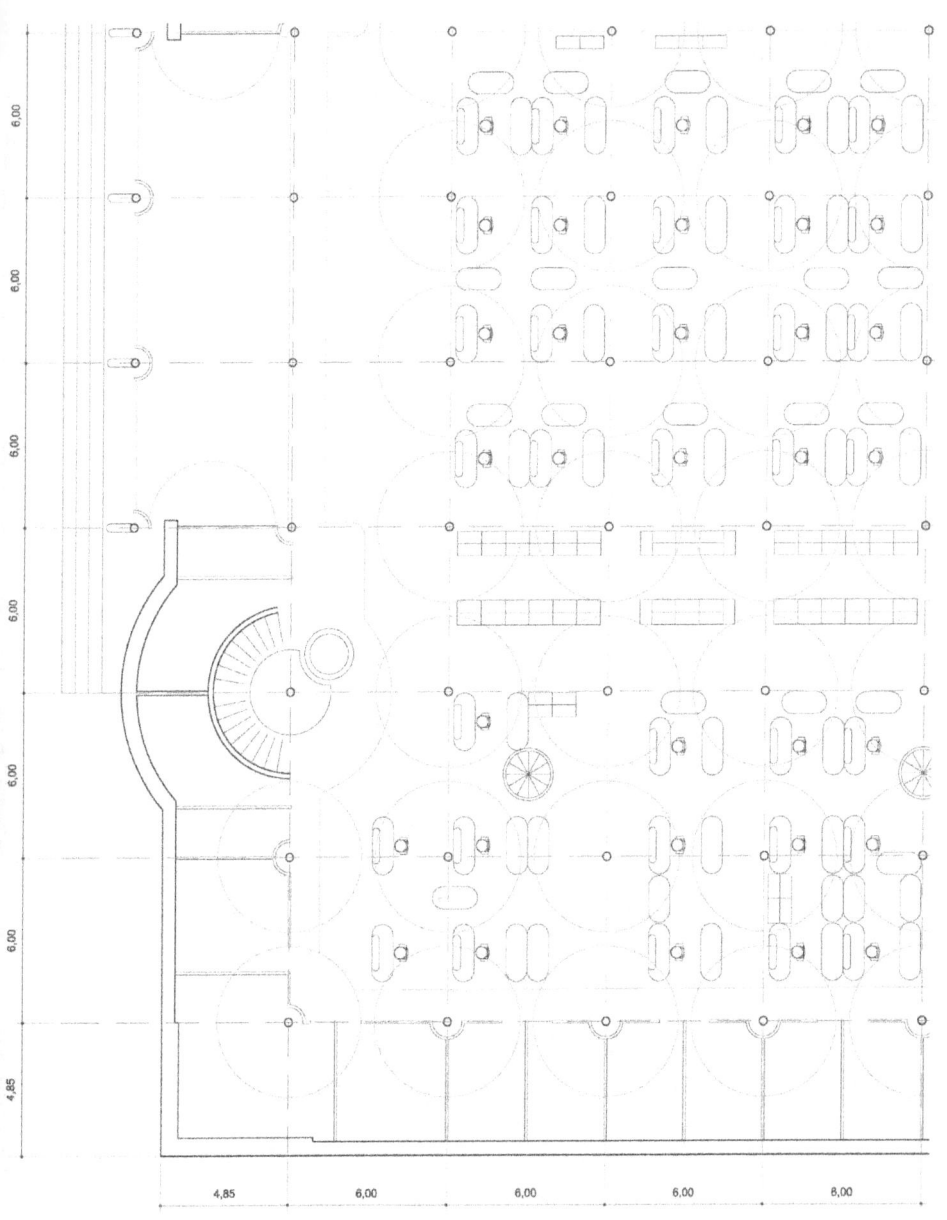

LA IMPLANTACIÓN MODULAR

El edificio Johnson Wax de Wright supone una propuesta nueva para la imagen de la oficina que enfatiza el carácter representativo del lugar de trabajo [28]. El propósito de incrementar la eficiencia y bienestar del trabajador parte de la atención al lugar de trabajo, capaz de potenciar el sentido de identificación personal con la compañía, gracias a una mejora de la calidad del entorno laboral. El edificio Johnson plantea el puesto de trabajo como parte de un módulo [30] que con ligeras variantes se convierte en la base a partir de la cual se realiza la distribución.

En adelante, la utilización del sistema modular será extensiva a todos los elementos, desde el equipamiento hasta la estructura del edificio. El método de composición se adaptará a una misma red modular que coordinará los subsistemas constructivos y definirá el nivel de flexibilidad de la oficina abierta de los años cincuenta, donde las casas comerciales se implican tanto en el diseño, como en la organización de la empresa. La arquitectura americana de los cincuenta obedece a estos criterios de modularidad experimentados en la logística y trasporte de la guerra.

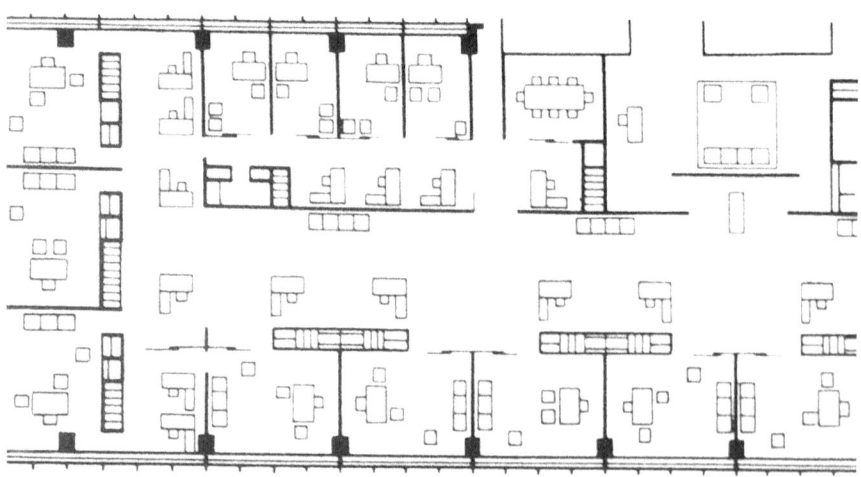

[29]
Crown Zellerbach. San Francisco 1959
SOM asociado con Hertzka & Knowles

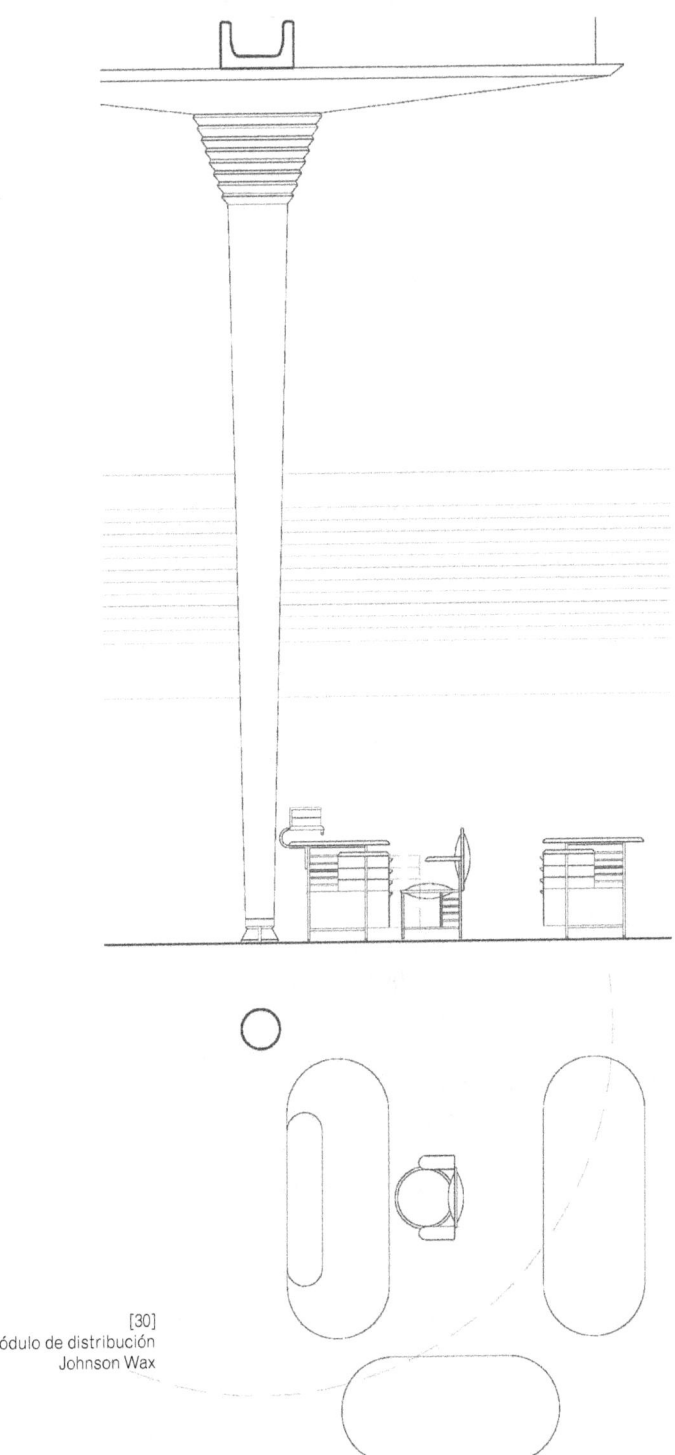

[30]
Módulo de distribución
Johnson Wax

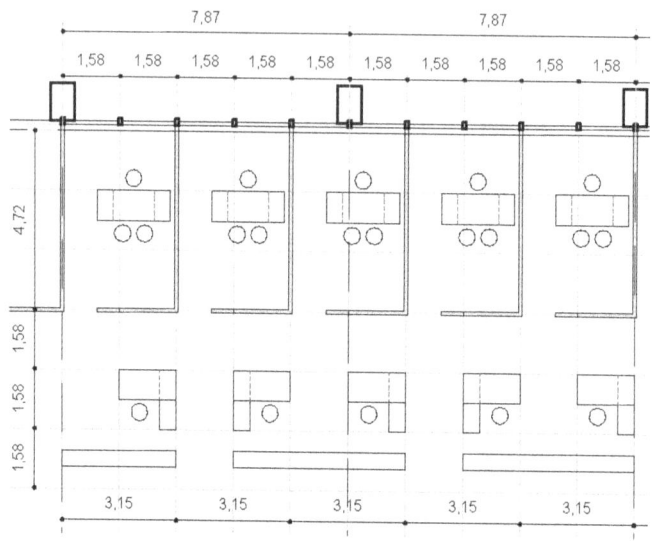

[31]
Módulo de distribución
Inland Steel,
Chicago, 1954-1957
B.Graham, W.Netsch, F. Khan

En el Inland Steel de Chicago, 1954-1957 [31][34], el equipo de SOM consigue una planta tipo completamente diáfana gracias a dejar exento el núcleo de servicios. La coordinación general de los interiores, que incluyen comedor y cafetería en la planta número trece, se encargó a John C. Murphy, de Watson & Boaler. Su equipo estaba formado por Leigh B. Block, Mary Block y los representantes de SOM, Hartmann, Graham y Davis Allen. Este último diseñó gran parte del mobiliario, la sillería, los paneles divisorios de vidrio mateado y acero y la sala de consejo. El puesto de dirección disponía de tablero de teca y estructura en acero negro que pasa a ser un modelo estándar de la casa Steelcase.

La integración del equipamiento y la modulación se llevó a cabo en múltiples ejemplos hasta alcanzar el punto máximo en la Union Carbide de Nueva York, proyectado por Gordon Bunshaft en 1957 [32][35], con mobiliario de Design for Business. La isotropía energética permite que

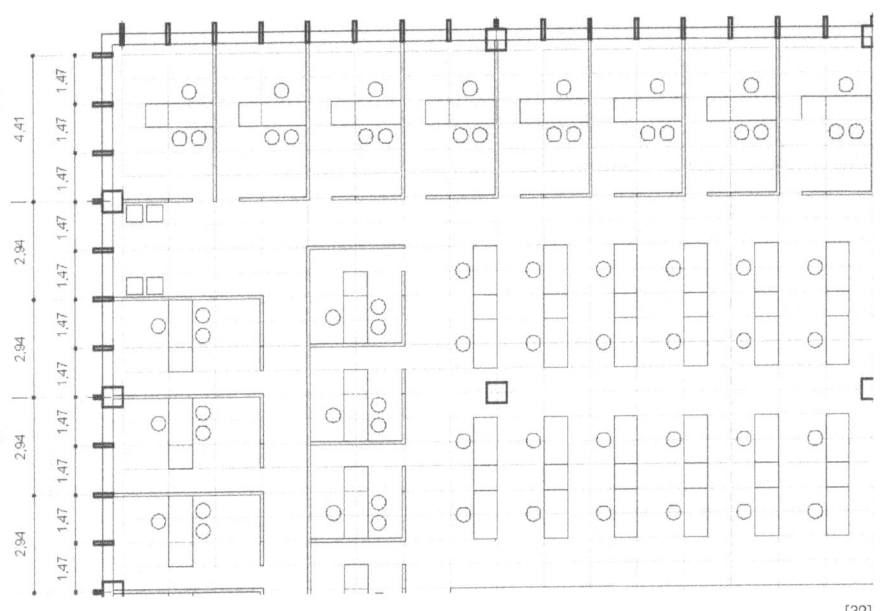

[32]
Módulo de distribución
Union Carbide Corporation, New York. 1957-1960 SOM

la disciplina geométrica se lleve al límite. Toda la distribución del programa se apoya en la geometría del techo, una retícula de cinco pies de lado que actúa como guía para la fijación de las subdivisiones interiores. La base modular coincide con la dimensión de la mesa de trabajo y el doble define la dimensión del despacho mínimo. El mobiliario, techos, suelos, cerramientos y estructura son piezas de un sistema completo de elementos compatibles. Cada unidad contiene sus propios servicios de luz, aire, electricidad y teléfono que asegura la autonomía técnica en cualquier sitio de la oficina. Una moqueta continua recorre por primera vez el suelo, que ayuda a la absorción acústica y esconde el trazado de las redes eléctricas.

En la oficina modular se consideran nuevos usos para favorecer las relaciones sociales, lugares de encuentro que favorecen las relaciones personales entre directivos y área abierta y aportan un nuevo valor a las organizaciones. En la Lever House, Gordon Bunshaft introduce un patio abierto a la ciudad que plantea un modelo urbano nuevo. Se trata de un lugar de relación dentro del edificio pero accesible desde la ciudad que anticipa el patio interior como lugar de encuentro y que desarrollará en otros edificios[60]. Unos años más tarde, en la sede de Connecticut General Life Insurance [39], situado a cincuenta millas al oeste de Hartford, Gordon Bunshaft proyecta cuatro patios cuadrados interiores, de veintidós metros de lado, con ajardinamiento diseñado por Isamu Noguchi. Los patios permitían el contacto con la luz natural o la posibilidad para cualquier empleado de mirar fuera. En planta baja dispone de otras zonas para la relación de los empleados, salas de juego, una pista de bolos, biblioteca, lavandería y locales comerciales, incluso un auditorio y un comedor anexo que permite el acceso al ajardinamiento exterior. El edificio dispone de un equipamiento proporcionado por la empresa Knoll Associates, con Florence Knoll[61] como responsable del diseño. La dimensión del equipamiento individual y los paneles divisorios establecen la pauta geométrica del espacio, donde los lugares abiertos y cerrados se alternan dentro del mismo esquema. La versátil distribución permite fragmentar el espacio con métodos de montaje limpios, rápidos y reversibles, con el uso de subdivisiones modulares que afectan a la coordinación con otros subsistemas del edificio como el techo técnico, el cerramiento, las instalaciones y la estructura.

Este procedimiento se prolonga en los años sesenta y posteriores de forma literal. La sede de John Deere&Co, compañía de producción de maquinaria agrícola, de Eero Saarinen propone en 1964 un entramado metálico que cuelga del forjado, un techo radiante y continuo que permite la separación de la luz natural de la fachada y favorece la profundidad del edificio. Los lugares de trabajo se distribuyen bajo una estricta malla que sirve de apoyo a la división del techo y a los para-

---

[60] De forma literal, como una mala imitación de la Lever House, Antonio Perpiñá plantea en 1963 el edificio Banesto en Madrid, Castellana 7, con el mismo esquema de pilares enfrentados a calle, forrados igualmente de acero inoxidable, como soportal de un cuerpo bajo a través del cual aparece un patio para una pequeña torre al fondo.
[61] Adams Nicholas: *Skidmore, Owings & Merril SOM dal 1936*. Electa, 2006. (Pág 106)

mentos verticales. Una red ortogonal que se extiende hasta los maineles exteriores en continuidad con la modulación del techo radiante. Los despachos ocupan estos lugares privilegiados en continuidad con el cerramiento exterior, mientras las secretarias se disponen en abierto en una espaciosa sala interior. Eero Saarinen diseña un sugerente equipamiento que adopta la forma de grúa con voladizo y contrapeso. El teléfono y las conexiones eléctricas se agrupan en una base central que sale del suelo y sirve de apoyo único y en voladizo de la mesa en L[62], para mantener un perfecto equilibrio entre la función y una forma que representa la compañía. En la planta principal del John Deere&-Co de Eero Saarinen se sitúan también comedores para el personal y visitantes. Además, dispone de auditorio, un hall de exposición de sus productos y zonas de paseo. El edificio de oficinas es uno más dentro de un conjunto en composición axial que se ubica en un entorno natural, fuera del centro urbano. La huida de las empresas al campo va a significar un cambio conceptual en la ubicación de los edificios administrativos que hasta ahora se había limitado exclusivamente al centro de la ciudad.

---

[62] Hohl Reinhold: "Office Buildings", Verlag Gerd Hatje Stuttgart, Arthur Niggli, Teufen (AR) Schweiz, 1968. (págs 75-79)

LAS CLAVES DE LA OFICINA MODULAR

La organización laboral de los años cincuenta propone una implantación para la oficina que identifica una arquitectura corporativa propia. La isotropía técnica, lumínica y ambiental, motiva una progresiva indiferencia con respecto al plano de la fachada que permite la realización del trabajo administrativo separado de la envolvente y consigue incrementar la profundidad del espacio laboral desde los ocho metros hasta los veinte. En actuaciones posteriores el ancho de crujía no es relevante para identificar este tipo de oficina, sin embargo, otros conceptos definen la distribución modular al margen del contexto temporal.

El equipamiento individual adopta soluciones de mayores dimensiones e integra el escritorio con mesas auxiliares, almacenamiento y divisiones en un mismo sistema. El diseño interior integrado del espacio de trabajo se vincula al módulo compositivo estructural y al techo técnico, donde los directivos comparten el espacio en la misma planta con el staff, aunque separados con paramentos ligeros. La organización laboral valora la comunicación en el equipo de trabajo y actividades en grupos. La pertenencia al grupo y la identificación de los trabajadores con la empresa requieren de nuevos lugares que faciliten el encuentro, zonas de descanso, espaciosas zonas de llegada y comedores, dentro del edificio, y patios, plazas y jardines al exterior.

El Inland Steel [34] en los años cincuenta, el John Deere&Co en los años sesenta y la sede para Central Beheer [36] en los setenta siguen los mismos criterios. Herman Hertzberger en Apeldoorn en 1972, introduce calles de circulación y plazas estanciales y ortogonales, que estructuran en módulos repetidos la comunicación entre las distintas áreas de trabajo y aportan lugares específicos para favorecer la relación social entre los empleados. Una distribución modular e isótropa que propone el estructuralismo holandés y que actualiza la oficina americana de los años cincuenta a un nuevo contexto físico y temporal.

EL EDIFICIO MODULAR

[33]
Pepsi-Cola
Nueva York
1958-1960, SOM

[34]
Inland Steel, Chicago
1954-1957 B. Graham,
W. Netsch, F. Khan

[35]
Union carbide Corporation,
New York 1957-1960, SOM

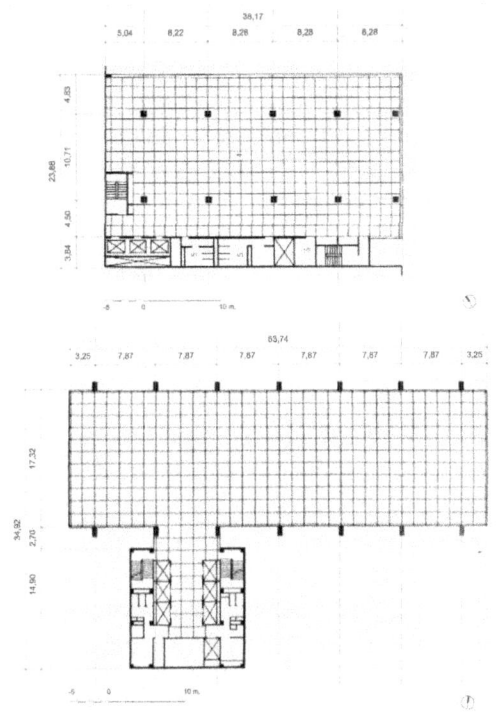
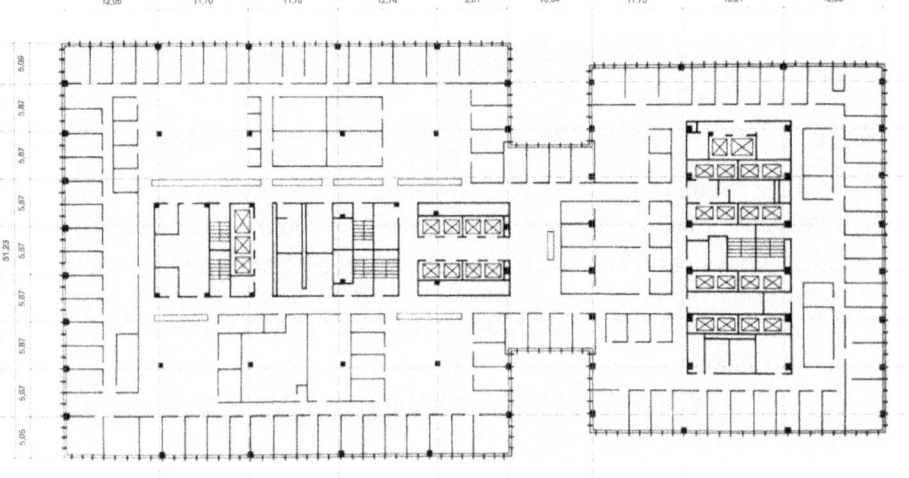

El módulo es una constante en los proyectos de los edificios corporativos. Surge en las dos décadas posteriores a la Segunda Guerra Mundial momento en que las empresas vivieron la edad de oro del capitalismo, un continuo crecimiento económico que definió una nueva tipología edificatoria, el bloque monolítico, característico de un periodo que sirvió de guía tanto para pintores cubistas como para ingenieros. Citando a Giedion[63], "el bloque (…) es tan significante y representativo de su época como los obeliscos monolíticos egipcios o las torres de las catedrales góticas lo son de sus periodos". La estructura metálica, la fachada ligera de metal y vidrio y los avances técnicos en iluminación y aire acondicionado darán lugar al *prisma moderno,* que aparece como un nuevo modelo edificatorio y urbano, tan vigente como los rascacielos.

El edificio en altura se adapta a la nueva organización laboral, sin que sea la única alternativa. La torre de Inland Steel en Chicago [34], cuya sección nos muestra una sucesión de 19 pisos de oficinas, con jácenas metálicas que libran una luz de 18 m, y una torre de servicio de 25 plantas, resalta la verticalidad del conjunto, mientras que por otro lado, aparecen edificios bajos en las periferias urbanas, aparentemente opuestos, pero que comparten el mismo sistema de organización laboral y modular a nivel compositivo y técnico. El edificio de Ron Bacardi de Mies van der Rohe ejemplifica este segundo tipo. Ambos casos, vertical y horizontal, tienen en común la incorporación de la iluminación fluorescente y los primeros sistemas de acondicionamiento del aire. La distribución horizontal de estas redes energéticas va a necesitar un lugar adecuado y una definición detallada de la sección constructiva para los nuevos requerimientos técnicos que afectan a esta tipología del edificio.

La utilización de la iluminación fluorescente, más efectiva que la incandescente y comercializada desde 1938, proporciona una uniformidad lumínica que resta importancia a la luz natural y reduce las cargas térmicas que suponían la iluminación incandescente, lo que permitió un mejor aprovechamiento del aire acondicionado. Las sedes corporativas empezaron desde épocas muy tempranas a incorporar sistemas sencillos de tratamiento del aire en los espacios de trabajo. Al principio eran

---

[63] Giedion, Sigfried: *Space, Time and Architecture. The growth of a new tradition.* First Harvard University Press Paperback Edition, 2008. Pág. 848.

soluciones puntuales que no requerían de unas exigencias especiales en la definición formal de los espacios de trabajo. Después de la Segunda Guerra Mundial, los edificios empezaron a hacerse más herméticos con respecto a la iluminación natural y el clima exterior y se empezó a disponer de sistemas de acondicionamiento total del aire con ventilación, calefacción, refrigeración y humidificación, lo que supuso el logro técnico más importante en este periodo. El mayor esfuerzo residía en el estudio a nivel constructivo y figurativo de la integración de la distribución horizontal de las redes energéticas en la estructura del edificio, donde aparece por primera vez los conceptos de techo técnico, como plano isótropo que irradia la iluminación artificial y las condiciones ambientales de forma homogénea, y el suelo técnico, que oculta el resto de las instalaciones. El techo técnico, con la incorporación de las nuevas tecnologías lumínicas y climáticas, fue esencial como elemento energético homogéneo que permite deshacer las relaciones existentes entre el cerramiento y el núcleo y admite un incremento de la profundidad del espacio de trabajo. Un entorno de trabajo neutro y artificial permitió habilitar un esquema organizativo con una estructura espacial homogénea y versátil. El incremento de profundidad admitía diversas distribuciones dentro de una geometría ordenada con lugares para el área abierta, despachos, salas de reunión y lugares de encuentro e interacción personal.

La relación directa entre el equipamiento interior y la estructura del edificio exige la participación de equipos multidisciplinares en los que trabajan de forma coordinada arquitectos, ingenieros, diseñadores, instaladores y expertos en organización operativa.

LA ISOTROPÍA ARQUITECTÓNICA

La geometría ortogonal del módulo y el interés por una iluminación y climatización homogénea, producen una arquitectura con características isótropas. Las primeras soluciones agrupan las distintas canalizaciones energéticas en un único bloque central, junto a los sistemas de transporte y el sistema estructural que ofrece rigidez al conjunto. Provienen de las estructuras verticales que fueron llevadas a cabo por los rascacielos de los años veinte de Nueva York y Chicago, como el Rockefeller Center [13], y se mantuvieron en los años cincuenta con ejemplos como el Seagram de Mies y la Unión Carbige de SOM [35]. Las redes verticales de distribución de las instalaciones de abastecimiento de agua, saneamiento, electricidad, telefonía y aire acondicionado son cada vez más complejas y requieren más espacio. La incorporación de la luz fluorescente y los nuevos sistemas de climatización del aire permiten aumentar la profundidad de la superficie útil y rentabilizar más el espacio de trabajo.

El Inland Steel en Chicago [34], 1954-1957, de SOM, en el que participaron Bruce Graham, Walter Netsch y Fazlur Khan, ofrece una novedosa solución con la estructura hacia el exterior del cerramiento de la fachada que libera la zona central de cualquier tipo de división del espacio. Toda la superficie pasa a ser útil, llegando a una profundidad sin pilares de más de diecisiete metros, bajo un estricto módulo de casi 160 centímetros, 5'2". Las redes verticales de comunicación y distribución de las instalaciones se independizan en un volumen autónomo que ofrece una alternativa al modelo de núcleo central. Poco más tarde, entre 1958 y 1960, SOM realiza el edificio de Pepsi-Cola [32] en Nueva York, con una solución similar pero resuelta de forma un tanto ambigua, probablemente debido a la limitación de espacio del solar. Ubica los núcleos de comunicación e instalaciones a lo largo de la medianera del edificio colindante, sin embargo, la estructura aparece en medio de las salas de trabajo dividiendo el espacio y dificultando la distribución interior.

[36]
Central Beheer
Appeldoorn, 1972
Herman Hertzberger

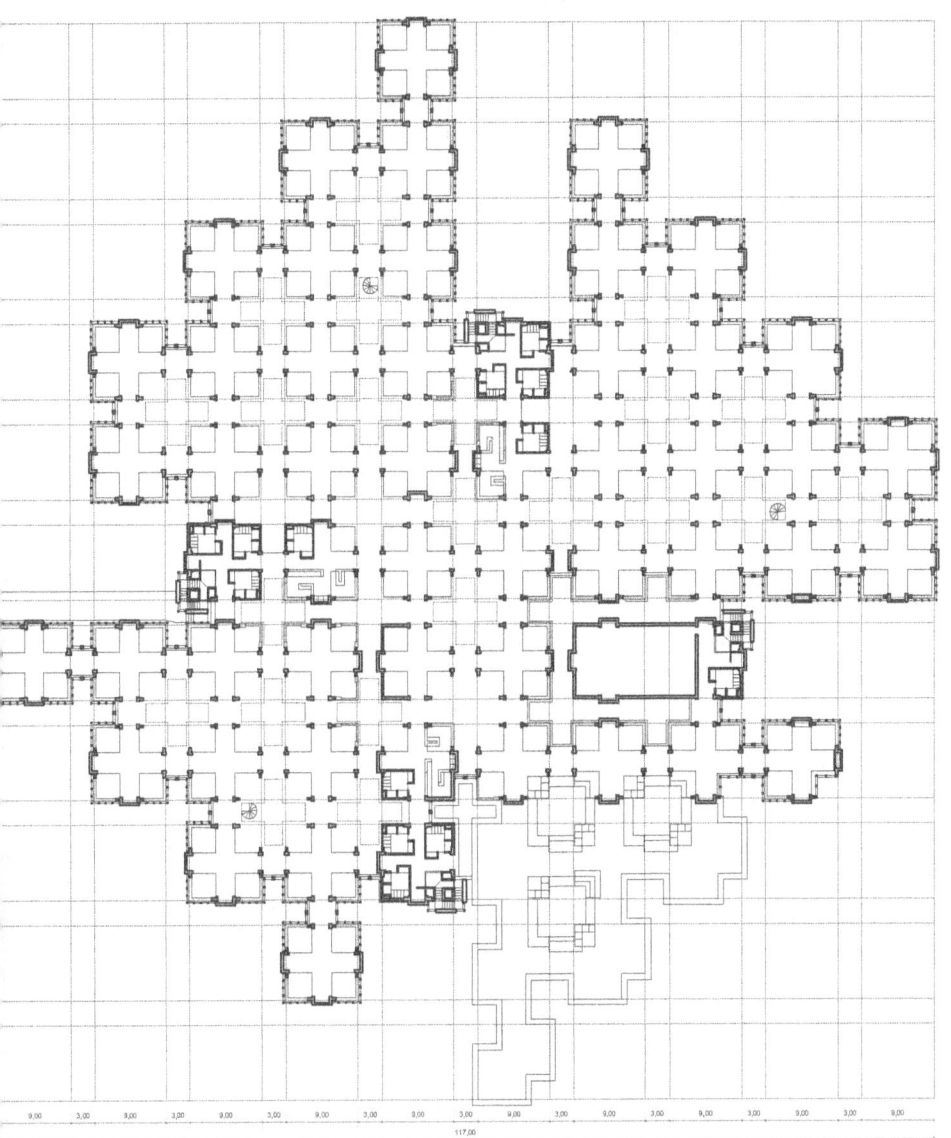

La red horizontal del aire acondicionado ocupa un gran espacio que debe coordinarse con la iluminación, y las instalaciones sin interferir con la estructura. En los primeros edificios se adoptaron soluciones basadas en la superposición, con un incremento considerable del espesor entre el suelo acabado y el techo del piso inferior. En el edificio Lever House, de Gordon Bunshaft, llega a 110 cm para luces de tan solo ocho metros y medio. Las instalaciones se sitúan bajo la estructura y se ocultan por medio de placas de techos acústicos y registrables, un nuevo elemento arquitectónico que Banhman denomina "membrana de energías de uso múltiple"[64] en un estudio sobre la racionalidad del techo técnico. Este mecanismo ha sido cuestionado precisamente por su carácter superficial de ocultación y falta de integración en una solución técnica unitaria. Interesante, en este sentido, la solución abierta que propone Gordon Bunshaft en la General Life Insurance de Connecticut. Una década más tarde, Mies desarrolla un sistema unitario en la National Gallery de Berlín [37], una solución de techo en celosía de aluminio colgado por cuatro puntos y pintado en negro, con huecos de 330 mm donde integra las luminarias. Por encima de esta celosía se ocultan los conductos de aire en la oscuridad que provoca el contraluz de la iluminación.

El avance en la concepción tridimensional de las estructuras ha sido estudiado por Ábalos y Herreros[65] que incluyen en su texto secciones constructivas del proceso evolutivo. Destacamos un primer intento de unificar el espacio de la estructura y la distribución horizontal de los conductos, el que llevó a cabo Eero Saarinen en 1950 con el Research Center de la General Motors en Warren, Michigan, donde consiguió hacer coincidir el espacio demandado por la distribución de redes horizontales con el espacio ocupado por la estructura de acero triangulada en celosía. Debajo de ella ubica los fluorescentes ocultos detrás de unos difusores de plástico, que permiten salvar una luz de quince metros con solo 120 cm de canto. El espacio climatizado consigue ser más profundo y diáfano, sin interrupciones visuales ni físicas y más adecuadas a las condiciones de trabajo.

---

[64] Banhman, R.: *The architectural of the Well-Tempered Enviroment.* The Architectural Press, Londres, 1969. Capítulos IX y X. (edición en castellano: *La arquitectura del entorno bien climatizado.* Ediciones Infinito. Buenos Aires, 1975).
[65] Iñaki Ábalos y Juan Herreros. *Técnica y Arquitectura en la ciudad contemporánea. 1950-2000.* Nerea. 2000 (3ª edición) (Pág 159).

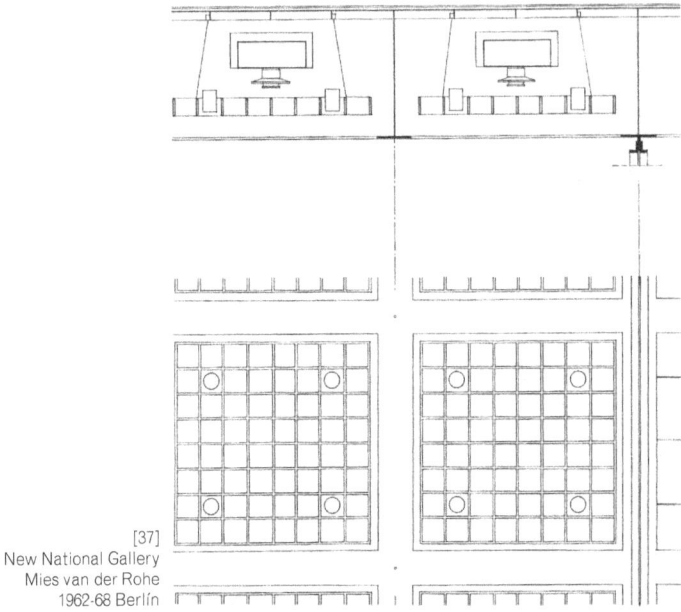

[37]
New National Gallery
Mies van der Rohe
1962-68 Berlín

El mal comportamiento del acero frente al fuego dificulta la integración de las redes y la estructura en una solución única, de tal forma que cobra importancia el denostado techo técnico, asociado peyorativamente con el calificativo de *falso*. La industria en 1950 ofrecía básicamente dos acabados, la celosía y la chapa perforada, que daban una respuesta comercial completa con distintas patentes de cielorrasos y forjados de chapa conformada[66]. Con ellos se mejora la absorción acústica y la reflexión de la luz, se posibilita la disposición integrada de las impulsiones del aire, y se realizan, incluso, guías de tabiquería móvil. Estos sistemas permitían una gran versatilidad para el mantenimiento de las instalaciones. Una vez superadas las cuestiones técnicas para mantener una isotropía lumínica y climática, la influencia de las teorías de Mayo sobre las relaciones sociales se incorpora en otras soluciones isótropas en términos laborales que han permanecido presentes a lo largo de los años.

---

[66] Banhman, Reyner: *The architectural of the Well-Tempered Enviroment.* The Architectural Press, Londres, 1969. Capítulos IX y X. (edición en castellano: *La arquitectura del entorno bien climatizado.* Ediciones Infinito. Buenos Aires, 1975).

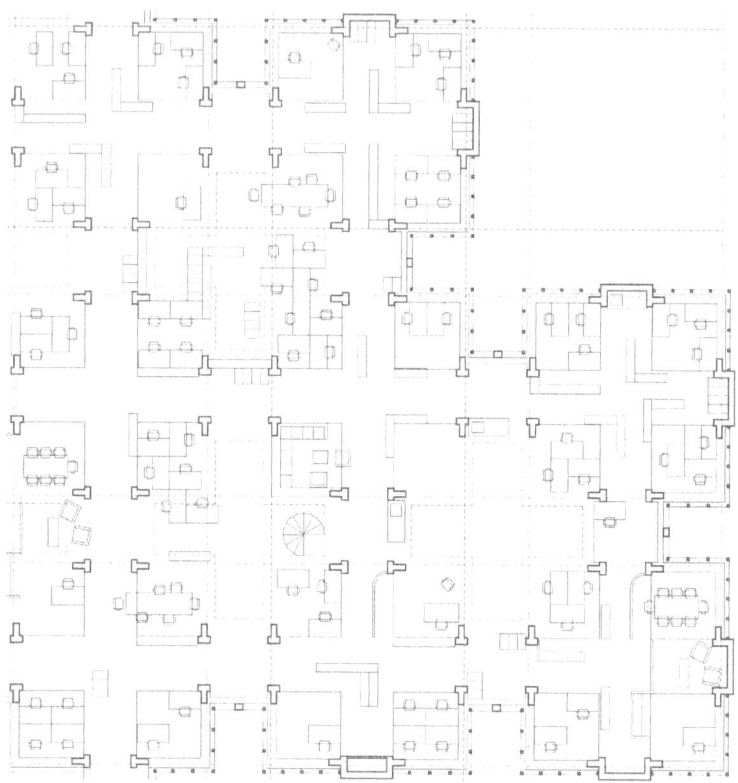

[38]
Módulo de distribución. Centraal Beheer
1970-72, Appeldoorn. Herman Hertzberger

El estructuralismo holandés plantea un edificio-ciudad modular en la Centraal Beheer sobre una malla reticular formada por torres repetidas y separadas tres metros entre ellas, una distribución en abierto que favorece las relaciones sociales y el contacto directo en una organización poco jerárquica, que repite un módulo de nueve metros cuadrados de forma sistemática. Cada torre se subdivide en una malla de tres metros en ambas direcciones que contienen una variada distribución de los lugares de trabajo [38]. Los módulos son, al mismo tiempo, estructurales y núcleos de la configuración funcional y espacial. Para esta distribución Hertzberger diseñó una serie completa de puestos de trabajo con varias posibilidades de cajones, sistemas de electrificación, accesorios para telefonía e iluminación individual.

EL LUGAR DE LAS RELACIONES HUMANAS

Desde las primeras intervenciones en Chicago, el corazón de la ciudad nunca dejará de ser un reclamo para la ubicación de las empresas. El conjunto del Rockefeller Center en Nueva York anticipa la idea de ofrecer un espacio abierto a la ciudad como lugar de relación con una plaza integrada en la retícula de la estructura urbana aunque hundida con respecto al nivel de la calle. A partir de los años cuarenta las corporaciones empezarán a reconsiderar el entorno urbano en una concepción arquitectónica que integre al ciudadano y le haga partícipe con el fin de humanizar la arquitectura del trabajo. Los estudios de Elton Mayo no se limitan a una intervención interior del entorno del trabajo sino que se expande hacia el exterior proporcionado una imagen adecuada del edificio representativo. Las plazas y patios aparecen en estos proyectos no sólo para uso y disfrute de los empleados sino también para comunicar una determinada imagen corporativa dirigida a los ciudadanos.

El Seagram y la Lever House ofrecen dos soluciones urbanas distintas. El Seagram de Mies Van der Rohe, 1954-58 se levanta en el Midtown neoyorquino manteniendo una posición singular. La premisa de proporcionar lugares de relación se resuelve en este caso dando un paso atrás con el edificio respecto a su alineación a Park Avenue con una clara voluntad de transformar la ciudad. Mies propone un espacio abierto que sirve de antesala o lugar de encuentro al aire libre y que se enfrenta al edificio de forma simétrica flanqueado por dos fuentes idénticas. La plaza se presenta abierta a la ciudad, a pesar de estar ligeramente elevada del nivel de la calle por unos pocos peldaños que no impiden la cómoda accesibilidad para los transeúntes y, por lo tanto, se convierte en un espacio cedido a la ciudad de Nueva York.

Justo al otro lado de la Avenida, en una manzana en diagonal con el Seagram, el edificio para la Lever House de Gordon Bunshaft se había levantado unos años antes con una solución diferente pero que tampoco ocupa la totalidad de la superficie de la parcela. En este caso se introduce un elemento nuevo en los edificios administrativos, un patio interior permeable desde la calle que permite al peatón entrar al jardín interior a modo de hall de bienvenida. La calle se ensancha bajo un cuerpo horizontal del edificio de una sola planta levantado sobre pilares forrados de acero inoxidable que rodea un pequeño patio ajardinado, abierto directamente al espacio público de la ciudad. La estricta retícula de calles y avenidas de Nueva York, se afirma con la alineación del edificio, que cede gran parte de la planta baja al espacio público.[67]

En relación con estos emblemáticos ejemplos, presentamos otro edificio significativo en la arquitectura madrileña que mantiene características similares a la vez que presenta una actitud opuesta en cuanto a su relación con la ciudad, el edificio Castelar de Rafael de La-hoz, en la Castellana de Madrid. Sus características básicas de composición coinciden con la Lever House, ambos disponen de una contraposición de volúmenes prismáticos, una base horizontal levantada del suelo para permitir el acceso y un elemento vertical que emerge en un segundo plano, un prisma moderno propio de la arquitectura modular que estamos tratando. A pesar de la coincidencia de estas características, la escala es completamente diferente, con solo 12 plantas sobre el nivel de acceso frente a las 21 de la Lever House. Pero la mayor diferencia radica en el modo de enfrentarse a la estructura urbana. Mientras que SOM permite el paso despreocupado de los paseantes bajo el soportal del edificio hasta el jardín del patio interior, Lahoz levanta el edificio sobre una inaccesible y prolongada escalinata que no invita al acercamiento a la entrada del edificio y lo convierte en un pequeño templo en el que la ascensión infunde respeto y lo distancia del ciudadano.

Por el contrario, otros edificios madrileños han ofrecido una excelente solución en su intervención urbana. En el Banco de Bilbao [39] que Francisco Javier Sáenz de Oíza realiza en 1977 se entra hacia abajo. El peso de la torre hunde simbólicamente el terreno de su entorno y provoca un foso perimetral, que expresa menor grandilocuencia. El ligero rehundido desde la Castellana nos recuerda la plaza hundida del Rockefeller y provoca una zona de pórtico que resguarda al peatón de las molestias de los ruidos del intenso tráfico. Una vez protegido en este espacio ajardi-

---

[67] Un pequeño edificio reproduce el esquema de la Lever House en la misma Castellana. En su nº 7, el Banco Español de Crédito, de Antonio Perpiñá y Luis Iglesias (1963), pasa desapercibido en la estrecha acera del paseo. El edificio rompe la continuidad de los edificios colindantes con un volumen en fachada de una sola altura levantado sobre pilares en planta baja, forrados en acero inoxidable, que permiten el acceso de los peatones bajo un porche abierto hacia el interior en un patio, detrás del cual, se alza un volumen vertical.

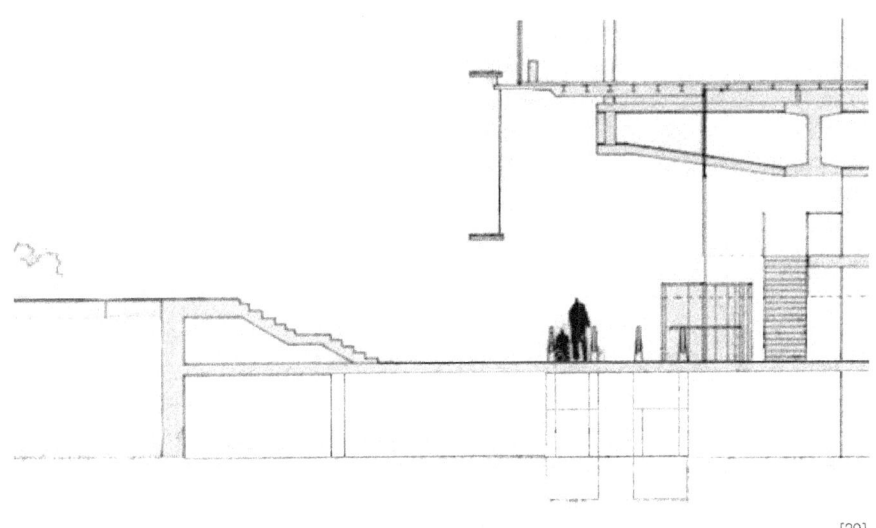

[39]
BBVA
Fco. Javier Saenz Oiza
1975, Madrid

nado, el acceso al edificio se resuelve mediante un umbral de entrada, un espacio comprimido que da paso a un vestíbulo de doble altura de descompresión. Las perspectivas desde el interior se enfrentan al amable espacio exterior, protegido y ajardinado, y dejan a un lado el bullicio de la Avenida de la Castellana de Madrid.

El contacto del edificio administrativo con el suelo adquiere ahora un interés especial. El edificio administrativo admite la manifestación y puesta en escena del poder de las empresas. El *sky line* de las ciudades supone un reclamo propagandístico del nivel económico de la actividad empresarial, pero no nos da suficientes señales sobre la eficacia y calidad arquitectónica. Los edificios administrativos hacen ciudad y definen el espacio urbano. Si queremos encontrar algo que nos indique una cualidad respecto a la calidad del planteamiento arquitectónico es conveniente dejar a un lado la fascinante línea del cielo y mirar hacia abajo, a otra línea urbana, que nos indique el modo de acceder al edificio y la relación con el entorno. Hablamos de la línea opuesta que dibuja el encuentro del edificio con el suelo y nos da unas pautas de proyecto para esta nueva era de la sociabilización y relación horizontal del trabajo. El contacto con el suelo adquiere especial interés en el edificio Hearst, que realizó Norman Foster en Nueva York. En este caso, Norman Foster asume la preexistencia del edifico histórico y lo convierte en un gran basamento realzado a través de un gran patio interior a dos niveles, uno a ras de la calle, que permite el acceso y la visita de paseantes y curiosos, y otro, más elevado y privado, como un gran hall de bienvenida y lugar de encuentro de los empleados, presidido por un enorme mural de fondo.

Frente a estos elegantes accesos, presentamos la tosca *línea de suelo* de las Cuatro Torres al norte de la Castellana de Madrid, con accesos peatonales poco representativos. Las Cuatro Torres representan para el Madrid del siglo XXI un conjunto arquitectónico de cuatro rascacielos vistos cada uno de ellos desde su singularidad sin ofrecer un entorno común. La Torre Cepsa de Norman Foster no propone nada diferente. Las rudas plazas desiertas y prácticamente inaccesibles para el peatón se introducen en los edificios a ras, a través de una simple apertura en la fachada. En el caso de cualquiera de las cuatro torres, el acceso habitual se realiza desde el coche, en plantas subterráneas, a través de un deshumanizado e inmenso aparcamiento. El espacio urbano de la ciudad ha sido cedido al imperante tráfico y a las vías de circulación. La condición de ciudad hecha para el hombre se desplaza a otros lugares, quedando reservado este espacio al dominio del automóvil y de la arquitectura del trabajo, dos máquinas que proliferan y ejercen su dominio sobre nuestra forma de vida urbana desde hace un siglo.

Las teorías de organización del trabajo según los estudios de Mayo tienen una repercusión directa en la integración de nuevos usos dentro del organigrama general y, como consecuencia, la configuración del edificio administrativo adquiere nuevas soluciones. Hemos visto que aparecen por primera vez las zonas de descanso y comedores del personal dentro de la oficina. Particularmente, la planta baja y los accesos, pero también cada una de las plantas, asumen nuevos usos que favorecen las relaciones personales entre los trabajadores y proponen una imagen corporativa que afecta directamente a la relación de edificio administrativo con su contexto urbano. La humanización del entorno urbano pasa por la integración de plazas y patios que constituyen un nuevo contexto urbano. El hecho mismo de introducir una plaza exterior habitada en relación directa con la planta de acceso, como en el caso del Seagram, o el patio interior de la Lever House accesible desde la calle están dentro de este concepto adaptado a las condiciones urbanas de los edificios en altura.

Al mismo tiempo, aparece de forma paralela la necesidad de crear espacios protegidos, dentro y fuera de la ciudad, pero alejado del bullicioso caos del centro urbano. Unas veces se alejan del centro proporcionando el desarrollo de nuevos núcleos urbanos que crecen en torno a ellos y otras veces se alejan todavía más hacia nuevos asentamientos inmersos dentro de la naturaleza, como las sedes de Ron Bacardí y John Deere&-Co. El edificio Bacardí de Mies van der Rohe introduce el paisaje exterior como lugares de encuentro, tal y como acababa de realizar Gordon Bunshaft en la sede de General Life Insurance de Connecticut donde prestó una especial atención al programa y a las nuevas necesidades requeridas. Espacios abiertos, comedores, zonas de descanso y áreas comerciales ocuparon la planta de acceso de este gran complejo administrativo y anticipan una nueva estructura de la arquitectura del trabajo, que como una ciudad independiente dispone de los servicios necesarios para los empleados de la compañía y ofrecen una protección con respecto al resto que la ciudad que no pertenece a ella.

LA CIUDAD PROTEGIDA DE LOS NEGOCIOS

El centro urbano ha sido el lugar idóneo para ubicar la actividad administrativa y comercial desde finales de siglo XIX. El desarrollo de la ciudad de Chicago y la experiencia de Nueva York encabezan la lista histórica de las grandes ciudades que desde entonces han especializado el centro de la vida urbana como lugar de negocios y de la actividad comercial. El continuo incremento del sector terciario durante el siglo pasado ha influido de forma decisiva en el crecimiento y forma de las ciudades americanas y en la transformación de las europeas. El rascacielos se convirtió en el edificio de oficinas por excelencia que manifiesta el poder de la técnica y cuya presencia en la ciudad supone una falta de preocupación por el entorno inmediato, al mismo tiempo que evoca el poder económico por encima de cualquier otro aspecto. La arquitectura del trabajo mantiene desde entonces una relación directa y estrecha con la ciudad. La torre Agbar en Barcelona o la torre Swiss Re en Londres, conservan el uso principal terciario y se manifiestan en la ciudad como un hito de la misma forma que los primeros rascacielos, aunque su estructura interna difiera sustancialmente de la organización lineal propuesta en los primitivos edificios en altura.

La situación actual es compleja. No podemos afirmar de forma inequívoca que el centro sea el lugar adecuado para ubicar la sede de una empresa. Massimo Cacciari señala[68] que la ciudad a lo largo de la historia ha dado forma a una contradicción inevitable al permanente enfrentamiento entre la ciudad como lugar de remanso, seguro y estable, y la ciudad como máquina multifuncional, eficaz y dinámica. Por otra parte, Sigfried Giedion[69] plantea que la caótica interconexión de funciones de las ciudades debía ser destruida o transformarse de acuerdo con el espíritu de los nuevos tiempos y el modo de vida de su población. Durante la Gran Depresión americana de los años treinta se produce un efecto descentralizador que rompe con la tendencia de la ciudad europea posicionada entre la morada y el negocio.

[40]
Connecticut General Life Insurance, Bloomfield, 1954-57
Gordon Bunshaft, SOM

[68] Cacciari, Massimo. *La ciudad*. Gustavo Gili. 2010. (Pág.7)(edición original, 2004)
[69] Sigfried, Giedion. *Space, Time & Architecture. The growth of a new tradicion*. First Harvard University Press paperback edition, 2008. (Págs. 816-820).

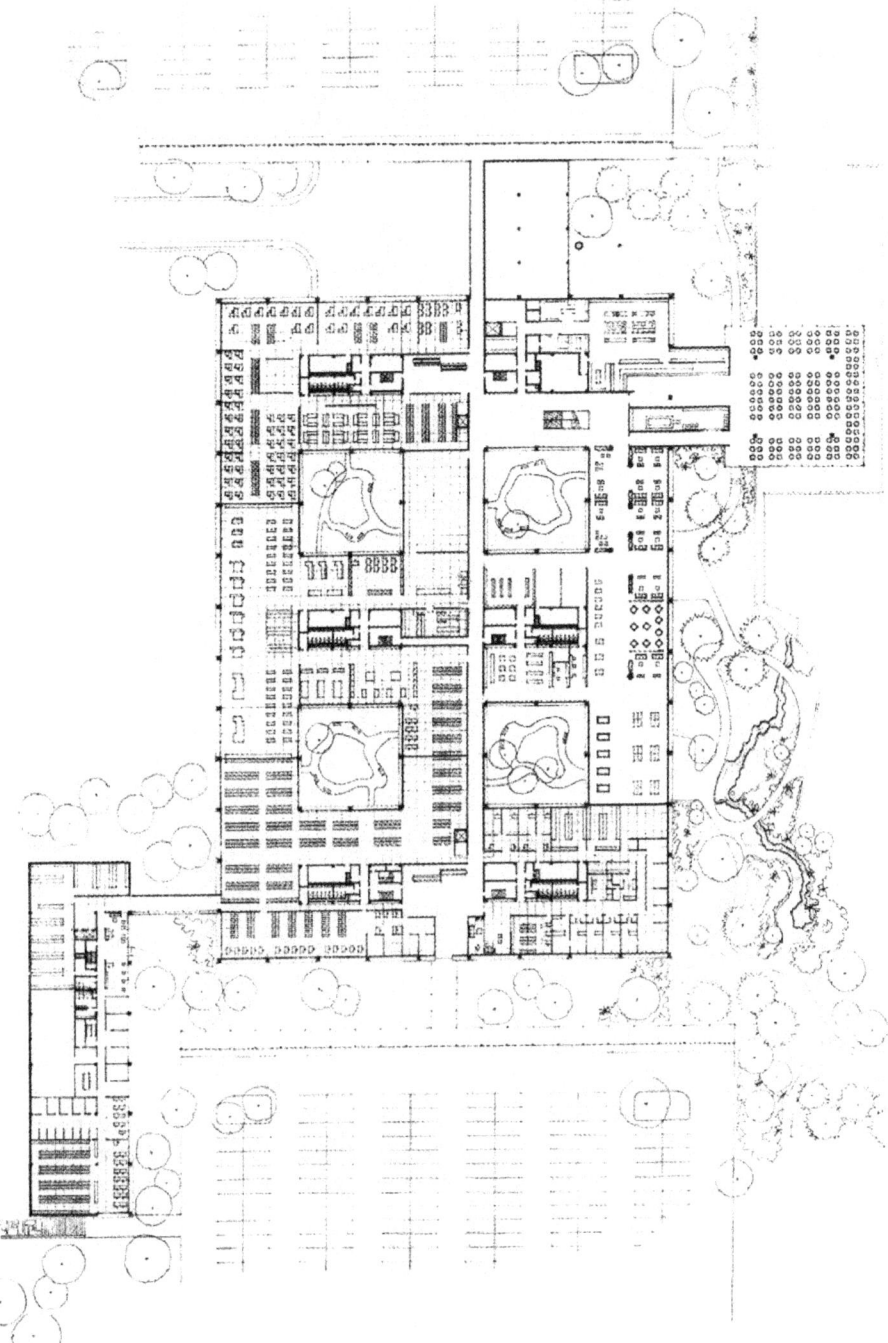

Después de la guerra, las grandes firmas empresariales americanas ven en la salida del centro urbano a ámbitos rurales un mecanismo de autoprotección contra los grandes males de la ciudad, la contaminación, el estrés y el caos del tráfico. La centralidad, que había sido la única posibilidad, empieza a tener una importancia relativa y después del conflicto bélico se prueban otras alternativas a lo largo de la red de autopistas. El traslado del negocio inmobiliario de oficinas a la periferia aporta otros atractivos y ventajas donde se puede disfrutar de un entorno natural acorde con las necesidades de introducir un ambiente agradable y humano, fuera del tráfico y la vorágine de la ciudad. Poco a poco, se produce una mayor oferta de edificios de oficinas desplegados en torno a infraestructuras viarias periféricas, con una superficie más barata y una tipología edificatoria con predominio de la horizontalidad. Décadas más tarde y fundamentalmente a partir de los años ochenta, se pone de manifiesto una nueva relación entre el trabajo y la ciudad. La gravitación en torno a un centro único desaparece a favor de la disgregación en una serie de centros coexistentes que promueven una nueva relación entre residencia, trabajo y equipamientos. La ciudad se articula en torno a los nuevos elementos de producción e intercambio. Los centros de negocios periféricos suponen nuevos focos de desarrollo donde se promueven otros núcleos urbanos a su alrededor.

Gordon Bunshaft plantea la sede de Connecticut General Life Insurance [40] fuera del entorno urbano donde promueve, ya en los años cincuenta, una nueva relación entre residencia, equipamientos y trabajo, una solución que cogerá cada vez más fuerza y será muy bien acogida por determinadas empresas a partir de entonces. La nueva ubicación separada de la residencia disfruta del entorno natural como lugar de expansión y permite abandonar la verticalidad necesaria en el centro en favor de un predominio de la horizontalidad. La sede corporativa puede incorporar los nuevos usos solicitados por la organización laboral e integrarlo en el conjunto como si se tratase de una nueva pequeña ciudad autónoma, que anticipa los actuales centros de negocios. El edificio para John Deere&co de Eero Saarinen fue diseñado en gran medida desde el lugar[70] sobre un terreno a la riberas del río de seiscientos acres, casi 243 hectáreas,

---

[70] *Eero Saarinen on his work.* Yale University Press, New Haven, 1962.

elegido por ser el lugar más agradable y humano para el complejo. La naturaleza y el edificio aparecen íntimamente conectados. El edificio de ocho pisos se ubica transversalmente en el valle. Se planificaron las carreteras de acceso teniendo en cuenta la visión desde el lago artificial hasta el estacionamiento detrás del edificio. El lago además ofrece bellas vistas a las oficinas.

Las características que aportó la oficina modular americana de los años cincuenta han servido de modelo a esta tipología en cuanto a una nueva ubicación a las afueras de la ciudad y a la incorporación de la gran variedad de usos. En este contexto, la arquitectura del trabajo establece un nuevo orden propio al margen del caos urbano. Sudjic expone en *La arquitectura del poder* la capacidad que dispone la arquitectura para imponer un orden y establecer un punto de referencia[71]. Las grandes empresas aprovechan esta capacidad de la arquitectura en su sede para formalizar una ciudad protegida que asume otros inconvenientes. Como dice Cacciari, la existencia posmetropolitana se congela en espacios cerrados, en un *lugar-prisión*[72], contenedores con una función y con un carácter simbólico cada vez más pequeño por la indiferencia del territorio.

La metrópoli del urbanismo clásico del siglo XIX y XX mantenía unas relaciones entre centro y periferia provocadas por las diferentes funciones productivas, residenciales y terciarias. En la actualidad, el incesante crecimiento de la ciudad, cuyo motor es la economía y el trabajo, ha provocado que la ciudad metropolitana se vaya transformando poco a poco en una ciudad territorio, como un espacio indefinido y homogéneo de transformaciones muy rápidas. La dinámica de los negocios y el

---

[71] Sudjic, D. *La arquitectura del poder.* Editorial planeta, 2010. (Pág 195): "La arquitectura es un medio que nos da la oportunidad de olvidar la precariedad de nuestra situación por un momento, de crear al menos la ilusión de que hay un significado cuando la comparamos con nuestra propia lógica interna y encontramos cierto sentido de correspondencia y previsibilidad(...). La arquitectura ofrece la posibilidad de darnos un breve respiro de lo aleatorio(...) No podría haber un indicio más claro de la presencia humana, y del ejercicio de su intelecto, que la muestra del contraste entre el orden y el desorden."

[72] Cacciari, Massimo. *La ciudad.* Gustavo Gili. 2010. (Pág 50). (edición original de 2004) Cacciari habla de la residencia y dice que quien puede permitírselo vive su jornada en esta movilización universal y más tarde huye a la seguridad de sus moradas. El mismo carácter de protección se da en estas ciudades de los negocios.

trabajo ha destruido la ciudad existente a favor siempre del avance de la sociedad. El trabajo y los negocios conforman la ciudad, forman parte intrínseca de ella y la modifican. La nueva metrópoli se articula en torno a estos elementos de producción e intercambio en la periferia, que pasan a ser los lugares clave de expansión de la metrópoli. La configuración de la sede de una compañía en forma de *ciudad de los negocios*, protegida del entorno urbano, se ha expandido enormemente por las grandes ciudades.

La atención específica a "las relaciones humanas" establece una identificación de los trabajadores con la corporación como si se tratase de una gran familia. Las nuevas formas de trabajo del siglo XXI no impiden que ésta sea una opción para las compañías más punteras en tecnología e internet. No tenemos más que mirar la solución que decide Clive Wilkinson para la sede de Google en Santa Clara, California, el *Googleplex*, formado por cuatro edificios de baja altura que incluyen un gimnasio, lavandería, piscinas, una cancha de voleibol de arena y numerosas cafeterías y que giran en torno de un espacio común al aire libre, pero reservado y protegido.

Sin salir de Madrid, podemos identificar una gran de variedad de soluciones para estas *ciudades de negocios*, con características muy similares a las estudiadas. De forma discreta pero con gran acierto, ya se había experimentado en 1972 con el edificio del Ministerio de Industria y Comercio[73] que Antonio Perpiñá Sebriá realizó en el Paseo de la Castellana tras ganar el primer premio del concurso de ideas en 1956. Entre los años 1958 y 1959, desarrolló el proyecto junto a su compañero Mariano Garrigues y el ingeniero Eduardo Torroja con un uso sistemático y modular de hormigón prefabricado. Los espacios abiertos que relacionan diferentes volúmenes aparecen en consonancia con la arquitectura modular americana[74]. Más recientemente otras intervenciones aportan nuevas

---

[73] Una obra ignorada, ganadora de un concurso de ideas que competía con rivales como Corrales y Molezún, Oiza y de la Sota, con un gran valor a nivel urbanístico, que introduce la arquitectura americana de las grandes corporaciones en una creciente metrópoli madrileña en pleno régimen franquista.

[74] Para conocer más sobre este proyecto, permítanme autocitarme con el artículo que escribí para el III Congreso de Alejandro de la Sota: Monje Pascual, Ángela. "La Arquitectura del Trabajo de Antonio Perpiñá Sebriá en la Castellana. Una ciudad de los negocios americana para la administración pública española". *Pioneros de la Arquitectura*

soluciones, algunas urbanas, como Repsol en Méndez Álvaro y otras en las periferias como la sede de Telefónica en las Tablas, ambas de Rafael de Lahoz. Se han realizado otras propuestas de arquitectos internacionales como la ciudad financiera del Banco Santander que realizó Kevin Roche en mitad del campo de Boadilla del Monte y el BBVA de Herzog & de Meuron en las vías periféricas de Madrid a su paso por Las Tablas. En este último ejemplo, la gran vela circular de hormigón impone su presencia en el paisaje de un nuevo núcleo urbano, situado en la periferia de Madrid alrededor de las vías principales de conexión con la ciudad. Las grandes empresas en Madrid, como en las grandes urbes, no han sabido resistirse a la tentación de crear su propio hito arquitectónico[75].

Moderna Española. Análisis crítico de una obra. Fundación Alejandro de la Sota. IBSN: 978-84-608-1709-6. Mayo 2016. (Págs 571-284).
[75] "la arquitectura tiene el anhelo paradójico y patético por el simbolismo del edificio,(...) el lenguaje arquitectónico lo hace con una filosofía que contradice totalmente esta tendencia a la movilización universal,(...) la exigencia de fuertes presencias, significativas y simbólicas, en el territorio posmetropolitano constituye un indicador de una exigencia psicológica insuperable que, sin embargo, se da de bofetadas con la de la ubicuidad." Cacciari, Massimo. *La ciudad.* Gustavo Gili. 2010. (Pág 49). (edición original: *La citta.* Villa Verucchio. Pazzini Editore. 2004)

LA OFICINA LIBRE

Durante los años sesenta encontramos un nuevo concepto que aparece en el panorama de la implantación de oficina en Alemania que permite distinguir un tercer tipo al que hemos denominado 'oficina libre' y que convive desde entonces con los otros dos descritos en capítulos precedentes. Estados Unidos le da el testigo de la innovación a Europa con nuevos criterios que son adoptados rápidamente por empresas del mundo entero. Los nuevos intereses organizativos potencian la libre distribución interior en la implantación de la organización laboral, más flexible, versátil e independiente de las pautas geométricas del edificio.

En el desarrollo de este apartado seguimos el mismo esquema de los anteriores. Plantearemos en primer lugar el origen del posicionamiento teórico y presentaremos al Equipo Quickborner como motor de arranque de estas nuevas teorías de la organización del trabajo. En segundo lugar estudiaremos el edificio Osram, muy publicado desde entonces como origen de esta nueva implantación. Y a partir de aquí veremos cómo afecta al equipamiento individual, a las diversas agrupaciones y a la aparición de tipologías edificatorias diferentes que se liberan de la organización interna y potencian otros aspectos vinculados con el ensalzamiento del poder económico a través de la ostentación tecnológica y de la comunicación.

EL ORIGEN DE LA OFICINA LIBRE

El modelo de organización de la oficina abierta y modular que se originó en la posguerra americana se pone en cuestión en Europa en los años sesenta por la excesiva rigidez geométrica que los elementos constructivos imponen sobre la distribución. La pretendida flexibilidad del sistema modular acota la intervención dentro de unos límites geométricos rígidos. En estos años se avanza en la creación de espacios cada vez más profundos donde la presencia del módulo deja de tener importancia a favor de las nuevas organizaciones laborales que requerían modificaciones en el tiempo. El rigor modular de los sistemas constructivos que había desarrollado la organización de la oficina en la década anterior, interfiere en la libre agrupación de los equipos de trabajo.

A partir de los años sesenta se empiezan a analizar los métodos de comunicación entre grupos y se redistribuyen los puestos de trabajo en función de los diferentes grados de conectividad con el fin de dotar al espacio de versatilidad espacial y temporal[76]. Los equipos de trabajo se organizan y recomponen con el tiempo, tan rápidamente como el proyecto lo requiere. La distribución de las oficinas traducen de forma literal los diagramas de relación entre las áreas de trabajo [42]. La proximidad física de las personas que forman los equipos era fundamental en esos años para facilitar la circulación de la información, que en los orígenes de esta *oficina libre*, se trasmitía exclusivamente de forma verbal o en papel. La cercanía se considera, por lo tanto, prioritaria para la optimización de la oficina e implica una revisión y transformación profunda de los esquemas organizativos existentes.

A partir de ahora es necesario analizar los métodos de comunicación entre grupos y facilitar la proximidad material de los puestos de trabajo según las interrelaciones personales que tengan que llevarse a cabo en los distintos equipos que puedan formarse.

Desde los estudios de Elton Mayo, teóricos como Barnard, Selznick y Argyris[77] influyen en la organización de las empresas con indiscutibles

---

[76] Duffy, Cave y Worthington: "Planning office space". Architectural Press, London, 1976. (p. 169)
[77] Estos autores, entre muchos otros, influyen durante décadas y decisivamente en la organización de las empresas a partir de las teorías de las relaciones humanas de Mayo:
- Barnard, Chester. *The Functions of Executive*. Harvard University Press. Cambridge, Massachusets. 1938. Concibe las organizaciones como sistemas cooperativos, anticipa la organización informal y plantea una teoría de la aceptación de la autoridad.

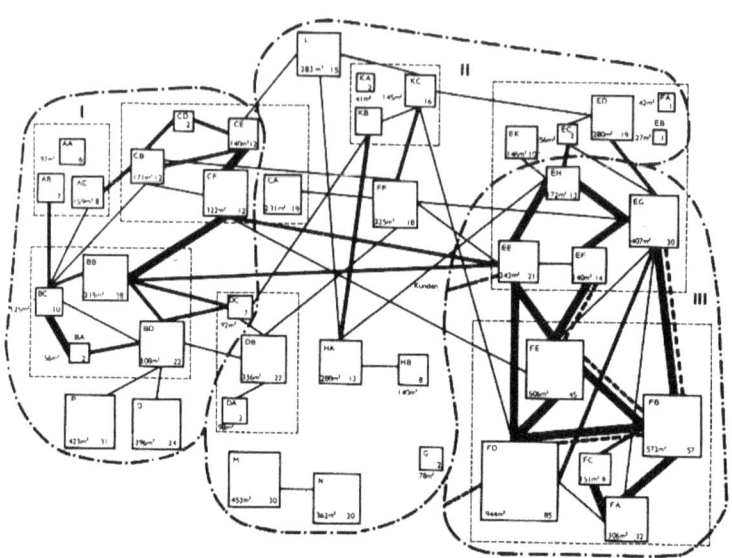

[42]
Esquema de organización
Equipo Quickborner
Década 1960

avances en la gestión de las relaciones humanas. Sin embargo, las aportaciones arquitectónicas con respecto a la implantación de oficina no se reflejan en el entorno de trabajo hasta los años sesenta. En este momento, el testigo lo recogen las casas comerciales, que para ser más eficientes en la venta de sus productos proponen soluciones nuevas a las exigencias del mercado mediante servicios de asesoría. Un nuevo modelo surge en Alemania bajo la denominación de *bürolandchaft,* traducido literalmente al castellano como *oficina paisaje*, término que hace referencia a una organización definida en un contexto cultural y técnico de los años

---

-Selznick, Philip. *Leadership in Administation: a sociological Interpretation.* Evanston, IL., Row, Peterson. 1957. Para él las organizaciones son fuentes constantes de intereses de grupo que se encuentran permanentemente en conflicto. El CEO tiene un papel fundamental para detectar los cambios y adaptar los mecanismos disponibles.
- Argyris, Chris. *El individuo dentro de la organización.* Herder, Barcelona. 1979. Influenciado por Lewis y Maslow, reconoce los choques entre la organización y el crecimiento personal que crean frustración y propone criterios de competencia individual.

sesenta germanos, pero que tendrá una trascendencia más allá de lo que significó en su origen y dará lugar a la *oficina libre*[78].

La primitiva oficina paisaje necesita un espacio libre, continuo y profundo, dotado de servicios energéticos en todos sus puntos y climatizado de forma homogénea, tal y como ocurría con la oficina abierta americana de los años cuarenta, pero ahora se redistribuyen los puestos de trabajo en función de los diferentes grados de conectividad entre equipos. La versatilidad no es sólo espacial sino que se concibe también desde un perspectiva temporal, a cada cambio en el programa de trabajo le corresponde una forma de distribución particular. En este contexto aparece un nuevo problema, el trabajo en grupo dentro de un espacio abierto ocasiona ruidos molestos para la concentración y el trabajo individual. Las consideraciones acústicas pasan a ser un condicionante en la implantación. La nueva implantación se preocupa por la ubicación y las distancias de pantallas móviles o jardineras que independicen a los distintos grupos y que ofrezcan protección acústica a determinadas personas en algunos momentos. Por otro lado, se empiezan a considerar materiales de absorción de ruido, tanto en los acabados del suelo y techo técnicos como en los tejidos de las mamparas divisorias. A partir de ahora, las necesidades técnicas que se le exigían a los edificios pasan a ser necesidades del equipamiento. El puesto de trabajo individual se convierte en una oficina independiente y autónoma, con todos los servicios técnicos disponibles, absorción acústica, necesidades eléctricas, iluminación, incluso climatización como el equipamiento del edificio Lloyd, de Richard Rogers. La movilidad de todos los elementos será necesaria para permitir la relación del equipo según convenga, con elementos añadidos y móviles.

Cada implantación surge del estudio de cada empresa conforme a sus necesidades organizativas variables. El edificio se plantea, a partir de entonces, de forma independiente a la posible implantación futura, que se modificará según varíen los equipos de trabajo y en relación con la evolución de la propia empresa.

---

[78] En el ecuador del texto, conviene recordar lo que supone el cambio de la nomenclatura con respecto a la confusión de los términos habituales. Los términos propuestos: lineal, modular, libre e informal, suponen modelos genéricos más allá del contexto temporal y de lugar que originó el modelo (ver: Dificultad de la nomenclatura, págs. 26-32).

QUICKBORNER

En los años cuarenta, el padre de los hermanos Schnelle fundó Velox, una empresa dedicada a la fabricación y venta de material escolar y sistemas de archivo. Eberhard Schnelle (1921-1997), que ya había trabajado con su padre, se asocia a la nueva empresa en 1948 y en 1953 se unió su hermano Wolfgang (1930-2005). Tras una disputa de accionistas, Eberhand y Wolfgang se separaron y montaron una agencia nueva con el nombre de *KG organizationsteam Eberhand und Wolfgang Schnelle GmbH*, dedicada al asesoramiento en la organización de la oficina y su implantación. A partir de 1962 formaron el equipo Quickborner Consulting Group (QT), con sede en Hamburgo. En poco tiempo sacaron un nuevo concepto de diseño de oficinas que tuvo una gran aceptación en Estados Unidos y que ganó una enorme popularidad. Uno de sus primeros grandes contratos consistió en la implantación de la compañía farmacéutica Boehringer Mannheim. El equipo de consultoría se orientó hacia la organización de la empresa, examinaba y optimizaba su estructura interna, y ofrecía una planificación adecuada al estudio. Entre los clientes de la época estaban el DKV en Colonia, Siemens AG Schuckert en Erlangen, Nuremberg y Munich y más tarde BASF y Telefunken AEG.

Los estudios de consultoría que llevaron a cabo a partir de 1960 defendían que cualquier organización laboral debía basarse en la comunicación y en la efectividad de los procesos. Por lo tanto, analizaban los métodos de comunicación entre los grupos y redistribuían los puestos de trabajo en función de los diferentes grados de conectividad con el fin de dotar al espacio de versatilidad espacial y temporal. La nueva distribución, el *Burölandschaft* o *oficina paisaje*, responde a los diagramas que resultaban del estudio de la proximidad física necesaria entre las personas que formaban parte de los departamentos y la frecuencia en la que se llevaba a cabo esta relación. Los consultores hicieron que la empresa de asesoramiento QT fuera conocida a nivel nacional por su aportación como especialistas en planificación de los entornos de oficina. Entre los proyectos que desarrollaron estos años los más importantes fueron la compañía de medios Bertelsmann en Gütersloh (1960/61), Krupp Rheinhausen (1962), BBC Mannheim (1963), Orenstein & Koppel en

Dortmund (1964), Osram, Munich (1965), Ford Obras de Colonia (1966), el alemán Lufthansa en Colonia (1967) y Texas Instruments en Munich (1969). Dedicaremos un apartado al edificio Osram, como ejemplo de esta primera fase del equipo Quickborner en Alemania en el que se establecen las pautas de la nueva organización laboral.

Por primera vez, un modelo de organización laboral surge en Europa. Pocos años más tarde, el crecimiento de Quickborn permitió que nuevos socios se sumaran al proyecto y que ampliaran su actividad a través del Atlántico. Tras la experiencia y la gran difusión del edificio Osram, supo hacerse un hueco empresarial en Estados Unidos con la planificación de los entornos de oficina basados en las teorías de la oficina paisaje. El primer equipo Quickborner en Estados unidos realizó una intervención en Du Pont de Nemours & Co., en Delaware (1967), donde perfeccionan y llevan al extremo las nuevas teorías propuestas en Osram. Le siguen otras intervenciones similares como la sede de Mercedes Benz en Nueva York, el Departamento de Trabajo de EE.UU., en Washington, y también, el Ontario Hydro en Toronto, Canadá.

El planteamiento del equipo Quickborner supone un estudio en profundidad de la organización laboral de la empresa. Se trataba de identificar los grupos de trabajo, la relación del personal que lo compone y el nexo de unión entre los diferentes departamentos. La consideración del dinamismo de los equipos, que no son estables, requiere de cierta movilidad de los puestos, un nuevo concepto que aparece en estos momentos. Para que esta versatilidad sea efectiva, se configuran lugares que la hagan posible y la crujía de trabajo debe ampliarse más de los veinte metros establecidos hasta ahora, cuanto más espacio libre mayor será la flexibilidad permitida.

Este distanciamiento entre edificio e implantación, permite que dentro de él se organicen los trabajadores de múltiples formas. Una solución particular, dentro de esta arquitectura paisaje, es la que ofrecerán más tarde las empresas americanas consideradas como un mar de cubículos independientes dentro de un espacio común de trabajo. El cubículo no es más que una solución concreta de mobiliario autónomo cuyas necesidades de trabajo no requieren relación con el equipo [43].

Los años setenta fueron la década de la expansión exterior del equipo Quickborner. Los conceptos de la oficina de Hamburgo estaban muy solicitados y se abrieron sucursales por todo el mundo. A pesar de la desaparición de la sucursal americana, el Team Quickborner sigue activo en la actualidad. Han conseguido adaptar su servicio a las nuevas formas de trabajo, el teletrabajo y la *oficina no territorial*[79]. La aceptación de la tecnología en la oficina y los grandes avances surgidos en los últimos años han cambiado los requisitos para el asesoramiento en planificación. Pero las soluciones que ofrecen en la actualidad poco tienen que ver con la oficina paisaje que es lo que nos ocupa ahora y en lo que supusieron un punto de inflexión para la definición de la oficina.

---

[79] La oficina no territorial aparece en los últimos años del siglo pasado y lo veremos como una característica de la *oficina informal*. Hace referencia a un entorno de trabajo de puesto no asignado.

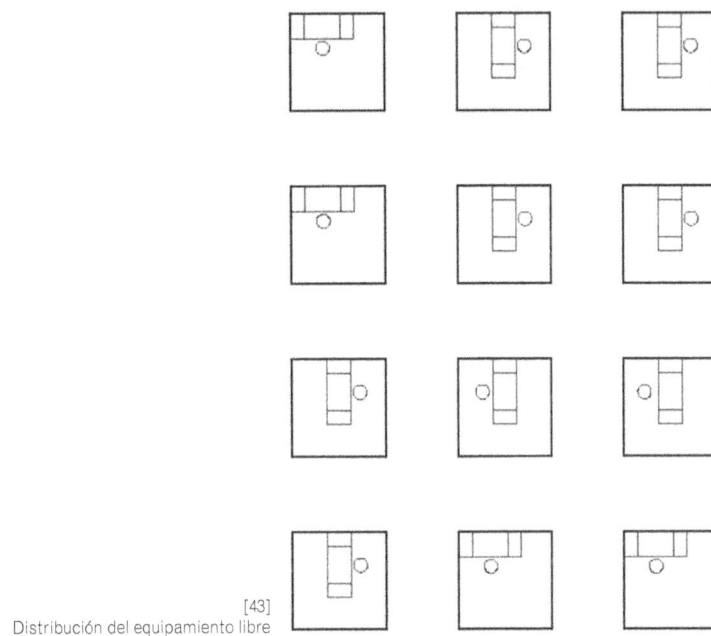

[43]
Distribución del equipamiento libre

[44]
Playtime. Jacques Tati. 1967

PLAYTIME

Hasta ahora nos hemos referido principalmente al área abierta como lugar de trabajo sin división, continuo y homogéneo, idóneo para realizar las actividades laborales en grupo. También hemos anticipado la aparición del cubículo dentro de este espacio diáfano y extenso, como un equipamiento individual con unas exigencias laborales de trabajo personal que requieren mayor privacidad acústica. La diafanidad de los lugares de trabajo es la característica principal de esta oficina, tanto en abierto como en cubículos, y produce un nuevo entorno de trabajo disperso y confuso, ligado al laberinto, capaz de confundir a cualquier persona ajena a la empresa.

Esta caótica dispersión del espacio de trabajo aparece magistralmente representada en el largometraje de Jacques Tati, *Playtime*, quien interpreta al Sr. Hulot perdido en el caos de los edificios modernos, fríos e impersonales de cristal y acero. La película fue aplaudida por los críticos en su estreno original, aunque finalmente supuso un fracaso comercial tan grande que llevó a la ruina a Tati. En la escena que traemos [44], encontramos al Sr. Hulot que intenta asistir a una importante cita en uno de estos edificios administrativos, tecnológicos y modernos. En su camino, se encuentra en múltiples situaciones cómicas, como en esta ocasión, perdido en el laberíntico caos del extenso mar de cubículos independientes. El carácter tecnológico del edificio y su equipamiento sofisticado se muestran impasibles ante el asombro de un ciudadano corriente y ajeno al mundo de los negocios, que se encuentra completamente fuera de lugar en una situación dominada por un poder superior que se impone. A lo largo de la escena predomina una sensación de incertidumbre al desplazarte por un lugar que, además de ser una máquina de trabajo y mostrar una isotropía arquitectónica y técnica, exhibe el poder de la compañía hasta el punto de hacerte sentir pequeño. La sede corporativa impone su presencia y manifiesta su poder económico como herramienta de comunicación.

[45]
Osram. Walter Henn
1962, Munich

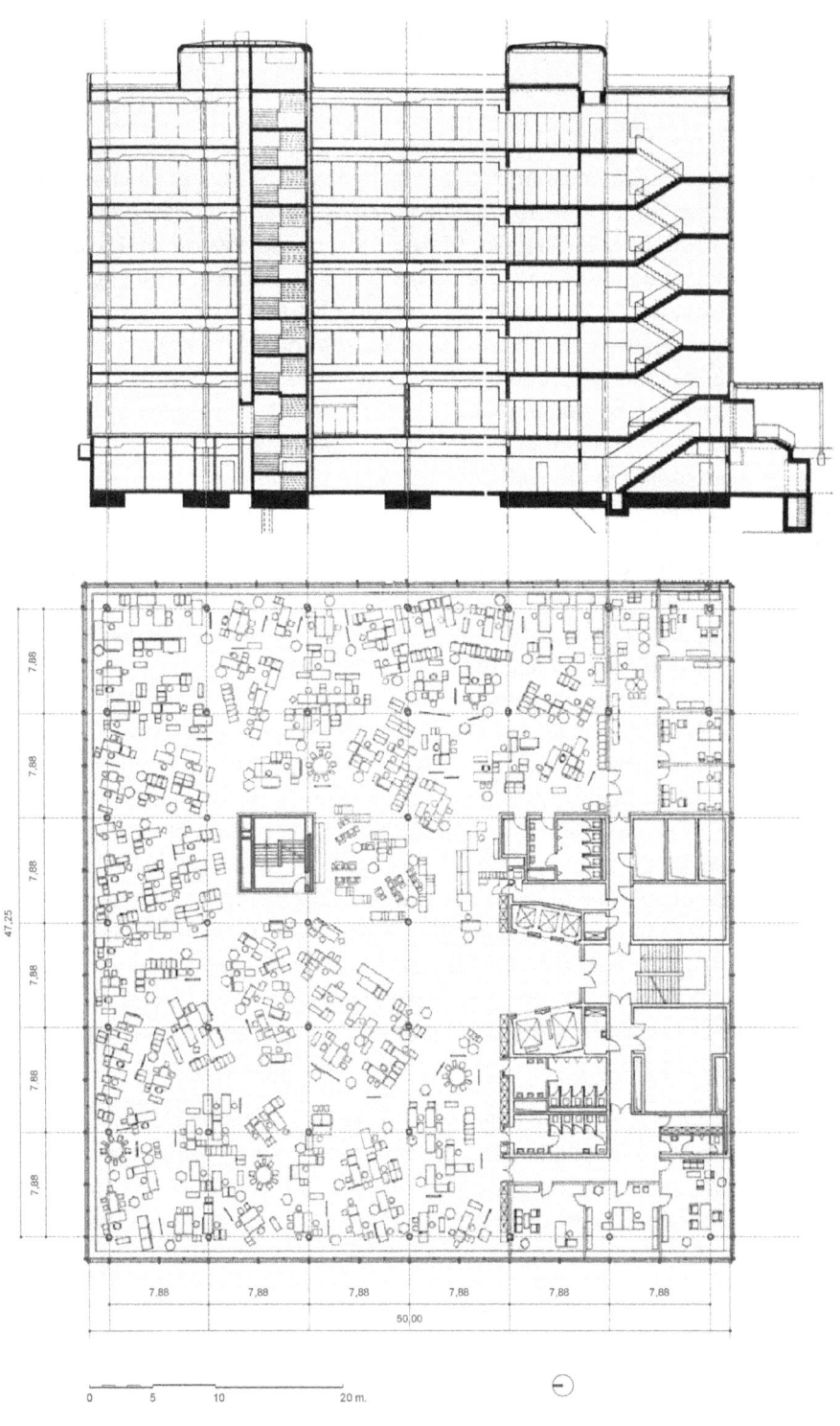

OSRAM

Los primeros edificios administrativos de los años sesenta se basaban en prácticas constructivas que provenían del prisma moderno con la geometría modular experimentada en las décadas anteriores. La aportación principal consiste en incrementar lo más posible la crujía libre en el área de trabajo con el interés de incorporar las teorías de organización laboral propuestas por el Equipo Quickborner que necesitaban un espacio más amplio. Es preciso señalar que en estos momentos no existe ninguna restricción respecto al consumo energético, ya que nos encontramos en una situación previa a la crisis energética de 1975 y el alarde de la tecnología puntera refleja el poder de la empresa, sin más límite que el económico.

Un ejemplo pionero es la sede de Osram GmsH [45] en Munich, diseñado por Walter Henn en colaboración con Dieter Ströbel y Hans-Heinz Bätge, un edificio muy difundido[80]. La planificación interior se independiza del módulo del edificio y se define la circulación entre agrupaciones funcionales, separadas con jardineras y mamparas móviles. El edificio Osram se levanta en los alrededores de la ciudad de Munich, cerca del río, con buena accesibilidad y con posibilidad de ubicar futuras ampliaciones y un aparcamiento con 250 plazas. El edificio está erigido en un solar cuadrado de 50 metros de lado y se eleva 27 metros, en seis plantas, con una capacidad de 850 empleados. Su exterior se caracteriza por una fachada de vidrio y aluminio con parteluces espaciados y sutiles. En el lado este se sitúan las instalaciones y la fachada se cubre en dos terceras partes con aluminio. En Estados Unidos este proyecto despertó un enorme interés y sirvió de ejemplo para otros como Du Pont en Wilmington, Delaware, realizado en 1967 por Hans J. Lorenzen, que perfecciona el esquema libre y elimina el núcleo de comunicación central.

El acceso se realiza por el lado sur a través de un elemento independiente que sobresale de la fachada y protege las escaleras principales. En el basamento del sótano se ubican las instalaciones técnicas, los archivos centrales y una sala de lectura de 138 puestos. Los comedores, cocinas

---

[80] Hold Reinhold, *International Office Buildings*. Verlag Arthur Niggli. Suiza, 1968. pág 56-61

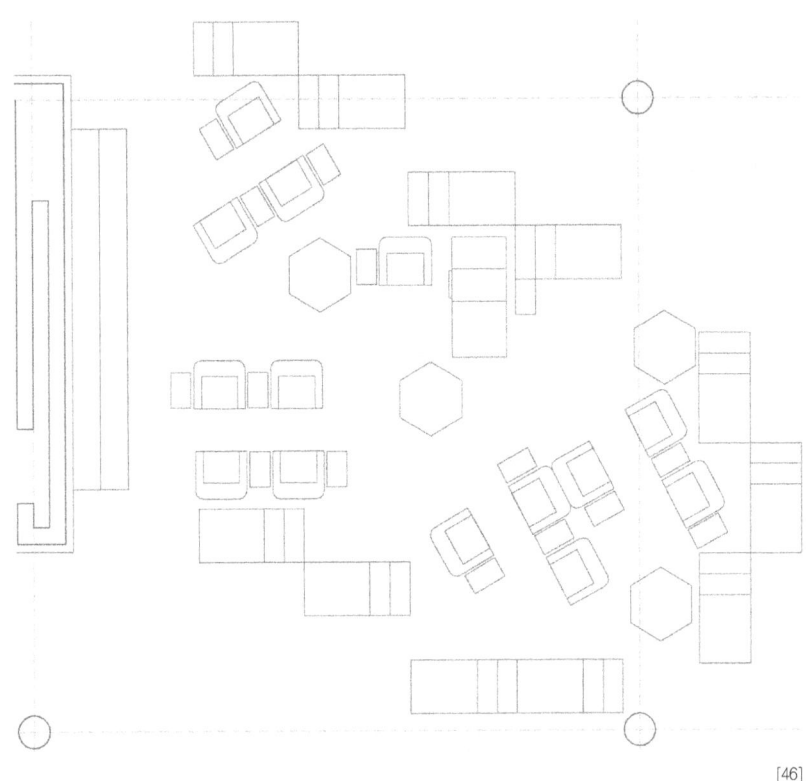

[46]
Zona de descanso edificio Osram
Walter Henn. 1962, Munich

y servicios de correos se encuentran en la planta principal. En las cinco plantas superiores, el Equipo Quickborner organiza a los trabajadores con los principios de oficina abierta flexible todavía combinados con la oficina individual en una pequeña parte de cada planta, que se subdivide en oficinas individuales para 45 personas, un porcentaje pequeño que se concentra en una zona separada lindando con el alzado este. Este lado agrupa instalaciones, núcleos de comunicación, servicios, archivos y correos, y se enfrenta al tráfico de la calle. La protección del sol se realiza desde el exterior con lamas de control eléctrico que pueden funcionar conjuntamente en la totalidad de la fachada, para cada planta independiente o incluso para cada despacho individual. La construcción combina el acero de las vigas con el hormigón reforzado en forjados y núcleos.

La necesaria flexibilidad propuesta en la disposición en las áreas de oficina en abierto viene asegurada por una red provista de conexiones eléctricas[81] en el suelo y puntos de telefonía cada dos metros. El aislamiento acústico se consigue con moqueta sobre el suelo y cajas de aluminio de techo con esteras de absorción acústica. Todas las estancias disponen de aire acondicionado.

En la sede de Osram, la distribución interna se independiza totalmente de la estructura del edificio. Dentro del área abierta, se separan las zonas de descanso con armarios y pantallas móviles, que ocasiona en su contra una descualificación del lugar de trabajo [46]. En este ejemplo pionero, los empleados de más alto nivel todavía se mantienen en oficinas separadas a pesar de la democratización de la jerarquía del área de oficina general. Esta cuestión será superada en edificios posteriores donde despacho y equipamiento individual serán lo mismo [47].

---

[81] En el sencillo equipamiento técnico en los años sesenta no existía el ordenador personal. Se limitaba básicamente a máquinas de escribir, sumadoras eléctricas, teléfonos e iluminación individual.

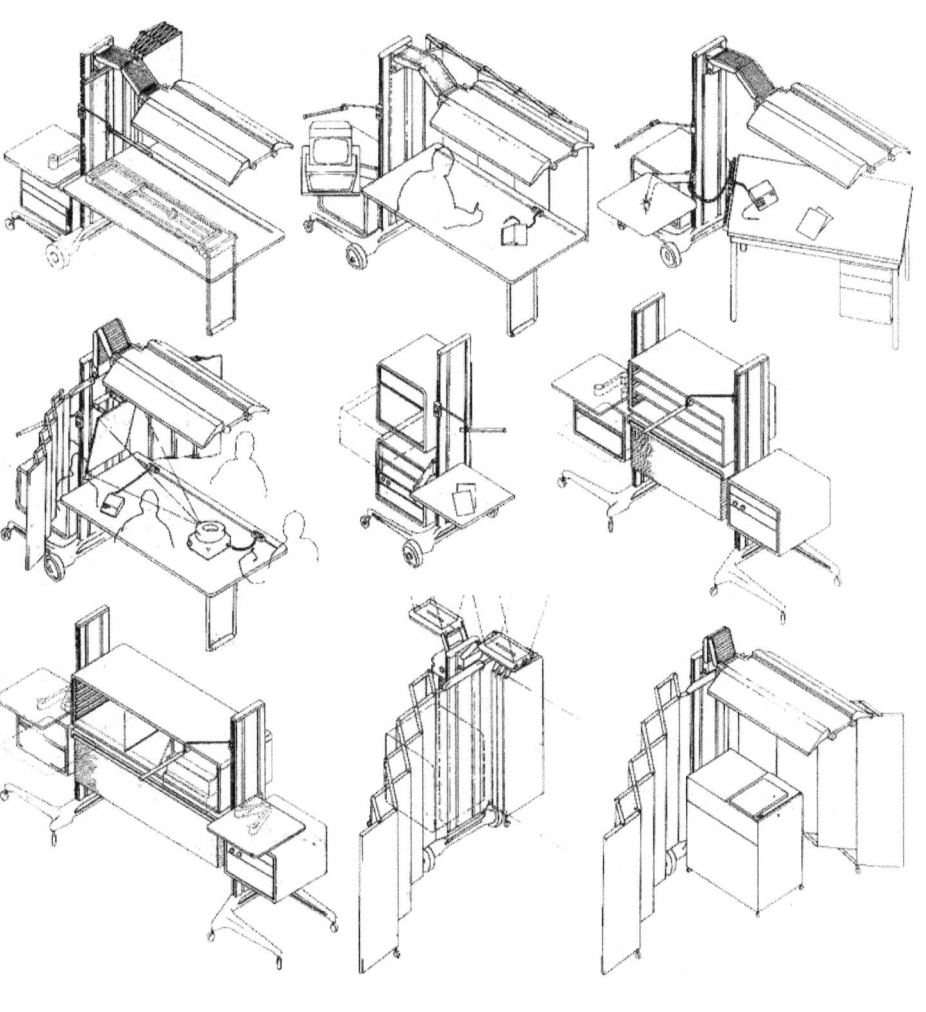

[47]
Equipamiento autónomo
Knoll International: Third Generation Office
Diseñado por Richard Rogers
Lloyds, Londres, 1975

EL ENTORNO DE TRABAJO LIBRE

Los problemas organizativos, que hasta los años cincuenta mantenían estrechos vínculos con el edificio, pasan en los sesenta a referirse directamente al equipamiento individual, como elemento versátil y móvil que incorpora las necesidades completas de la oficina a nivel físico y técnico. Aparecen numerosos manuales que se encargan de fijar los estándares de la nueva actividad con dimensiones tipo, individuales y directamente unidos a un sistema organizativo. Surge abundante literatura técnica, manuales de ofimática, de ergonomía y de psicología relacionados con el puesto de trabajo en la oficina. La tendencia hacia la incipiente horizontalidad de las estructuras organizativas permite que el puesto directivo se integre en el área abierta con su equipo de trabajo gracias a algunas modificaciones puntuales en el diseño del equipamiento individual. El puesto de trabajo se independiza de vinculaciones modulares del edificio, y mantiene su conexión para la alimentación energética, lumínica, eléctrica, climática y de datos, que se distribuye en los trazados de redes ubicados en el suelo y en el techo técnico[82]. Esta condición será constante a partir de entonces y permanecerá en el tiempo hasta hoy en día, a pesar de que la técnica permite el flujo de la información a través de conexiones a una red inalámbrica y, por lo tanto, la cercanía física no es necesaria.

La versatilidad del equipamiento iniciada en este periodo será fundamental y se explota al máximo en el proyecto de Richard Rogers, una década más tarde, con el ejemplo más completo de equipamiento autónomo que incorpora el ordenador. La empresa de mobiliario de oficina Knoll desarrolla y fabrica un prototipo [47] para el edificio Lloyd en Londres que adquiere condiciones de autonomía y versatilidad máximas gracias a la incorporación de una serie de elementos técnicos que hasta ahora sólo habían estado definidos para el ámbito de la arquitectura.

---

[82] Se desarrolla este tema en detalle en el texto de Vincent, G. y Peacock, J: *The automated Building.* Architectural Press, London, 1985.

EL EQUIPAMIENTO LIBRE

La oficina en los años sesenta mantenía el puesto de trabajo en L proveniente de la experiencia americana. Sin embargo, el equipamiento para el edificio Lloyd se desmarca y propone un elemento novedoso que supone un gran paso en la evolución hacia el concepto del equipamiento libre [49]. El diseño se centró en el desarrollo de una serie de elementos adaptables que integran la mesa regulable, el archivo y el control ambiental individual. El equipamiento se adecua a la actividad requerida mediante una serie de posiciones, abiertas o cerradas, que dispone de elementos integrados para el control de instalaciones que habitualmente están relacionadas con el edificio, como el aire acondicionado, la acústica, la iluminación y las comunicaciones. Rogers resolvió las necesidades de versatilidad con una propuesta de equipamiento flexible y trasladó las instalaciones y los núcleos de servicios y comunicación del edificio al exterior con el propósito de conseguir superficies profundas y diáfanas donde instalar el equipamiento. Este ejemplo desarrolla además una adaptación para agrupaciones de varias personas. El incremento del número de empleados como corredores de bolsa y por lo tanto de sus terminales eléctricas obligaron a asumir una agrupación lineal [48], entendida como un caso particular de este concepto flexible. Esta versión fue llevada a cabo por Tecno con diferentes alturas de almacenaje. El control climático y lumínico de cada puesto era aún más necesario para evitar las altas temperaturas alcanzadas por el gran número de terminales en cada grupo.

Otro ejemplo coetáneo de equipamiento versátil es el que ofrece la serie Nomos[83] diseñado por Norman Foster en 1980 para la sede Renault en Swindon (1980-1982) y comercializado también por Tecno desde 1987. El puesto de trabajo se transforma en un artefacto autónomo de estructura tubular que engloba los distintos planos de trabajo en estratos verticales y que se puede configurar de forma aislada o en hilera. La solución

[83] "Sistema Nomos" Domus nº 679 Enero 1987.

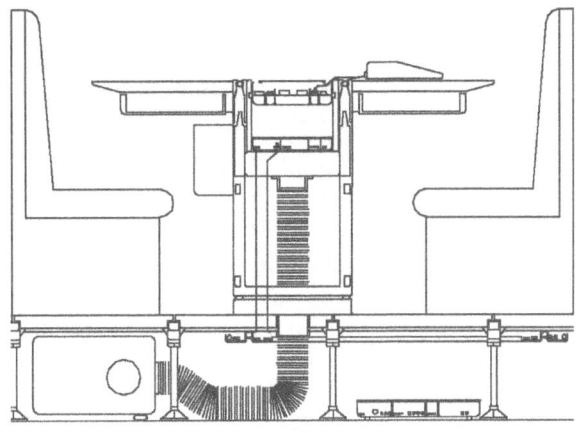

[48]
Equipamiento Lloyd's
Versión lineal
Realizada por Tecno

de Foster se comercializa aún en la actualidad como un puesto versátil, sofisticado y elegante que proporciona una alta calidad del espacio de trabajo.

Mientras que el concepto de oficina libre en abierto se fue desarrollando en Europa, Estados Unidos censuró la falta de privacidad y el ruido. El equipamiento intentaba solventar estos problemas con mamparas de materiales fonoabsorbentes, que dio lugar al cubículo[84]. Las causas del abandono americano de la solución en abierto fueron varias. Por un lado, el grado de relación personal en el trabajo no era siempre necesario y la incorporación de los sistemas informáticos reforzó esta idea. Por otro lado, querían ofrecer a sus empleados un puesto de trabajo

---

[84] Equipamiento publicado en el artículo de Luigi Giffone junto a 18 ejemplos de mobiliario entre los años 60 y 70, Duffy F., Cave C. y Worthington J. *Planning Office Space, 1976* (consultada la versión en castellano *Oficinas, 1980.* pág. 191).

con un cierto grado de aislamiento donde el trabajador se sintiese dueño de su entorno inmediato. Por último, algunas compañías aseguradoras o bancarias necesitaban de cierta confidencialidad que impedía la atención personal a los clientes en el área abierta. Los sistemas americanos transformaron la oficina paisaje europea en algo estandarizado. El modelo aceptado fue la tradicional oficina abierta y modular precedente que requería de menos espacio y era más barata y fácil de reconfigurar, con una diferencia sustancial, había conseguido liberarse de la modulación del edificio. Estas disposiciones pronto evolucionaron hacia las alienaciones de cubículos, como espacios de trabajo individual, que no llegan a techo y que se resuelven con sistemas estándar de equipamiento de oficina.

La filmografía nos ha dejado un cómico ejemplo en "Los increíbles" de Disney/Pixar [50] que narra cómo un superhéroe tiene que pasar desapercibido en la sociedad como un mediocre empleado en una compañía aseguradora. La pequeña celda de trabajo personal esconde el espíritu aventurero del protagonista que se encuentra encerrado en una jaula idéntica a todas las que le rodean, con la peculiaridad de que, para más escarnio, la mitad de la superficie asignada a su puesto la ocupa un enorme pilar de hormigón.

El equipamiento que propone Myron Golsmith, para la sección de publicidad del periódico "The Republic"[85] [51] es un ejemplo destacable de los cubículos americanos de los años sesenta. Un sencillo sistema de paneles divisorios y estandarizados independiza cada puesto en una celda de trabajo individual. La agrupación de los cubículos permanece ajena a la configuración del edificio de amplias paredes de vidrio con uniones limpias que recuerdan a las que propone Mies en Ron Bacardí[86]. Al fondo de la sala, detrás de una gran cristalera, se divisan las rotativas del periódico, solución utilizada por Alvar Aalto en el periódico *Turum Sanomat* de Turku, Finlandia.

---

[85] Publicado entre otros libros en Iñaki Ábalos, Juan Herreros. *Tower and Office: From Modernist Theory to Contemporany Practice*. MIT Press, Cambridge, 2003 (págs 114-116)
[86] Comparación sugerida en Nicolas Adams: *Skidmore, Owings & Merrill, SOM del 1936*, Mondatori Electa, Milano, 2006 (pág 237)

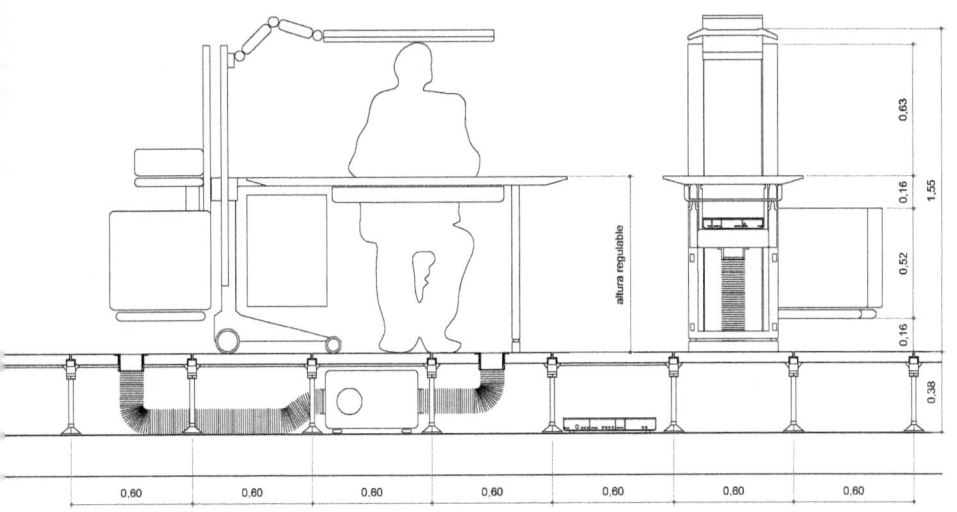

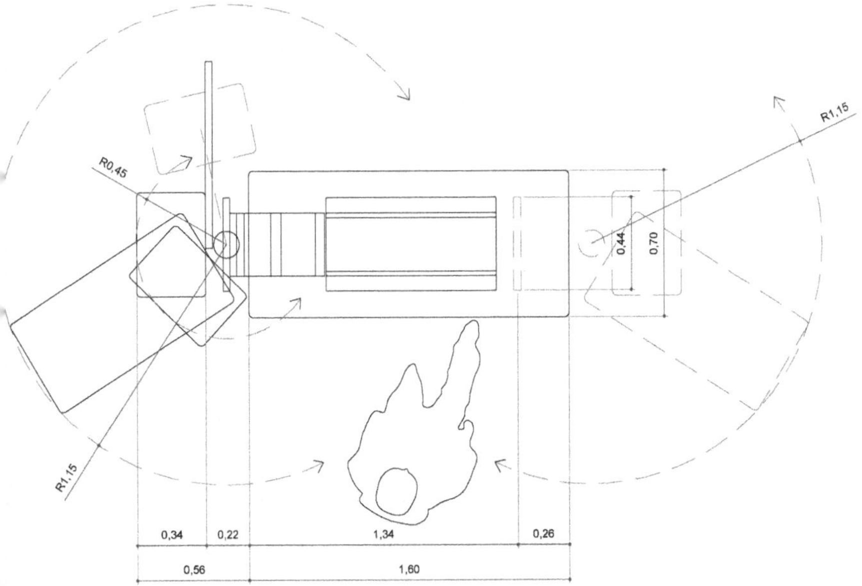

[49]
Equipamiento autónomo
Diseño de Richard Rogers
Lloyds, Londres

[50]
Los Increíbles, 2004. Disney Pixar
Dirigido por Brad Bird

Si buscamos en la obra de Alvar Aalto, podemos descubrir que ya en los años cincuenta propone una solución de cubículo para el edificio de Pensiones en Helsinki [52]. La solución propuesta repite el esquema en planta de pequeña celda independiente, pero el tratamiento de los paramentos verticales es radicalmente diferente. Mientras que las mamparas americanas son soluciones estandarizadas de las casas comerciales, Alvar Aalto realiza un diseño específico del equipamiento completo en el que integra el mobiliario y las mamparas para la insonorización acústica de madera laminada y maciza con una textura de fresados longitudinales.

El cubículo se extendió tanto en América como en Europa a partir de los años sesenta y se sigue utilizando hasta nuestros días[87]. Herman Miller comercializa el sistema Resolve actualmente, diseño de Ayse Birsel, un modelo que proviene de los primeros ejemplos de cubículo donde la diagonal y la geometría triangular o hexagonal eran predominantes. Las oficinas JFK Associates en Nueva York disponen de un equipamiento similar, hexagonal, modular y adaptable [53].

---

[87] Saval,Nikol. *Cubed: A Secret history of the workplace*. Anchor, 2015

[51]
Cubículos
Myron Goldsmith, SOM
Periódico The Republic
Columbus, Indiana. 1967-71
Dibujo de la autora

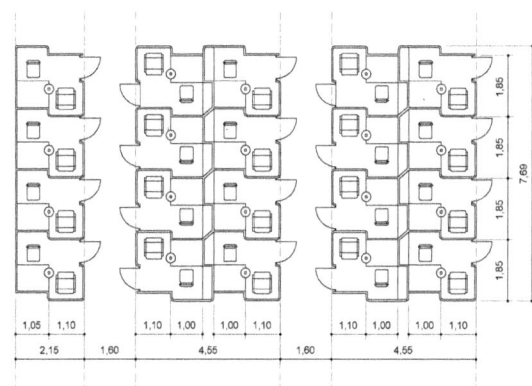

[52]
Cubículos. Alvar Aalto
Edificio de Pensiones
Helsinki, 1957
Dibujo de la autora

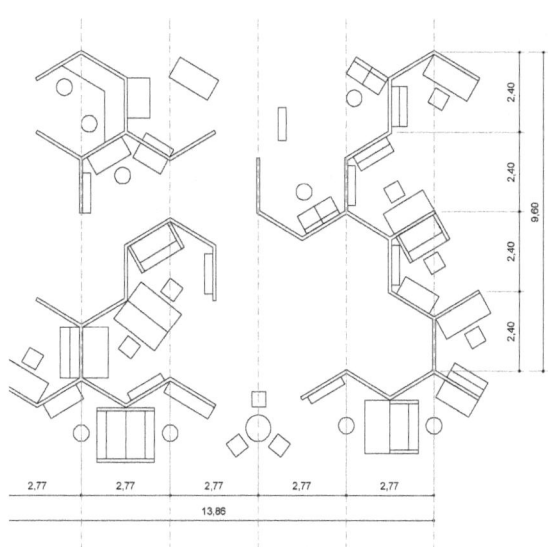

[53]
Cubículos
Oficinas JFN Associates
Nueva York
Dibujo de la autora

LA IMPLANTACIÓN LIBRE

El equipamiento autónomo y el cubículo individual son dos formas de puesto de trabajo equivalentes en cuanto a su independencia con la geometría del edificio. Ambas se pueden establecer en un lugar diáfano, libre de ataduras espaciales. La elección entre uno u otro dependerá de las características del puesto en cuanto a su relación con el equipo de trabajo y la necesidad de mayor privacidad.

En cualquier caso, el entorno de trabajo flexible se caracteriza por una cualidad que lo hace posible, la profundidad. La arquitectura debe proporcionar espacios lo más amplios posibles y dotados de forma homogénea de luz, electricidad, climatización y conexiones de voz y datos, que garanticen cualquier distribución en él. El entorno de trabajo abierto y diáfano permite, desde los años sesenta, una óptima flexibilidad del espacio que independiza la distribución interior de la envolvente del edificio y facilita la adopción de configuraciones con geometrías propias, unas veces mediante el giro del puesto convencional que adquiere posiciones en diagonal y giradas con respecto al edificio, como el edificio Osram [55] que nos está sirviendo para ilustrar un ejemplo pionero y, en otras ocasiones, es el propio equipamiento el que adopta geometrías no ortogonales, hexagonales o curvilíneas [54].

La fragmentación del espacio diáfano y la división de los equipos se realiza por medio de mamparas acústicas, jardineras, archivadores, elementos móviles y ligeros que posibilitan cambios rápidos. Las diversas condiciones acústicas se resuelven con varios sistemas de insonorización, basados en la elección de los materiales, su forma o la propia posición de los elementos que componen el equipamiento. Las zonas de descanso y de relación, que habían aparecido en la oficina modular, pasan a formar parte del espacio diáfano donde todo tiene cabida. Su relevancia viene ahora dada por la capacidad que tienen como elementos de relación horizontal y aumento del nivel de confort para los empleados, dos factores influyentes en la motivación del personal.

[55]
El entorno del trabajo libre. OSRAM. Walter Henn. 1962, Munich

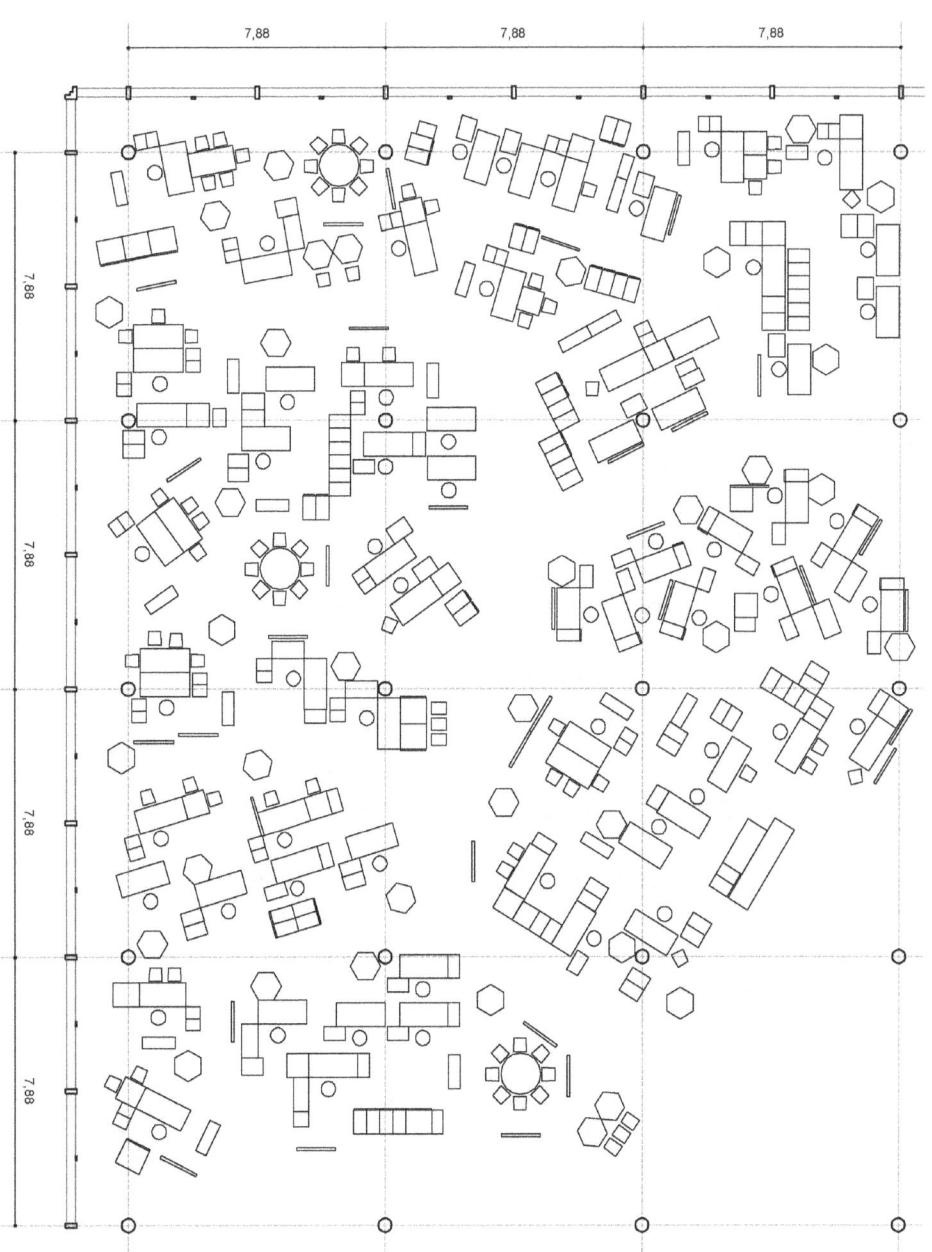

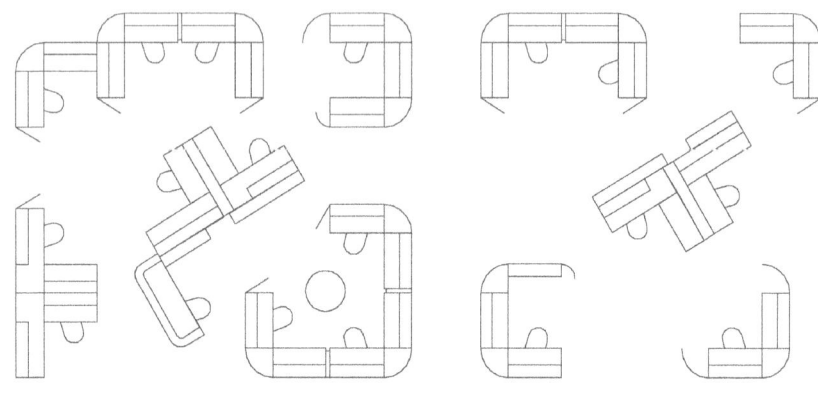

[54]
Equipamiento de oficina. Action Office II
Herman Miller, 1968

Durante los años sesenta, el equipo Quickborner, con los hermanos Schenelle a la cabeza, diseñaron el entorno de trabajo en numerosas oficinas con una repercusión tal que el término *oficina paisaje* pasó a formar parte del vocabulario habitual para la oficina en todo el mundo, desde entonces y hasta ahora. Aunque si observamos las publicaciones actuales, el término ha pasado a significar otras cosas[88].

Uno de los ejemplos más difundidos es la sede NINO & co[89] construida por Werner Zobel en Nordhorn, Alemania [56], una compañía textil que invierte en aplicar los últimos avances en organización de las empresas. El edificio provee de espacio suficiente para 750 empleados. Los departamentos de la oficina, incluidos los directivos, se agrupan según criterios funcionales basados en el proceso de trabajo y se separan de los demás

---

[88] Alguna revista, de cuyo nombre no quiero acordarme, se refiere a un entorno de trabajo en disposición lineal como *oficina paisaje* por el mero hecho de introducir el 'paisaje' en la oficina, gracias a unos grandes ventanales que dan a un entorno natural, sin ningún parecido al *Bürolandchaft*, sin disponer siquiera de zonas de descanso ni directivos en abierto.
[89] El edificio NINO ha sido tan publicado como el edificio Osram. Para más información ver: Reinhold, Hold. *Bürogebäude International Office Buildings*. Niggli, 1968. (págs. 66-69).

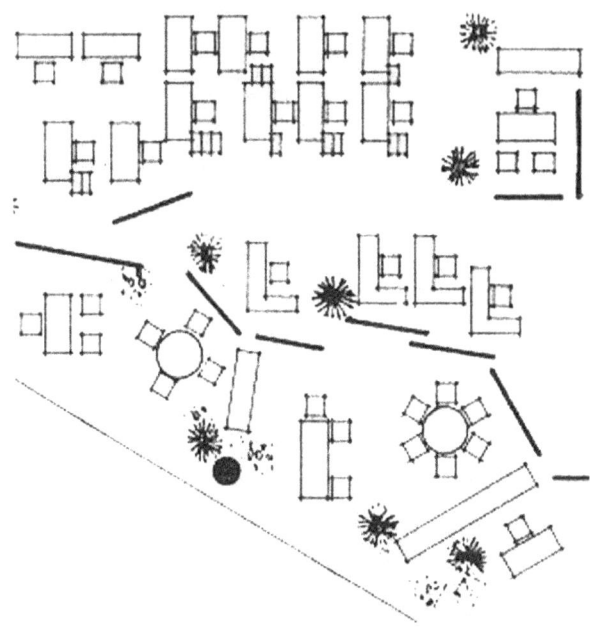

[56]
Entorno de trabajo libre NINO & Co. Werner Zobel
Hnos. Schnelle
1963, Nordhorn, Alemania

por eventuales mamparas a media altura y maceteros con plantas de interior. Cada planta dispone de una zona de recreo para los momentos de descanso, diseñado para una capacidad de 30 personas y equipados con máquinas expendedoras de bebida. Una gran zona en la planta de acceso se dedica a salas de conferencias, de reuniones y de eventos especiales. La forma poligonal del edificio se ha liberado del prisma que estaba presente en Osram. Está conformada por una geometría en forma hexagonal de panel de abeja que permite una organización interior más libre, fuera de los dos ejes perpendiculares.

En las oficinas SEI Investiment [57] realizadas en 1997, el entorno de trabajo es muy similar. Dejando al margen la aparatosa electrificación que descuelga desde el techo, el efecto de movilidad y distribución sin despachos es sorprendentemente parecido a la oficina libre en su origen, a pesar de las tres décadas que los separan en el tiempo.

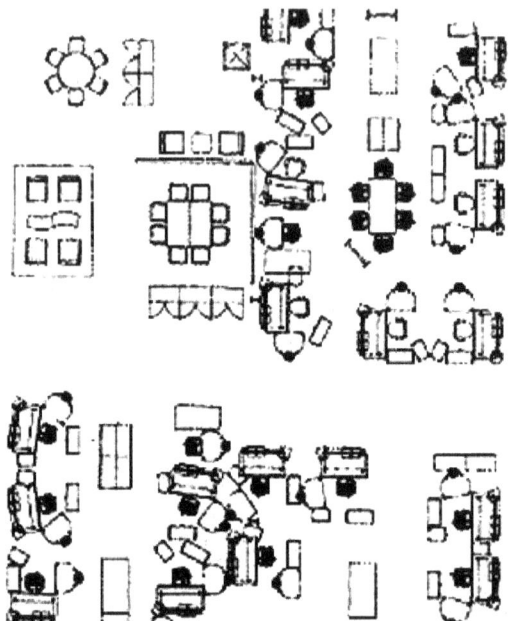

[57]
Entorno de trabajo libre
SEI Investiment
Meyer, Scherer & Rock Castle
1997, Oaks, Pennsylvania

En la motivación del personal influye con especial relevancia la nueva disposición de los directivos en la implantación de la oficina. Mientras que en la oficina lineal la dirección ocupaba los pisos más elevados pertenecientes a la cúspide de la pirámide y en la oficina modular se ubicaban en la misma planta en relación con su equipo de trabajo, aunque separada en despachos, en la oficina libre los directivos aparecen integrados dentro el equipo de trabajo en el espacio abierto y separados parcialmente con pequeñas mamparas ligeras y móviles a media altura [58].

El despacho individual carece de sentido en este entorno versátil y de conectividad física entre los miembros de un equipo de trabajo, pero su eliminación supone un cambio fundamental en el orden jerárquico de las empresas que ha necesitado de un apoyo teórico muy consistente para hacerlo posible. Numerosos autores planteaban una nueva visión de la organización que parte de la identificación de los miembros con

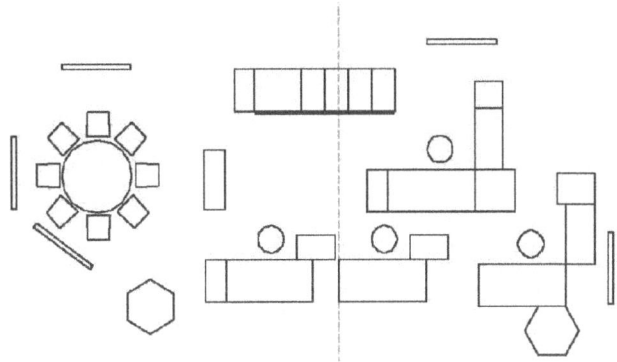

[58]
Puesto directivo. OSRAM
Walter Henn
1963, Munich

los objetivos de la empresa, entendida ésta como una institución en el que se plantean nuevas motivaciones más allá de la simple retribución. La filosofía de la dirección basada en conceptos dinámicos como el poder, el liderazgo y la autoridad fueron el punto de partida para algunos autores como Mary Parker Follet[90] y Chester I. Barnard[91], antes de los años cincuenta. Este último propone que la cooperación real se basa en el sentido de responsabilidad, independiente de los sistemas de incentivos o sanciones, motivados por el confort personal en las relaciones sociales, la 'integración social'.

Estudios en esta línea tienen un gran impacto en trabajos posteriores que dan un paso adelante hacia la integración de la dirección en el equipo, como los desarrollados por Philip Selnick sobre liderazgo y publicados

---

[90] Parker Follet, Mary: *Freedom and Coordination,* Pitman Publishing Corporation, Londres, 1949.
[91] Barnard, Chester I.: *The Functions of the Executive*, Harvard University Press, Cambridge, MA, 1938.

en 1957[92]. En estos momentos se plantea la empresa como una institución dinámica, un organismo social vivo con un enfoque flexible y poco dogmático en lo referente a las funciones del liderazgo. En el mismo año, Chris Argyris[93] publica su primer libro, *Personality and Organization*, un texto de referencia para entender el cambio del papel de la dirección. Argyris acepta la condición de las empresas como organismo vivo que se adapta para conseguir sus objetivos, pero puntualiza que por sí misma tiende a una falta de motivación del personal por lo que es necesario perseguir una adaptación de forma continuada. A partir de ese texto desarrolla su teoría a lo largo de varias décadas y numerosas publicaciones de gran influencia.

Estos temas fueron relevantes desde los años sesenta e influyeron notablemente en nuevas visiones del papel de la dirección que permitieron la desaparición de los despachos. John Kotter[94], profesor de *Leadership* en la Universidad de Harvard, insiste décadas más tarde en estas cuestiones sobre del poder y el liderazgo y mantiene actualizados estos temas con publicaciones que se han convertido en bestsellers e influyen en los conceptos de oficina que integran al directivo en el grupo de trabajo.

Aunque estas preocupaciones partieron de la *oficina paisaje* (recordemos que se trata de una oficina que se desarrolla en Alemania durante los años sesenta) se mantienen como una propuesta ideal hasta la actualidad y aparecen en las oficinas durante años posteriores por todo el mundo.

---

[92] Selznick, Edgar: *Leadership in Administration: a sociological Interpretation.* Row, Peterson, Evanston, IL, 1957.
[93] Argyris, Chris: *Personality and Organization*, Harper & Row, Nueva York, 1957.
[94] John Kotter es uno de los personajes más influyentes en cuando al liderazgo en las empresas en la actualidad. Destacamos dos textos: *Power and Influence.* The Free Press, NY, 1985; *Leading Change.* Harvard Budiness School Press. 1996. ISBN 978-0-87584-747-4. En este último, plantea a los líderes encargados de las tomas de decisiones proponer iniciativas de cambio en el trabajo siguiendo ocho pasos.

LAS CLAVES DE LA OFICINA LIBRE

En los apartados respectivos hemos identificado claves que nos permiten reconocer la oficina lineal y modular a partir de las particularidades del entorno de trabajo y su equipamiento. De la misma forma que la oficina modular engloba dentro de sí, como caso particular, algunos rasgos que pueden ser considerados lineales, la oficina libre también asume la modularidad y la linealidad como una particularización dentro del nuevo concepto de oficina libre. La ubicación libre y la relación entre el equipamiento no excluye las disposiciones *lineales* o *modulares*. Se identificará la *oficina libre* a través del análisis de unas particularidades comunes que caracterizarán el grupo genérico.

Estos rasgos, que diferencian la oficina libre de otras intervenciones, parten de un momento histórico concreto que supuso una revolución para el mundo de la implantación de oficina, como hemos visto. La oficina paisaje, que surge en los años sesenta en Alemania gracias al equipo Quickborner y sus propuestas de organización laboral, evoluciona hacia un grupo de soluciones que asumen unas características comunes. Este grupo de oficinas, como ya hemos comprobado con las oficinas lineales y modulares, se mantienen hasta nuestros días como un modelo propio.

Empezamos con las pautas que diferencian el equipamiento individual de la oficina libre. Se trata de un mobiliario autónomo que se independiza de la configuración física del edificio, pero no energética. Sólo se vincula a él en el caso de requerir de la energía que la arquitectura le pudiera proporcionar. Se trata de un equipamiento versátil con diferentes configuraciones y con capacidad de albergar todas las exigencias de la oficina, en cuanto a almacenamiento, incorporación de electrificación e incluso iluminación propia. Forman parte de este grupo de oficinas todas las relativas a la movilidad del equipamiento que permitía variaciones de configuración en los grupos de trabajo, lo que se ha denominado como *oficina móvil*. Desde la aparición de los sistemas en red, los equipos no requieren de proximidad física salvo de forma puntual. Los avances tecnológicos y los medios informáticos de trabajo inauguran un nuevo marco para la organización espacial y laboral que desborda rápidamente la movilidad física en el que se basaba la oficina paisaje. Esta oficina sirvió como origen a un tipo genérico y promueve la aparición de otras opciones para una oficina más libre desvinculada de la propia sede. En las últimas décadas, la movilidad pasa al usuario, mientras que el equipamiento se conecta de forma fija a las conexiones energéticas. En algunas ocasiones la movilidad se limita a algún pequeño elemento de almacenaje que pudiera acompañar al trabajador.

Por otra parte, aparece de forma paralela el cubículo, como equipamiento autónomo y desvinculado de la geometría del edificio, pero con condiciones de privacidad e insonorización suficientes para la realización de trabajos específicos que no requieran relación con el equipo ni movilidad.

Una característica identificativa en la implantación de este grupo de oficinas es la integración de espacios de trabajo con áreas añadidas a las del trabajo convencional que permitan las relaciones horizontales entre los distintos grupos, como comedores, exposiciones, zonas de encuentro y de descanso, como ya ocurría en la oficina modular, pero que ahora se desligan de las ataduras geométricas del edificio. Las separaciones entre zonas en abierto se ubican libremente con el uso de elementos añadidos, móviles o no, que incorporan materiales cualificados para la absorción acústica necesaria para la actividad tanto de trabajo como de descanso o de relación.

Por último, la organización laboral se identifica por la promoción de la relación horizontal con los directivos que pasan por primera vez a trabajar en área abierta, en relación directa con su equipo de trabajo para tener la oportunidad de incidir en la motivación y sentimiento de pertenencia a una institución. El directivo se incorpora al área abierta con la simple agregación de elementos añadidos que permitan un trabajo más privado en el caso de que fuera necesario.

En resumen, la organización interior desvinculada del edificio y de cualquier modulación estructural, con las necesidades de trabajo en equipo y relación entre los trabajadores, requiere de una arquitectura con una crujía libre lo más profunda y diáfana posible, que puede llegar hasta los sesenta metros en los años previos a la crisis energética de 1975.

Posteriormente se volverá a replantear las dimensiones adecuadas para la arquitectura con un consumo energético equilibrado. En cualquier caso, la arquitectura que alberga una oficina libre deja a un lado por primera vez los criterios funcionales e internos, en cuanto a la actividad laboral, y se preocupa en mayor medida de otras cuestiones externas, con la incorporación de la más alta tecnología que permite a los grandes edificios corporativos mostrar su poder con una presencia en la ciudad que identificará la propia sede como un emblema publicitario para la comunicación de su marca.

De la misma forma que en los capítulos anteriores hemos separado un apartado para identificar algunas características arquitectónicas que estén relacionadas con cada oficina y los hemos denominado 'el edificio lineal' y 'el edificio modular' respectivamente, el siguiente apartado lo hemos denominado 'el edificio libre', adjetivo que hace referencia al tipo de oficina que alberga. En él estudiaremos tres características arquitectónicas que dotan al edificio de mayor coherencia para albergar una *oficina libre*.

EL EDIFICIO LIBRE

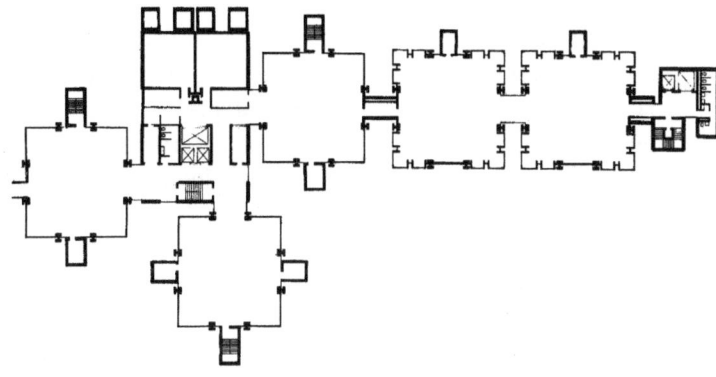

[59]
Laboratorios Richards
Univ. de Pensilvania
Louis Kahn
1957-1964, Philadelfia

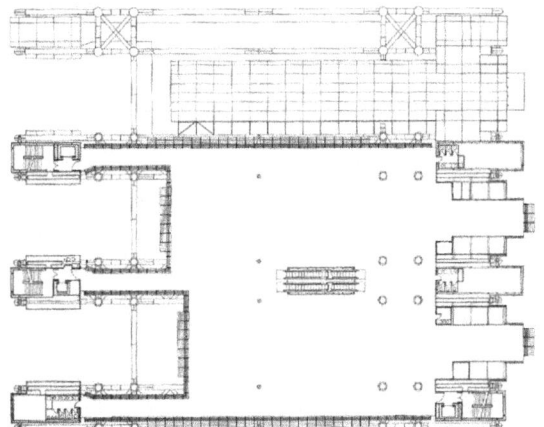

[60]
Hong Kong
& Shanghai Bank
Norman Foster
1986, Hong Kong

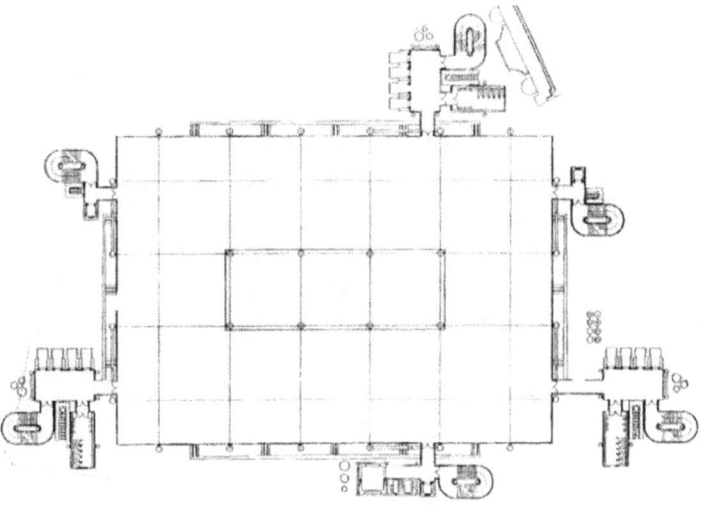

[61]
Lloyd's
Richard Rogers
1986, Londres

La tipología del edificio de oficinas hasta los años sesenta se había limitado a repetir sistemáticamente rascacielos y bloques rectangulares. La planta libre parte de unos primeros intentos que provienen directamente del prisma moderno en el que se incrementa la crujía mínima para permitir las nuevas exigencias de la oficina libre. Las sedes de Osram y Du Pont disponen de una planta cuadrada y de un volumen prismático que no permiten identificar desde el exterior un tipo de oficina distinta. La versatilidad y movilidad del equipamiento admiten un progresivo abandono de la rigidez del prisma para asumir otras formas irregulares y curvilíneas, como las que incorpora el edificio Willis de Foster que añade otras demandas de carácter urbano adaptándose a las calles que lo circundan. A partir de ahora, aparecen otros factores, no solo urbanos, que requieren una edificación más compleja, hecho que dificulta establecer una tipología edificatoria única y propia de la arquitectura del trabajo para este tipo de oficina. Sin embargo, sí se detectan algunas características comunes.

El mayor énfasis se establece en la búsqueda de una profundidad mayor del espacio de trabajo. La dependencia con el medio exterior a nivel lumínico se rompe definitivamente y el trabajador queda desvinculado del cerramiento. La arquitectura del trabajo potencia su carácter de climatizador y proveedor de energía. La planta libre sin divisiones interiores e isotropía energética en techo y suelos técnicos será ahora el sistema mediante el cual la organización y la distribución podrán independizarse de cualquier rigidez modular a favor de una flexibilidad total del espacio de trabajo donde se desliga la organización de los puestos de la oficina de la geometría de la propia arquitectura. La forma libre del edificio se libera de la actividad interior y la transparencia pasa a ser sólo una necesidad subjetiva ligada a la sensación de relajación y confort. En algunos casos incluso prescindible, como en los edificios Hong Konk & Shanghai Bank [60] y Lloyd's [61], donde la estructura y las instalaciones pasan a ocupar la envolvente del edificio. Los edificios se vuelcan hacia dentro y se cierran en sí mismos, al margen de su entorno en el que se presentan como potentes hitos de comunicación que reflejan el poder económico de sus empresas con una exhibición de la más alta tecnología.

LA EXHIBICIÓN DE LA ALTA TECNOLOGÍA

La innovación tecnológica ha estado presente en la arquitectura administrativa desde los primeros edificios de la Escuela de Chicago a finales del siglo XIX. En las primeras décadas del XX, el derroche estructural para superar en altura al rascacielos más alto confirma que las sedes corporativas muestran su capacidad en los negocios a través de la manifestación de una tecnología puntera. El carácter técnico de la arquitectura es cada vez más exigente por las propias necesidades de la organización laboral, que requieren espacios diáfanos de grandes extensiones, y por la aparición de los sistemas informáticos, como nuevo paradigma que potencia la incorporación de la tecnología de la comunicación más sofisticada. Por una parte, las nuevas redes requieren de un espacio propio, pero además los nuevos equipamientos técnicos en las grandes superficies en abierto emiten una gran cantidad de calor que aumenta las exigencias de acondicionamiento del aire. Estas nuevas instalaciones demandan un espacio que hasta los años sesenta no había sido necesario.

Hasta ahora se había considerado la cubierta como el lugar idóneo para ubicar las instalaciones generales, pero conforme las sedes de las grandes compañías tienen mayor envergadura y se incrementa el número de plantas, la superficie de la cubierta no es suficiente. La mayor complejidad de la maquinaria requiere espacios de grandes dimensiones con grandes longitudes del trazado vertical que conlleva un incremento de las pérdidas de carga y un encarecimiento de la instalación y su mantenimiento. Las plantas técnicas ofrecen una solución a este problema. La Secretaría de la Organización de las Naciones Unidas en Nueva York, de 1950, ubica la maquinaria necesaria separada en diversas plantas mecánicas que dividen la altura del rascacielos en cuatro grupos, cada uno de ellos abastecido por una planta de servicio. De esta forma, Wallace K. Harrison reduce la longitud de los trazados y la potencia de los equipos. Nervi y Moretti, en el Stock Exchange Tower de Montreal, más de una década después, consiguen hacer coincidir estas plantas mecánicas con el sistema de rigidización entre la estructura porticada exterior y un núcleo interior. Este sistema se aplica desde entonces en los edificios en altura.

El Banco de Bilbao de Oiza[95] dispone de plantas técnicas que dan servicio al paquete de cinco niveles superior e inferior que se muestran en la envolvente ciega por medio de rejillas de aspiración de aire.

El crecimiento de los valores económicos de una empresa ven un reflejo directo en una arquitectura más potente y con mayores necesidades técnicas. El modelo concentrado de las redes verticales que se desarrolla en los primeros edificios en altura es escaso. La concentración del núcleo central de los primeros rascacielos como el Rockefeller Center se transforma en una separación del núcleo de comunicación y servicios en el Inland Steel de SOM, que da paso a una compleja diseminación de servicios mecánicos, una descentralización y diversificación de núcleos dispersos para los diferentes equipos. El primer edificio que adelanta esta solución es el laboratorio de la Universidad de Pennsylvania [59] en Philadelpia, realizado entre 1957 y 1964 por Louis Kahn, que ofrece una forma general tipológicamente justificada pero que, según Frampthon[96], en el fondo lo que está planteando es un lugar del trabajo monumental liberado de núcleos centrales que se mantienen al margen en la envolvente exterior.

En los años ochenta la arquitectura se ve embaucada por un carácter tecnológico y mecanicista que alardea de las últimas novedades técnicas. La independencia del espacio de trabajo con respecto al cerramiento facilita esta tendencia. El cerramiento se convierte en un espacio servidor donde los equipos y las redes energéticas pasan a ser elementos figurativos del edificio que le dotan de un nuevo valor expresivo que muestra su imagen a la ciudad. Esta tendencia monumentalista llega a su expresión máxima con edificios como Hong Kong Bank [60] y Lloyd [61] que ofrecen una potente imagen tecnológica de la arquitectura del trabajo.

[62]
Sistema constructivo estructural y energético
Lloyd's. Richard Rogers. 1978-1986, Londres

---

[95] Para más información ver AAVV: *Banco Bilbao*. Edición al cuidado de Andrés Cánovas. Departamento de Proyectos Arquitectónicos ETSA Madrid, Julio 2000. (pág. 126)
[96] Frampthon, Kenneth: *A Critical History*, Thames and Hudson, Londres, 1981. (Edición consultada: *Historia crítica de la arquitectura moderna*. Gustavo Gili, Barcelona, 1987). (pág. 247)

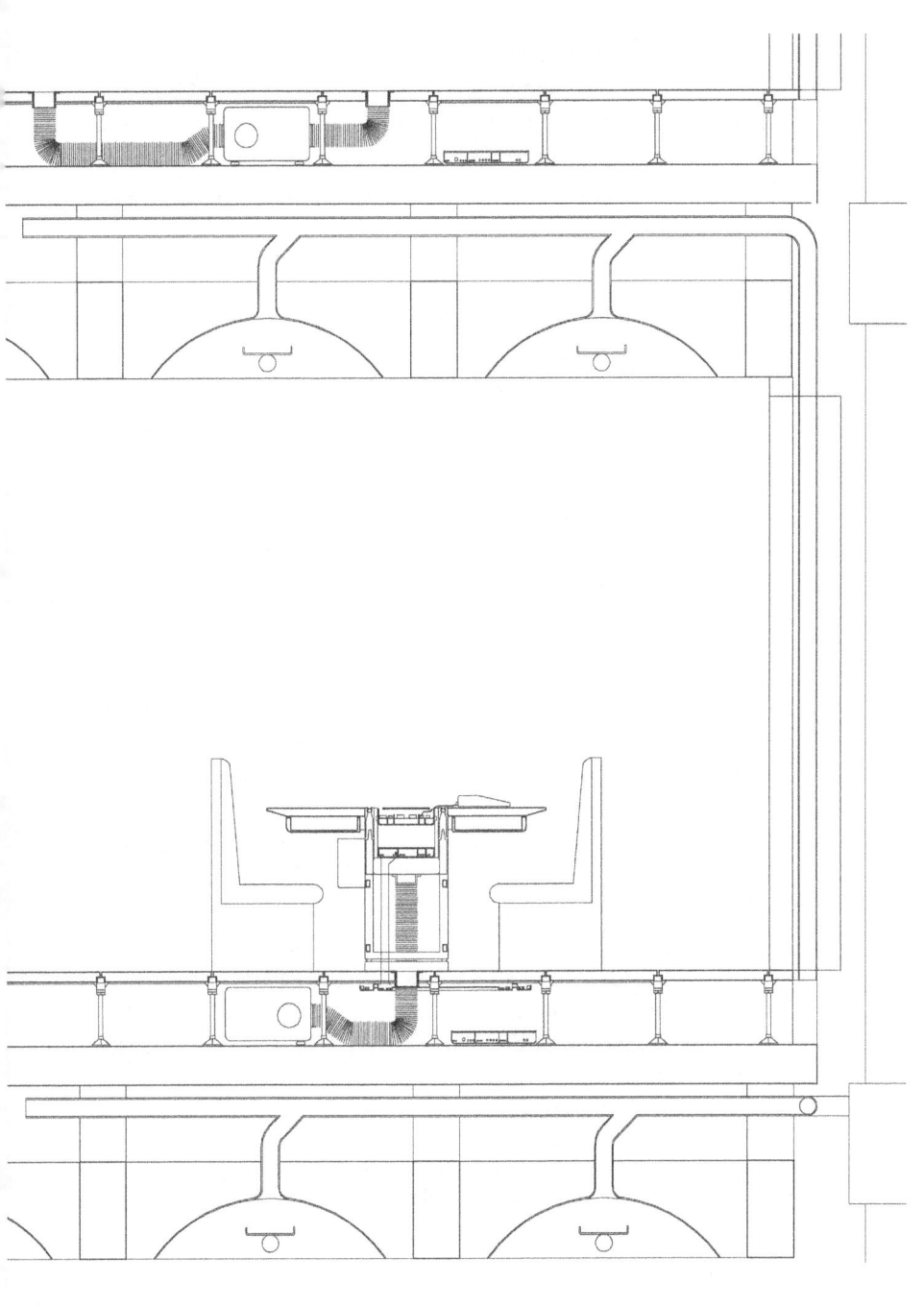

La profundidad de la planta necesaria para la organización de trabajo libre precisa de un canto de forjado capaz de dar servicio técnico a cada uno de los puestos de trabajo, ahora más complejo con la aparición de los sistemas informáticos, y necesitarán de una mecanización técnica del equipamiento. Las mayores exigencias de las instalaciones de climatización, iluminación y cableado eléctrico, se suman a nuevas redes de comunicaciones, a las de detección y extinción de incendios, iluminación de emergencia, control y seguridad, megafonía y alarmas, que requieren un mayor espacio en el espesor entre suelo acabado y techo del piso inferior. La estructura modular que había sido desarrollada para permitir una máxima flexibilidad no dispone de capacidad suficiente para resolver el conflicto entre los elementos estructurales y las redes energéticas. La búsqueda de una solución eficaz aprovecha la incorporación de los suelos elevados, donde el acabado superior del suelo pasa a ser una lámina de cerramiento acústico y barrera ignífuga independiente de la estructura horizontal, y techos técnicos, que integren el plano luminoso y climático adaptado a las nuevas exigencias de forma más flexible.

Richard Roger perfecciona el sistema en el edificio Lloyd de Londres terminado en 1986. En este caso propone una interesante solución desde el punto de vista constructivo, estructural y energético donde todos los elementos encuentran su espacio sin interferencias. Richard Roger consigue eliminar el techo registrable en línea con las investigaciones que había experimentado Louis Kahn en Yale, donde un entramado bidimensional de hormigón conforma el techo visto. En Lloyd's, en el canto de la estructura se ubican las luminarias y los reflectores [62], sobre esta estructura apoya una losa que funciona como barrera ignífuga y fónica y sirve de base para el suelo técnico, que se apoya sobre unos pivotes separados sesenta centímetros. El espacio bajo la losa sirve como retorno del aire acondicionado y alberga la detección y extinción de incendios. Sobre ella se aloja la inducción de aire y las redes eléctricas y de telecomunicaciones.

Esta solución consigue separar en capas distintas las instalaciones sin interferir con la estructura. Por otra parte, la opaca envolvente exterior, que engloba las comunicaciones y las instalaciones verticales, produce una total independencia del equipamiento de trabajo, sin conexiones visuales con el exterior, encerrado en sí mismo entorno al patio central. El aspecto fabril de la gran máquina del trabajo no es ajena a la elección del equipamiento, que después del desarrollo de un diseño versátil que fuese capaz de adaptarse a todas las disposiciones del trabajo, se limitó a su versión más alienante proveniente de la configuración lineal.

La superposición de funciones se resuelve en el Hong Kong Bank de Norman Foster, con la ubicación de un espacio adecuado a cada función y a las exigencias de las redes energéticas. Esta solución supone un paso adelante en la desaparición de las plantas mecánicas a favor de una solución autónoma para cada piso. El espesor de la sección se desarrolla en varias capas superpuestas que albergan sin interferencias los distintos subsistemas. El techo técnico mantiene sólo los sistemas de iluminación, detección y extinción de incendios. Las demás instalaciones pasan al espacio de altura variable que deja libre el suelo técnico. Este se apoya por medio de unos montantes primarios telescópicos en una lámina de diez centímetros de hormigón sobre chapa grecada, que sirve como barrera fónica e ignífuga. Los montantes se separan 120 centímetros, con placas del suelo registrable de ese tamaño construida de un material más resistente, un honeycomb ligero de aluminio que admite cualquier material de acabado. Las uniones disponen de juntas elásticas que transforman el espacio entre la placa y el forjado en una cámara a 'plenum' para el retorno del aire acondicionado. Los puntos en los que la placa interfiere con las instalaciones se limita a dos soluciones, el difusor lineal utilizado en el perímetro del edificio y la toma puntual universal, para conexión de todas las instalaciones, electricidad y comunicaciones, ubicadas a 30 centímetros del borde de la placa, lo que permite recuperar el módulo de 60 centímetros.

A partir de la crisis energética de 1975 aparece una tendencia hacia el ahorro de energía con soluciones herméticamente cerradas y sin ventilación exterior en edificios artificialmente iluminados y acondicionados, conocidos como 'edificios inteligentes'. Durante estos años, se descubrió que la incorporación masiva de la tecnología llevaba consigo determinados problemas de salud para los trabajadores. En 1976 se detectaron síntomas parecidos a los de una neumonía en un numeroso grupo de personas que se hospedaron en un hotel de Filadelfia durante una convención de la legión americana. El origen de la enfermedad, que provocó la muerte de treinta y cuatro veteranos, fue una bacteria que se desarrolla en el agua de los humidificadores del aire acondicionado. En Enero de 1977 esta bacteria, desconocida hasta entonces, fue denominada como 'Legionella Pneumophila', en honor a los legionarios. Aparecieron publicaciones que señalaban una mayor incidencia de quejas por irritación de ojos, nariz y garganta, sequedad, cefaleas, fatiga mental e infecciones en vías respiratorias. Pero no fue hasta los años ochenta cuando se observó que este problema era más frecuente en edificios herméticos y con sistemas centralizados de control de la ventilación o del aire acondicionado. Se comprobó que estas quejas eran más frecuentes por la tarde que por la mañana, que el personal de oficina era más propenso que el directivo, que era más frecuente en el sector público que en el privado y mayor cuanto menor control tiene la gente sobre su entorno[97].

El 'edificio inteligente' que exhibía la tecnología ha dado lugar al 'edificio enfermo', reconocida como una patología por la Organización Mundial de la Salud en 1982. La incidencia real del problema en la actualidad es desconocida. La OMS estima que afecta al treinta por ciento de los edificios modernos[98] y que causa molestias entre al diez y al treinta por ciento de sus ocupantes. Este síndrome se da en mayor medida en el ámbito laboral, en oficinas y grandes centros comerciales[99], pero también en viviendas, hospitales y colegios, si disponen de aires acondicionados con un mantenimiento deficiente e inadecuada ventilación. En general se da en edificios de construcción ligera, con grandes

---

[97] Según las notas técnicas NTP 289: Síndrome del edificio enfermo, factores de riesgo., y NTP: 290: Síndrome del edificio enfermo: cuestionario para su detección.
[98] Crawford J; Bolas SM. *Sick building syndrome, work factors and occupational stress.* Scand J Work Environ Health, Aug 1996; 22(4); p. 243-250.
[99] Burge PS, et al. Sick building syndrome; a study of 4373 office workers. Ann Occup Hyg, 1987; 31. p 493-504.

superficies interiores frente al volumen global, recubiertas además con material textil, con un ambiente térmico homogéneo, herméticamente cerrados y una ventilación forzada con recirculación del aire, que utiliza tomas de renovación en lugares inadecuados o con intercambiadores de calor que transfieren los contaminantes desde el aire de retorno al aire de suministro. Los factores de riesgo son varios, contaminantes ambientales químicos o biológicos, un nivel de iluminación bajo o con brillos excesivos[100], ruidos[101], vibraciones[102], un ambiente térmico poco adecuado[103], poca ventilación, escaso mantenimiento, o incluso, factores psicosociales. Los materiales de construcción del edificio así como el equipamiento y otros elementos pueden también ser la causa de la presencia en el aire de contaminantes dependiendo de la ventilación, la limpieza y la actividad en la zona.

En los países industrializados, una gran parte de la población pasa numerosas horas en espacios cerrados y en la oficina, por tanto, es esencial disponer de un ambiente confortable durante el trabajo. Sin embargo, los estudios actuales confirman que parece improbable que el Síndrome del Edificio Enfermo pueda ser totalmente erradicado a corto plazo[104]. Las grandes compañías y sus arquitectos deberían replantearse la viabilidad de estos grandes edificios que incorporan y encierran toda la tecnología en espacios cerrados y poco habitables por el hombre.

---

[100] Según las diferentes tareas visuales puede recomendarse para trabajos de oficina 500-1000 lux y para trabajos con PVD 150-300 lux en pantalla y 500 lux en teclado y documentos.
[101] La Norma ISO 1966.2-1987 hace referencia a esta problemática y dispone que conviene mantener los niveles de presión sonora en los límites de 60-70 dB(A) recomendados como confortables ya que valores superiores pueden producir fatiga.
[102] Ver Normas. (ISO 2631.1 y 2631.3-1985).
[103] El conjunto de las normas de confort térmico recomendadas en ISO 7730-1984 establecen valores recomendados: una temperatura operativa del aire varíe entre 22 °C ±2 °C para invierno y 24,5 °C ±1,5 °C para verano; velocidad media del aire inferior sea de 0,15 m/seg en invierno y 0,25 m/seg en verano.
[104] Estas son las conclusiones de la NTP 290.

Los primeros ejemplos de la arquitectura del trabajo a principios del siglo pasado no necesitaban separar la estructura, de un techo o suelo técnico que albergase las limitadas instalaciones. Las necesidades técnicas de los puestos de trabajo se han ido sofisticando según se han incorporado diferentes instrumentos para la realización de las tareas administrativas. Las primeras máquinas de escribir, los dictáfonos y los distintos teléfonos no necesitaban electrificar el equipamiento y los primeros techos y suelos técnicos no aparecen hasta que las exigencias y necesidades de electrificación son más complejas. Como hemos visto, la estrecha crujía de uso para poder aprovechar la luz natural permitía electrificar tan solo los paramentos perimetrales para dar servicio a todos los puestos de trabajo. Las primeras instalaciones climáticas tampoco requerían de grandes espacios. En su origen las básicas instalaciones se apoyaban fundamentalmente en los sistemas pasivos de la edificación, cuestión que se fue eliminando con la confianza de que los recursos energéticos eran ilimitados y que convendría recuperar. El trabajo en red que aparece a finales de siglo, y que veremos en el siguiente capítulo, permite realizar numerosas actividades laborales fuera de la gran sede. Una posibilidad nada desdeñable que permite a los trabajadores recuperar otros entornos de trabajo más abiertos y saludables.

EL PODER DE LOS NEGOCIOS

El esfuerzo de las grandes empresas por mostrar su poder a través del desarrollo de la más alta tecnología en sus sedes corporativas ha sido una de las consecuencias arquitectónicas de la oficina libre y autónoma. El poder económico y político mantiene una relación estrecha con la arquitectura desde principios del siglo XX. El conjunto del Rockefeller Center supone una enorme inversión de Associated Architects[105] para proyectar catorce bloques en Manhattan en los inicios de la Gran Depresión, dentro de una operación especulativa financiada por John Rockefeller Junior quien arriesgó su fortuna para aprovechar la depresión del mercado. Deyan Sudjic[106] en *La arquitectura del poder* plantea que la arquitectura siempre ha dependido de la asignación de unos recursos muy preciados en manos de los que tienen acceso a los hilos del poder más que de los arquitectos[107]. Estamos acostumbrados a hablar de arquitectura en relación con la historia del arte, o como un reflejo del cambio tecnológico y social, pero no nos sentimos tan cómodos cuando se trata de entender las dimensiones políticas más amplias de un edificio, por qué existe en realidad, más que cómo es.

Es una omisión que resulta sorprendente, dada la proximidad de la relación entre la arquitectura y el poder. El hecho de que la arquitectura tiene que ver con el poder, como afirma Deyan Sudjic, resulta evidente. La arquitectura es un instrumento práctico que dispone de un lenguaje expresivo, capaz de transmitir mensajes ideológicos concretos, como las artes, la poesía o la pintura. Esto no ocurre con otros conocimientos, como la ciencia y la tecnología, que se consideran independientes de las connotaciones ideológicas. A pesar de que la arquitectura se

---

[105] Associated Architects estaba formado por un gran equipo de varios estudios: Reinhard & Hofmeister; Corbet, Harrison & MacMurray; y Hood & Fouilhoux.
[106] Deyan Sudjic es el director del Museo de Diseño de Londres y anteriormente crítico de arquitectura del diario británico *The Observer*, director de la revista *Domus* y comisario de la Bienal de Arquitectura de Venecia en 2002.
[107] Sudjic, Deyan: *La arquitectura del Poder. Cómo los ricos y poderosos dan forma al mundo*. Editorial Planeta, Barcelona. 2007 (p.12). Edición original: *The Edifice Complex*, 2005.

considera vinculada a quienes la financian, es evidente que determinadas arquitecturas no disponen de un significado político concreto, sin embargo, la arquitectura tiene la capacidad de asumir esa función. En cualquier caso, un compromiso político no garantiza la buena arquitectura. Si miramos la historia reciente de la edilicia desde el punto de vista político, podemos ver algunos casos de arquitectos comprometidos en política y mediocres profesionalmente que no ofrecen ejemplos tan relevantes como los que no se pronuncian políticamente pero disponen de talento. Así habla Sudjic de Albert Speer frente a Mies van der Rohe[108]. En los años sesenta, la jerarquía católica realizó encargos a Le Corbusier y a Alvar Aalto para construir iglesias que expresaran la relevancia cultural de su fe en la vida contemporánea. Con razones parecidas, un partido político pidió a Oscar Niemeyer que diseñara su sede en París.

Otros arquitectos, como Giuseppe Terragni, fueron capaces de transmitir un concepto político en una arquitectura emblemática. La Casa del Fascio en Como, Italia (1936), es uno de los principales ejemplos de arquitectura fascista que utiliza los ideales racionalistas italianos para potenciar la carga simbólica. Los interiores fueron decorados por Mario Radice, con numerosos retratos de Benito Mussolini, murales y simbología fascista[109], que fueron destruidos en 1945, tras la caída de la República Social Italiana. A parte de los motivos decorativos, resulta complejo responder a la pregunta de qué nos lleva a pensar que un edificio sea fascista o democrático, o si puede ser de derechas o de izquierdas. Es interesante tener en cuenta algunas cuestiones, porque de alguna manera sí que se puede apreciar que algunas ideologías favorecen determinadas expresiones arquitectónicas. Por ejemplo, para Hannes Mayer, el segundo director de la Bauhaus, el arquitecto era responsable de desempeñar un papel en la construcción del socialismo y crear una sociedad en la que el proletariado viviera en condiciones civilizadas,

---

[108] Ibid p. 26
[109] Rifkind, David: *Furnishing the Fascist interior: Giuseppe Terragni, Mario Radice and the Casa del Fascio.* Cambridge University Press. Architectural Research Quarterly. p 157–170.

con lugares de trabajo, escuelas, viviendas y hospitales dignos. Incluso Le Corbusier daba a su obra un valor ideológico, aunque se supo mantener en una delgada línea en su actitud hacia la arquitectura y hacia el poder.

Hasta la crisis energética de 1975 el crecimiento de las empresas tuvo gran repercusión en la arquitectura. En cierta forma, se puede afirmar que crear un hito denota el nivel del poder económico de la compañía que mantiene relaciones directas con el poder político. En cuanto a la Arquitectura del Trabajo relacionada más directamente con el poder político democrático cabría destacar algunas intervenciones de las que no hemos hecho referencia hasta ahora, como la Cúpula del Milenio de Richard Rogers, construido entre 1996 y 2000 para el gobierno del Nuevo Laborismo de Tony Blair; el Parlamento de Edimburgo en Escocia, de Enric Miralles y Benedetta Tagliabue, que refleja la tierra que representa, una conciencia y sentimientos colectivos; y el nuevo Ayuntamiento de Londres de Norman Foster, sede del poder de Ken Livingstone, alcalde de Londres, 2000-2008, del partido laborista, cuya rampa en espiral empieza debajo de la cámara, la rodea y luego se eleva hacia arriba. Aunque son proyectos relevantes en relación con su impronta en el entorno urbano y son ejemplos emblemáticos y reconocidos de la sociedad democrática, ninguno de ellos ofrece nada diferente de lo que ya hemos visto con respecto a la implantación de la oficina y el lugar del trabajo, por lo que me he permitido no incidir más en ellos.

Las grandes empresas, públicas o privadas, disponen de mayor capacidad para aportar singularidad a la arquitectura. Si echamos la vista atrás, su modelo económico durante el siglo pasado se ha caracterizado por mantener estructuras centralizadas y piramidales que han repercutido directamente en la configuración arquitectónica de sus sedes. Estas compañías han requerido de una gran escala para realizar su actividad. Consideremos, por ejemplo, la construcción de la infraestructura del ferrocarril. Desde que apareció a finales del XIX, la industria del ferrocarril ha favorecido, por sí sola, la creación de gigantescas compañías dedicadas a la construcción, al carbón, al acero y al nacimiento de la industria del telégrafo, como medio de comunicación para supervisar y coordinar el tráfico ferroviario. Este modelo centralizado y racionalizado del negocio se transfirió a la industria del petróleo.

Las empresas automovilísticas, como General Motors, Ford y Chrysler, han dominado la industria. La era del petróleo se ha caracterizado por el gigantismo y la centralización debido a que el aprovechamiento de los combustibles fósiles exige grandes cantidades de capital y propicia economías verticales y estructuras jerárquicas. Los combustibles fósiles han sido los principales impulsores de la economía durante el siglo XX. Las demás industrias que surgieron de la cultura del petróleo también estaban predispuestas a este tipo de estructuras. Sus principales beneficiarios fueron los sectores energético y financiero, como las compañías telefónicas que fueron prácticamente un monopolio. Esta estructura del poder económico que repercute en una arquitectura concreta, tiene su punto álgido en la crisis del petróleo de 1975, pero no se termina de superar y se mantiene insistentemente por inercia propia.

Estas compañías requirieron del compromiso a gran escala del Estado. En Europa, los gobiernos centrales financiaron buena parte de las infraestructuras energéticas, de comunicaciones y de trasporte público. En Estado Unidos, sin embargo, la relación entre Estado y empresa privada para aunar esfuerzos con un fin común, produce reacciones adversas por la supuesta pérdida de libertad. Estados Unidos mantiene una fe calvinista en el mercado y rechaza cualquier aumento del aparato estatal. Consideran que siempre que el Estado se inmiscuye en el mercado, la economía se resiente. Sin embargo, Jeremy Rifkin plantea que esta afirmación contradice los hechos. Según sus palabras, "la creencia populista generalizada de que un mercado sin trabas, libre de la pesada mano del Estado, ha sido siempre la fórmula triunfal del éxito comercial está fundada en premisas erróneas (...) todos los grandes saltos adelante en la historia económica estadounidense han ocurrido únicamente cuando el Estado ha ayudado a financiar la instalación de infraestructuras energéticas y de comunicaciones"[110]. Y para demostrarlo expone el caso de la Ley de Autopistas Interestatales, el proyecto de obra pública más costosa de la historia, y cómo el gobierno federal conspiró con AT&T para transformar la empresa en el monopolio público de las telecomunicaciones.

---

[110] Rifkin, Jeremy. La tercera Revolución Industrial. Paidós Barcelona. Febrero, 2012 (pág. 186-187)

En los últimos tiempos, la idea de que es posible un crecimiento del valor económico ilimitado va cediendo terreno hacia la idea de un desarrollo económico sostenible. La industria del petróleo pone freno a la introducción de las energías renovables en la generación de electricidad. Y en los pocos casos en los que las grandes empresas petroleras han entrado en el mercado de las energías renovables, lo han hecho siguiendo las estrategias tradicionales, es decir, centralizando la producción y distribuyéndola a través de una red eléctrica unidireccional. Muchos de los sectores clave se hallan atrapados entre dos regímenes energéticos, dos eras económicas, dos modelos de negocio muy diferenciados. Las energías renovables necesitan de unos mecanismos colaborativos, no jerárquicos, que pone énfasis en nuevos valores como la apertura, la confianza y la transparencia, frente a la autoridad y la opacidad de las estructuras tradicionales[111]. Rifkin apuesta por la naturaleza colaborativa que, según su planteamiento, reordenará la vida económica, social y política en el siglo XXI[112]. Las consecuencias en la organización del trabajo, en la ordenación de la oficina y en la arquitectura corporativa las veremos en el siguiente capítulo y se harán más evidentes según nos adentremos en el siglo XXI y nos dirijamos hacia la aceptación generalizada de una *oficina informal*.

---

[111] Ibid págs. 162-164
[112] Ibid pág. 178

LA SEDE COMO MEDIO DE COMUNICACIÓN

Una vez que la arquitectura corporativa se ha liberado de la actividad laboral que alberga, es capaz de manifestar al máximo su capacidad comercial en favor de la marca, no sólo de la venta de sus productos. La publicidad y el marketing que proporciona la propia sede, como si de una gran pancarta publicitaria se tratara, supone por sí sola una importante herramienta de comunicación con un enorme poder transformador de un entorno, capaz de transmitir valores intangibles y generar emociones. Desde los primeros rascacielos y su lucha por la cúspide de la ciudad, pasando por la capacidad de comunicación del prisma americano de los años cincuenta, el volumen edificatorio de la corporación siempre ha sido utilizado como emblema publicitario, pero nunca había sido más *libre* para mostrarse como un verdadero medio de comunicación integral.

Los productos cumplen una función simbólica que se comunica a través del diseño. Podemos recordar la influencia del diseño europeo con el ejemplo de la AEG, una de las mayores empresas alemanas del sector de la electricidad. Peter Behrens (1868-1940) fue llamado a Berlín en 1910 por la AEG, para que se encargara de la renovación e integración de todos los elementos de comunicación, los productos, anuncios, la papelería y hasta incluso los edificios. Behrens diseñó también el nuevo logotipo de la compañía y se convirtió en el primer comunicador corporativo de la historia. Así lo mencionan Alberto Borroni en *Publicidad, diseño y empresa*[113] y Reinhold Martin en *The Organizational Complex*[114], quien pone el énfasis en el arco articulado en tres puntos de su nave de Turbinas perteneciente a un orden gigante que alude a la dinámica de la mecanización, una metáfora que retoma el detalle funcional de la estructura y una referencia explícita a los productos de su compañía. A partir de estos primeros años las marcas inundan nuestras vidas. Los logotipos empresariales y la publicidad se impusieron en los artículos de producción masiva desde principios del siglo XX. En el periodo entre guerras el uso del vidrio no era solo una cuestión estética, sino que además estaba considerado como herramien-

---

[113] Borrini, Alberto. Publicidad, Diseño y Empresa. Infinito. Buenos Aires. 2006. (pág 77).
[114] Martin, Reinhold. *The Organizational Complex. Architecture, Media and Corporative Space.* The MIT Press. Cambridge, Massachusetts. London, England, 2003. (Pág 103)

ta psicológica y social de la vida moderna. Hemos aprendido a leer estos edificios como símbolos de la fantasía y del poder corporativo, nos recuerda el crítico de arquitectura Herbert Muschamp[115], que defiende cómo los arquitectos modernos deseaban influir en la mentalidad coetánea.

A finales de la década de los cuarenta se empieza a percibir que la marca no es sólo una imagen impresa en las etiquetas de los productos, sino que las compañías en su totalidad pueden tener una identidad de marca o de conciencia empresarial. Aunque las empresas seguían aferradas a que lo importante era la producción, los publicitarios pasaron de verse como vendedores a considerarse filósofos de la cultura comercial[116]. La búsqueda de la esencia de las marcas indujo a hacer un examen psicológico de lo que significa la marca para la cultura y la vida de la gente. Después de la Segunda Guerra Mundial el mensaje será tan directo como la publicidad de sus productos. En estos años, apareció una tendencia de comunicación corporativa que utilizaba materiales representativos de la industria a la que pertenecía. La Lever House, que construye SOM en Park Avenue en el Midtown de Manhattan, refleja en su envolvente exterior una imagen propia de los productos que fabrica, jabones y productos de limpieza facial. Los paneles de vidrio armado tintados de azul suspendidos en montantes verticales y travesaños revestidos de una chapa de acero inoxidable intentaban mantener una piel plana al exterior que refleja la limpieza esperada. Una fachada lavable gracias a un rail que soporta la maquinaria de limpieza convierte el edificio en publicidad. Más literal fue el predominio de acero inoxidable en la fachada del Inland Steel o el uso del acero inoxidable negro usado en la Unión Carbide. La publicidad de los productos empezó a ser necesaria para diferenciar a las compañías y los edificios se convirtieron en una posibilidad ambiciosa. En este sentido destacan las propuestas corporativas de numerosas grandes empresas, como Olivetti, IBM, Siemens, mencionadas por Alberto Borrini[117]. De forma muy literal el edificio de oficinas para la compañía John Deere proyec-

---

[115] Muschamp, Herbert. "The Temple of Marketing", publicado en *Herts of the city. The selected Writings of Herbert Muschamp*. Ed. Alfred Knopf, 2009. (págs. 3-6)
[116] La serie de televisión Mad Men está basada en una agencia de publicidad americana de los años cincuenta.
[117] Borrini, Alberto. *Publicidad, Diseño y Empresa*. Infinito. Buenos Aires. 2006. pág 87. Esplica el interés de estas compañías en el diseño de sus sedes corporativas.

tado por Eero Saarinen, refleja de una forma expresiva el carácter de la empresa, fabricante de maquinaria agrícola, tractores y grúas, mediante el uso de la estructura metálica que se manifiesta en la fachada exterior y en el diseño del puesto de trabajo de las secretarias.

Con el paso de los años se fueron extendiendo ciertas críticas a la publicidad de los productos, considerada como una herramienta desmedida de la sociedad de consumo. En los años cincuenta se empezaron a desarrollar ensayos de publicidad subliminal y poco a poco la publicidad no sería una herramienta suficiente. La empresa debía forzarse no sólo por crear buenos productos, sino además por ser responsable socialmente y capaz de demostrarlo. La comunicación se transformó en un mecanismo integral que junto a otras herramientas publicitarias abarcaban el terreno institucional y el corporativo.

La envolvente prismática heredada de la oficina abierta dará paso a una mayor autonomía geométrica de los elementos constructivos. El volumen edificado y el cerramiento se independizan del programa funcional y asumen otros factores urbanos o paisajísticos, como hemos visto en el caso de la sede de Willis Faber and Dumas en Ipswich de Norman Foster. Otros ejemplos significativos muestran la arbitrariedad tipológica y la representatividad del edificio administrativo, como el Collage Life Insurance en Indianápolis, de Kevin Roche, 1967 y el edificio Xerox en Chicago, de Helmuth Jahn, 1977. La presencia del edificio en la ciudad aparece ahora de forma más consciente como un elemento publicitario y de comunicación de marca que empieza a estar presente de forma generalizada en las ciudades.

A partir de 1980, se produce una nueva relación entre el trabajo y la ciudad. La gravitación en torno a un centro único desaparece y las nuevas intervenciones periféricas promueven otros núcleos en torno a los cuales arranca la actividad comercial. La creación de un negocio crea sinergia para determinados grupos de actividad y puede regenerar espacios periféricos descualificados. La propaganda, la comunicación de la marca y la publicidad que representa una empresa promueven un movimiento comercial que se expande. Las estructuras de alta densidad de usos múltiples adquieren una gran autonomía y generan nuevas formas de centralidad en contraposición a los principios de segregación de la zonificación moderna. La capacidad de las grandes empresas para proponer un orden propio en sus sedes aprovecha la oportunidad que ofrece la arquitectura de introducir un icono que se presenta a sí mismo como un emblema publicitario, una presencia en la ciudad que refleja su poder y que se mantiene en las sedes contemporáneas, con mayor o menor acierto[118].

En la actualidad, la publicidad se integra con otras herramientas con el objetivo estratégico de la creación de valor para las marcas acorde a una imagen institucional de la organización. Así surgió lo que se conoce como comunicación corporativa o institucional, que se ocupa de vender a la compañía en sí, su marca más que sus productos. Con esta idea, ING se muestra a las afueras de Amsterdam, al lado de las principales vías de acceso a la ciudad y del tren, levantada como un cartel publicitario que capta la atención de los viajeros donde es más visible. La identidad corporativa se convierte en manifestación visual de una imagen integrada que puede utilizar varios medios a la vez, el logo, los uniformes, la publicidad y, de forma especial, la sede corporativa. La sede se involucra de lleno en el carácter comercial de la compañía.

Naomi Klein[119] ofrece una visión desde un punto de vista crítico de la evolución de la publicidad durante el siglo pasado. Según ella, en los años ochenta se produce un cambio importante en el que las empresas deben producir marcas y no productos para alcanzar el éxito. Durante varias décadas anteriores, el marketing y la propaganda de las marcas habían incrementado el valor de las empresas muy por encima de sus activos. Pero la competencia cada vez era mayor y las campañas publicitarias cada vez más agresivas. En la década de 1990 se crearon técnicas publicitarias nuevas e invasoras y ocurre algo interesante, lo que la industria publicitaria denomina "ceguera para las marcas". Además empieza la recesión económica y los empobrecidos consumidores prestan más atención al precio que al prestigio de la marca. Así las empresas se ven

---

[118] Sudjic, Deyan: *La arquitectura del Poder. Cómo los ricos y poderosos dan forma al mundo*. Editorial Planeta, Barcelona. 2007. Pág 264: "La búsqueda del icono arquitectónico se ha convertido en el tema más ubicuo del diseño contemporáneo (...) Sin duda, no es ésta una manera infalible de conseguir un arquitectura discreta y con tacto, o incluso de calidad. El efecto de tanta preocupación por crear una imagen es tan perjudicial para los arquitectos como para las ciudades que los contratan."
[119] Naomi Klein periodista e investigadora ha escrito No Logo, antes de la crisis del 2008, que se convirtió en súper-venta internacional y The Shock Doctrine, entre otros.
Klein, Naomi. *No Logo: el poder de las marcas*. Knopf Canada. 2000.

abocadas a las rebajas y a las promociones. En este panorama de crisis económica, anterior a la situación más reciente y dramática del 2008, las empresas que se salvaron fueron las que optaron por el marketing del valor, las que fueron capaces de convertirse en accesorios culturales, en filosofías del estilo de vida, con una actitud, un conjunto de valores, una apariencia personal y una idea. Este pensamiento adquiere una especial relevancia en los edificios, como presencia física de la imagen corporativa de una marca o empresa. El incremento de la participación ciudadana en diferentes aspectos de la vida social, así como la mayor conciencia del papel de las grandes corporaciones, hacen que la interacción entre la organización y la comunidad aumente de manera sensible y se torne cada vez más compleja con necesidad de una atención especializada.

Esto ocurre también de forma interna, las relaciones con el personal y la comunicación interna están enfocadas al mantenimiento de un clima apropiado para la organización y al fortalecimiento de la cultura corporativa. Cada parte, independientemente de sus características, debe considerarse dentro de un conjunto global coherente, con el valor agregado de su efecto sinérgico y de su renovación experimental, según escribe Eulalio Ferrer en *Publicidad y Comunicación*[120]. La identidad corporativa es la personalidad de una compañía a nivel cultural y visual que se apoya en su propia individualidad y diferenciación. El salto del estudio de la marca al *branding*, o gestión de la marca, supone la transición de una tarea de índole visual a otra más compleja relacionada con la comunicación en su conjunto.

A pesar del derroche técnico de las grandes corporaciones y de la admiración estática de la arquitectura corporativa como espectáculo del poder económico, hasta el punto en que es reducida a imagen corporativa, la arquitectura del trabajo funciona como un organismo natural que refleja las organizaciones laborales, como sugiere Reinhold Martin[121]. A partir de la crisis energética y gracias a la aparición de las nuevas tecnologías relacionadas con internet, la comunicación de muchas compañías va a dar un paso hacia una nueva concepción de oficina que refleja una nueva estructura más horizontal y distribuida. Los valores de marca que quieran transmitir van a ser radicalmente diferentes a los vistos hasta ahora.

[120] Ferrer, Eulalio. Publicidad y Comunicación. Fondo de Cultura económica, México. 2002.
[121] Martin, Reinhold. *The Organizational Complex. Architecture, Media, and Corporate Space*. Massachusetts Institute of Tecnology. 2003. (pág 4)

LA OFICINA INFORMAL

Con el propósito de identificar características de la implantación de la oficina actual, es primordial considerar los cambios sociales y laborales que suponen el fin de siglo. Somos conscientes de la dificultad que presenta la falta de perspectiva en el estudio de cualquier ámbito cercano en el tiempo. De aquí que consideremos la situación actual a partir de los modelos estudiados y que mantengamos el mismo esquema utilizado hasta ahora.

En primer lugar, veremos cómo las oficinas se adecúan al uso de la red inalámbrica, estudiaremos los principios que establecen las bases de un nuevo tipo que hemos denominado informal, su repercusión en el equipamiento individual, el área abierta y los puestos de dirección. A partir de ahí, se sacarán conclusiones con respecto a la configuración arquitectónica de una nueva estructura organizada en red, la influencia de los nuevos criterios de sostenibilidad y su aportación dentro de la actual ciudad.

EL ORIGEN DE LA OFICINA INFORMAL

El uso de las nuevas tecnologías en los grupos de trabajo produce un cambio radical en la estructura de las empresas. A pesar de ello, la organización laboral continúa aferrándose a estructuras del pasado que con mínimos ajustes para adaptarse a los nuevos sistemas de trabajo, mantienen como punto de partida una estructura tradicional, ya sea lineal, modular o libre.

A pesar de los aspectos negativos y alienantes de las teorías de hace un siglo, el carácter lineal de la empresa ha permanecido desde su origen hasta nuestros días en determinadas compañías que realizan trabajos relacionados con el procesamiento o recepción de datos, servicios de información, atención telefónica y operaciones de rutina, utilizados fundamentalmente por entidades bancarias, compañías de seguro y empresas dedicadas a tele-ventas. Los nuevos conceptos de oficina se combinan con este sistema tradicional, muy habitual en las empresas que requieren de un gran número de empleados. Este es el caso del centro de negocios de UBS[122] en Stamford [19], con un parque mercantil de novecientos cincuenta comerciales dedicados a ofrecer servicios financieros a lo largo de una intensa jornada laboral. La extrema densidad que Skidmore, Owings & Merrill proponen en 1997 para el gran patio central y sin pilares encuentra su inspiración en el edificio Larkin, y como él, dispone de iluminación cenital, esta vez con una cubierta curva que deja pasar la luz natural de forma uniforme a través de paneles curvos de fibra de vidrio. Bajo este gran vestíbulo se ubica el banco de datos, servidores y abastecimiento de energía ocupando una planta entera. Como oficina lineal que es, los despachos de los directivos se encuentran separados en plantas superiores. Sin embargo, otras inquietudes producen una aportación que separan esta oficina del tipo. Se trata de la integración de otros usos que favorecen las relaciones sociales entre empleados, cafeterías, restaurante, terrazas y lugares para tomarse pequeñas pausas que permitan liberar tensiones producidas por el intenso trabajo. La oficina lineal aparece ahora como parte de un híbrido que engloba características de otros tipos para integrar las nuevas formas de trabajo.

---

[122] Publicado en Hascher, Rainer, et al. *Atlas de edificios de oficinas*. Gustavo Gili, Barcelona, 2005. (págs. 154-155)

Los sistemas técnicos administrativos han evolucionado en las últimas décadas a pasos agigantados y han dispuesto mayor presencia en el puesto de trabajo. El equipamiento individual debe permitir múltiples conexiones de electrificación, teléfono, voz y datos e iluminación, que anclan el mobiliario a un punto concreto del suelo técnico. Este es uno de los motivos por los que hoy en día se relaciona la implantación actual con la oficina *taylorista*, rígida y estática, aunque el concepto teórico poco tenga que ver con las oficinas del siglo XXI. Las casas comerciales disponen de modelos que permiten la organización de los puestos en filas alineadas y fijas para realizar el trabajo de forma individual. El punto clave del diseño consiste en esconder al máximo la multitud de cables y conexiones, sin que ello perjudique a la estética y limpieza de la línea de mobiliario. Por otro lado, los inmuebles son caros y el coste del metro cuadrado se incrementa continuamente. Este es el motivo por el que algunos sectores empresariales se ven obligados a optar por una distribución de oficina en línea, formada por puestos de trabajo pequeños, alineados y fijos, aunque los criterios de esta elección tiene más que ver con el alto coste económico del inmueble que con los principios teóricos que originaron este sistema. Por eso preferimos el término *lineal* que desvincula el tipo de su origen temporal.

El factor humano en la organización laboral promueve una ampliación de las necesidades en el programa funcional. Desde los años cuarenta, aparecen en América y después en Europa comedores para empleados, zonas de descanso, áreas de trabajo en grupo y lugares de intercambio de conocimientos. Estos nuevos usos serán acogidos con especial interés por Herman Hertzberger, quien realiza en 1972, la sede para la Centraal Beheer de Apeldoorn [19], como parte de la corriente estructuralista holandesa. Con este proyecto pone especial atención al usuario, a la relación personal entre los trabajadores y articula los diferentes usos propuestos dentro de una estructura modular que mantiene un vínculo conceptual con la oficina americana de los años cuarenta y cincuenta, cuyo módulo aparece ligado directamente a la potente industrialización. La exaltación de una estructura modular es definitiva a la hora de encontrar un componente clave de numerosos edificios administrativos en la actualidad. Reinhold Hohl[123] expone en los años sesenta en su libro *International Office Building* que el módulo del edificio debe ser considerado como uno de los factores más importantes del diseño de los edificios dedicados a la administración. Ya hemos visto cómo el orden modular sale en algunas ocasiones fuera del propio edificio y se extiende hacia el exterior dando lugar a espacios protegidos del entorno y reservados a los empleados, como una ciudad privada que da lugar a un complejo edilicio que hemos denominado *ciudad de los negocios*.

La utilización de los múltiplos será decisiva en el concepto de diseño, que fundamentalmente desde *El Modulor* de Le Corbusier[124], afecta a numerosos edificios que parten de la fascinación por las reglas del módulo y las relaciones armónicas. Sin embargo, la modularidad que podría ser considerada una condición necesaria para simplificar procesos de diseño y construcción no es en absoluto suficiente, como nos recuerda el propio Hohl en su texto. Los edificios no se convierten en menos anodinos por el simple hecho de que estén gobernados por un módulo. El mismo Le Corbusier se opone a toda fórmula que le prive de libertad, *"tal vez sea exacto, pero no bello"*[125].

Desde los años sesenta, los problemas organizativos de la oficina dejan de mantener vínculos con el edificio y pasan a referirse directamente al equipamiento, entendido como un elemento versátil y móvil en la oficina *libre*. El concepto de tipología edificatoria para la sede corporativa se concibe como algo infinitamente más complejo, que asume la capacidad de comunicación y publicidad de la compañía y permite que la atención dedicada a las cuestiones de la organización laboral se limiten al propio puesto de trabajo, como elemento que define el tipo de oficina, y a su agrupación versátil. La electrificación del equipamiento va a definir la configuración del entorno de trabajo con independencia de la estructura y de la envolvente del edificio. En 1997, Meyer, Scherer & Rockcastle,

---

[123] Hold, Reinhold: *International Office Building*. Verlag Gerd Hatje Stuttgart, 1968. (Pág. 12)
[124] En palabras de Le Corbusier: *"El Modulor* es un utensilio de trabajo, una gama para componer series de fabricación y también para alcanzar, por unidad, las grandes sinfonías arquitectónicas". Le Corbusier. *El Modulor y Modulor 2*. Poseidón. Tercera Edición 1980. (pág 71). (Primera edición publicada en 1948).
[125] Ibid. Pág 70.

en SEI Investment [57] de Pennsylvania, ubican los puestos de trabajo individuales dentro de un espacio abierto y diáfano en el que resuelven la electrificación del equipamiento descolgada desde el techo a través de conexiones flexibles. Con este sistema se permite la movilidad del mobiliario y se aumenta la versatilidad en su agrupación, con respecto a la electrificación habitual desde el suelo.

En la actualidad, el equipamiento de trabajo permite adaptarse a diferentes formas de trabajo y a cada tipo de organización. El trabajo administrativo es variado, unas veces se requiere concentración y aislamiento, y otras veces se necesita poner en común determinados temas para realizar tareas en equipo. Por eso muchas empresas crean espacios diferentes que permiten ser ocupados según la actividad a realizar. El individuo no es dueño de un puesto de trabajo, sino que utiliza la solución que necesita para cada momento. De esta forma, los documentos personales no disponen de un lugar concreto al lado de un puesto de trabajo asignado, sino que se colocan en armarios localizados en puntos determinados de la oficina o en carritos móviles que se desplazan según la ubicación del usuario dando lugar a la *oficina móvil*. La movilidad de determinados elementos en la oficina actual es precisamente el punto de conexión con la oficina libre. La mayor parte de las casas comerciales apuestan por la versatilidad del equipamiento y su fácil traslado, como la gama de accesorios móviles que ofrece Vitra, diseñado por el arquitecto italiano Antonio Citterio. El incremento de las soluciones de equipamiento permite al usuario mayor libertad de movimientos e incrementa las posibilidades físicas para realizar la actividad laboral, lo que produce un cambio fundamental que aleja las nuevas soluciones de las tradicionales.

FRANK DUFFY

Es difícil encontrar un personaje que introduzca la complejidad actual en el campo de la implantación de la oficina. Hemos seleccionado a Cuthbert Francis Duffy por su aportación teórica en estudios sobre el entorno de trabajo. Duffy es un arquitecto británico, co-fundador de DEGW, conocido por su trabajo en el diseño y la planificación de oficinas. Fue presidente del RIBA 1993-95, se le concedió el Commander of the British Empire en 1997, recibió el British Council of Offices en 2004, premio por toda su carrera, y en 2008 fue nombrado por *Facilities Magazine* como uno de los veinticinco pioneros más relevantes en el Reino Unido. En la actualidad forma parte de la Junta de *The Architecture Foundation*.

En los años sesenta, Duffy fue el responsable de introducir el concepto de *Bürolandschaft* en el mundo de habla inglesa. Su investigación de doctorado en Princeton, se centró en la relación entre la estructura de la organización y el diseño de la oficina. Fue uno de los pioneros que introdujo las prácticas norteamericanas en la planificación de espacios en Europa. Acuñó el concepto de "Shell, Services, Scenery and Sets" o *Shearing layers*[126], como análisis de los edificios y elementos de construcción en términos de durabilidad con el fin de facilitar los cambios tecnológicos y organizativos. En los años ochenta Duffy y DEGW iniciaron ORBIT, *Office Research: Buildings and Information Technology*, con estudios sobre el impacto en el diseño de la oficina de los avances en Tecnologías de la Información, que tuvieron un impacto sustancial inicialmente en proyectos clave de la oficina británica como Broadgate y Stockley Park y luego en el diseño de oficinas en todo el mundo. Últimamente, los intereses de Duffy se dirigen hacia los desafíos que las comunicaciones virtuales de los nuevos sistemas de trabajo ofrecen a las soluciones urbanas de la ciudad.

La principal aportación de Duffy, ineludible en esta tesis, consiste en su peculiar clasificación de los puestos de trabajo. A pesar de esta contribución, hoy en día se sigue utilizando una clasificación de la oficina que utiliza términos como *celular*, *área abierta*, *agrupada* y *combinada*, acuñados

---

[126] Concepto desarrollado por Stewart Brand en *How Buildings Learn: What Happens After They're Built*. Brand, 1994.

por Ottomar Gottschalk[127] en un detallado estudio para una clasificación de los edificios administrativos de 1963. Sin embargo, esta terminología no define realmente el tipo de la organización laboral, sino que describe la división en partes de cualquiera de ellos. Como hemos visto hasta ahora el trabajo de oficina depende en mayor medida de la comunicación y del intercambio de conocimiento entre las personas. Es primordial conocer el sistema de trabajo para realizar una planificación adecuada. Un eficiente flujo de información entre las personas y la comunicación informal adquieren un elevado valor en el intercambio de conocimiento y deben ser considerados en la planificación. La clasificación del puesto de trabajo tipo debe responder a cuestiones relacionadas con la estructura de la empresa, como propone Duffy. DEGW desarrolló en los setenta los primeros análisis de la relación entre el diseño de la oficina y la organización de la empresa. Por lo tanto, ofrece un servicio en el que unen la asesoría empresarial con la planificación de la oficina, en otras palabras, anteponen el tipo de organización a la forma del espacio. Frank Duffy, en *The New Office* recoge en 1996 el estudio realizado en *New Environments for Working* por la empresa DEGW en colaboración con Building Reserch Establishment, donde se define que en cualquier tipo de espacio, individual o de grupo, se puede trabajar con dos variables, la interacción y la autonomía. Ambos conceptos, de los que ya hemos hablado en los apartados anteriores pero a los que todavía no hemos prestado suficiente atención, están estrechamente relacionados con muchos aspectos de la organización de los espacios de oficina. La interacción es el contacto personal entre los diversos profesionales para llevar a cabo trabajos en común. El espacio para desarrollar estas tareas debe estar previsto y ser adecuado. Si la calidad de esta interacción es importante los lugares de interacción se deben considerar con especial atención. Las áreas de interacción pueden variar de forma dependiendo de la actividad que se va a desarrollas en ellas, desde los encuentros informales para comunicar ciertos aspectos en pequeñas mesas en abierto o incluso en la cafetería, hasta las reuniones más formales, que requieren de salas de reunión específicas. La autonomía es el grado de control individual del que pueda disponer cada empleado. Los trabajadores con mayor auto-

---

[127] Ottomar Gottschalk. *Flexible Verwaltungsbauten.* Quickborn, Verlag Schnelle, 1963. En castellano se puede encontrar este tema en el texto de Gottschalk, *Edificios funcionales para oficinas.* Editorial Secretaría General Técnica. Servicio de Organización y método, 1966.

nomía asumen tanto la responsabilidad como la discreción en el conjunto de su actividad. Ellos organizan el contenido mismo del trabajo, el método, la localización y las herramientas que van a utilizar. El incremento de esta autonomía promueve cierta autogestión del trabajo, el control del ambiente y la calidad del espacio donde se desarrolla la actividad.

Tradicionalmente se ha favorecido un trabajo poco autónomo y con poca interacción. Algunas compañías, o departamentos específicos con trabajos muy mecánicos requieren todavía de personal con baja interacción y autonomía. Pero cada vez en mayor grado, el trabajo en las empresas demanda actividades más intelectuales y autónomas, donde la interacción del equipo de trabajo se va haciendo más indispensable. El trabajo de la oficina debe propiciar un tipo de interacción social, casual y relajada que haga más fácil la comunicación entre las personas. La red de comunicación poco tiene que ver con el organigrama. La ubicación de las áreas públicas en un lugar central favorece que los empleados se encuentren y que se transmita el conocimiento desde cualquier parte de la empresa. Los distintos tipos de espacios se adaptan a lugares donde la autonomía y la interacción sean maximizadas. Entre los dos extremos, Duffy presenta cuatro grandes modelos diferentes del área de trabajo en función del nivel de interacción y de su autonomía [64]: la colmena, el estudio, la célula y el club.

La colmena [65], o como denomina Duffy, *the hive*[128], compara la organización de los trabajadores con un panel de abejas, no solo por la disposición del equipamiento individual sino también por el tipo de actividad que en él se desarrolla. Se trata de un trabajo individual, especializado y estandarizado. El personal que utiliza este tipo de espacios no necesita la interacción con sus compañeros y dispone de poca autonomía para la realización de su actividad, que ya está programada y organizada. El entorno de trabajo propio de la colmena presenta disposiciones de oficina en área abierta inspirados en la oficina taylorista de principios del siglo XX, adecuado para trabajos de horario regulado y tareas rutinarias. Hoy en día la oficina lineal ofrece una respuesta a este tipo de trabajo, que está relacionado con actividades concretas y definidas, como el procesamiento o recepción de datos, operaciones bancarias de rutina, tele-ventas y servicios básicos

---

[128] Término original utilizado por Frank Duffy en, *The New Office*. Conran Octopus Limited, London, 1997. (Pág 62)

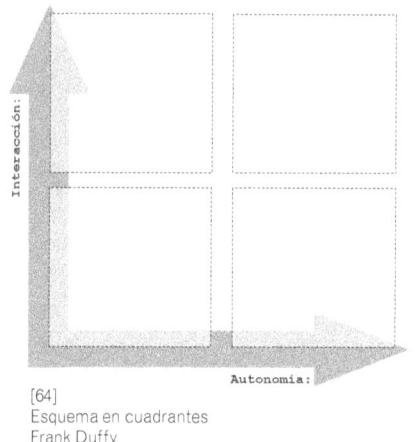

[64]
Esquema en cuadrantes
Frank Duffy

de información. A pesar de los nuevos conceptos de oficina que se crean constantemente en la actualidad, este sistema tradicional es habitual en las planificaciones de determinadas empresas y, sin lugar a dudas, es la más adecuada para algunos departamentos con un gran número de empleados que realizan las actividades más burocráticas.

El estudio [66], *the den*[129], está asociado a un lugar activo en el que se fomentan trabajos en equipo con alta interacción pero baja autonomía individual. Estos espacios son diseñados expresamente para trabajar en grupo con disposiciones de puestos que comparten medios y espacios de reunión. Están localizados en lugares tanto abiertos como cerrados, con la condición de que dispongan del espacio suficiente para el equipamiento individual de las personas que forman el grupo y el equipo compartido como impresoras, ordenadores, pantallas de proyección y herramientas técnicas necesarias. La tarea es normalmente corta e intensa, pero no necesariamente. Este tipo de trabajo está vinculado con el diseño, aseguradoras, trabajos relacionados con la comunicación, multimedia, radio, televisión y publicidad. Cada vez hay más empresas que requieren estos espacios para determinados trabajos.

---

[129] Ibíd. Pág 64.

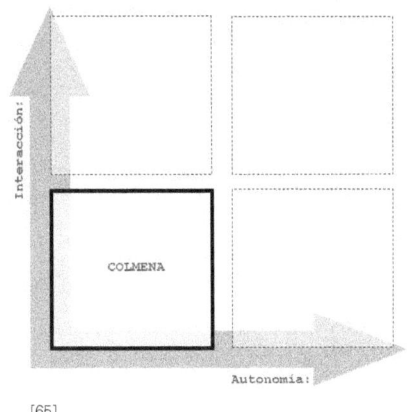

[65]
El cuadrante colmena
Frank Duffy

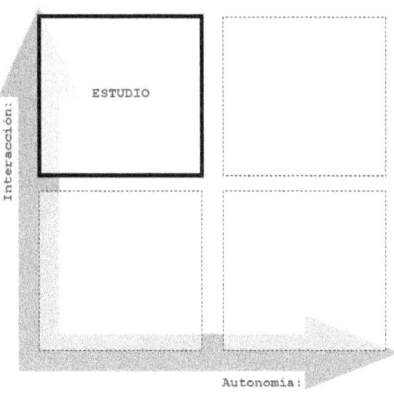

[66]
El cuadrante estudio
Frank Duffy

La célula [67], *the cell*[130], es el concepto de celda de monasterio, que facilita el trabajo individual con gran concentración. Corresponde a la oficina cerrada en despacho o puestos de trabajo con cierta privacidad, a modo de cubículos, donde las divisiones verticales a media altura permitan la privacidad y concentración necesaria. Sus usuarios disponen de baja interacción pero muy alta autonomía. Ocupan el espacio de forma intermitente, con días de trabajo más largos de lo normal, y pueden trabajar también en otros lugares como en su propia casa, en oficinas de clientes o durante viajes. Como veremos más adelante, cuando la ocupación de puesto es irregular existe un gran potencial para compartirlo en puestos no asignados. El trabajo de abogados, consultores e ingenieros se ajusta a este modelo, según Duffy.

El club[131] [68] está basado en organizaciones para el trabajo basados en la comunicación, con alta interacción y alta autonomía. Este espacio se identifica con lugares de trabajo relacionados con la transmisión del conocimiento, donde el espacio se ocupa de manera intermitente y los medios disponibles son compartidos y utilizados de forma flexible. Se trata de un trabajo que va más allá del manejo de la información y que sólo puede ser realizado a través

---

[130] Ibíd. Pág 63.
[131] Ibíd. Pág. 65.

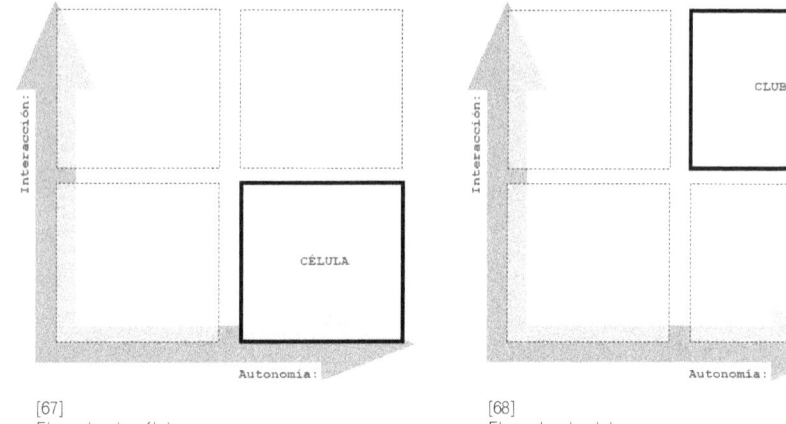

[67]
El cuadrante célula
Frank Duffy

[68]
El cuadrante club
Frank Duffy

de crítica y la inteligencia. Debe dar servicio tanto al trabajo individual como de grupo, que utiliza el espacio cómo y cuándo lo necesitan. Las organizaciones típicas para este tipo de espacios son firmas creativas como publicidad y compañías de medios, tecnología información y consultorías. Lo que todas tienen en común es un personal altamente intelectual y creativo. Disponen de una gran variedad de espacios o configuraciones de tiempo compartido y es útil para distintos tipos de trabajo. En opinión de Duffy, la tecnología y las demandas de la nueva economía harán que el trabajo tienda a la alta interacción y autonomía. El club es, por tanto, la tendencia en el trabajo actual que corresponde con la oficina informal.

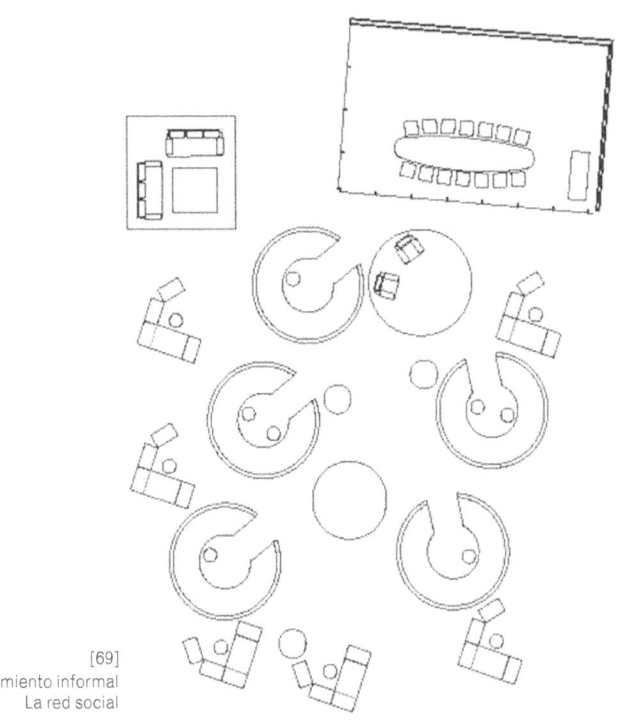

[69]
Distribución del equipamiento informal
La red social

[70]
La red social
David Fincher, 2010

LA RED SOCIAL

La comunicación personal y la interacción en la oficina son precisamente las condiciones que más sorprenden en esta escena de la película *La Red Social* [70] y lo que marca una clara diferencia con respecto a los anteriores ejemplos cinematográficos. Un espacio diáfano con puestos circulares ubicados de forma aparentemente aleatoria [69] permite tanto el trabajo personal como el intercambio de información en un equipo flexible y cambiante. Varias personas aparecen de pie, lo que sugiere una libertad en la movilidad del usuario en el entorno de un trabajo más dinámico, interactivo y flexible, que hasta ahora no habíamos tenido la oportunidad de acometer. De hecho, esta nueva forma de trabajo viene de la mano del uso de una nueva tecnología que permite el trabajo en red.

La historia narra el origen de Facebook, una importante compañía que surgió por la inquietud de algunos estudiantes universitarios de Harvard que supieron aprovechar por primera vez el uso de la nueva tecnología informática para ofrecer un nuevo modo de comunicación. Esta novedad irrumpe en la sociedad y se expande con tal rapidez que las empresas que se dedican a las nuevas redes sociales proliferan y se multiplican año a año desde entonces. Twitter, Tuenti, Instagram, Pinterest, Whatsapp, Messenger, Linkedin y Tumblr, son solo un seleccionado elenco de las redes de comunicación más usadas en 2016 en España.

En la era de la comunicación los modos del trabajo están cambiando desde la última década del siglo pasado. Los sistemas informáticos, completamente asentados en nuestro modo de trabajo, no fueron más que el punto de arranque de nuevas estructuras laborales que se ven obligadas a actualizar la forma de trasmisión de datos y conocimiento. En este proceso de transformación se abre una oportunidad hacia una oficina diferente donde el equipamiento individual no está asignado a un usuario en particular. Esta oficina dispone de una serie de características comunes que pueden definir un tipo diferenciado, al que hemos denominado oficina *informal*.

[71]
TBWA/Chiat/Day. Clive Wilkinson
1998 Los Ángeles
California, EEUU

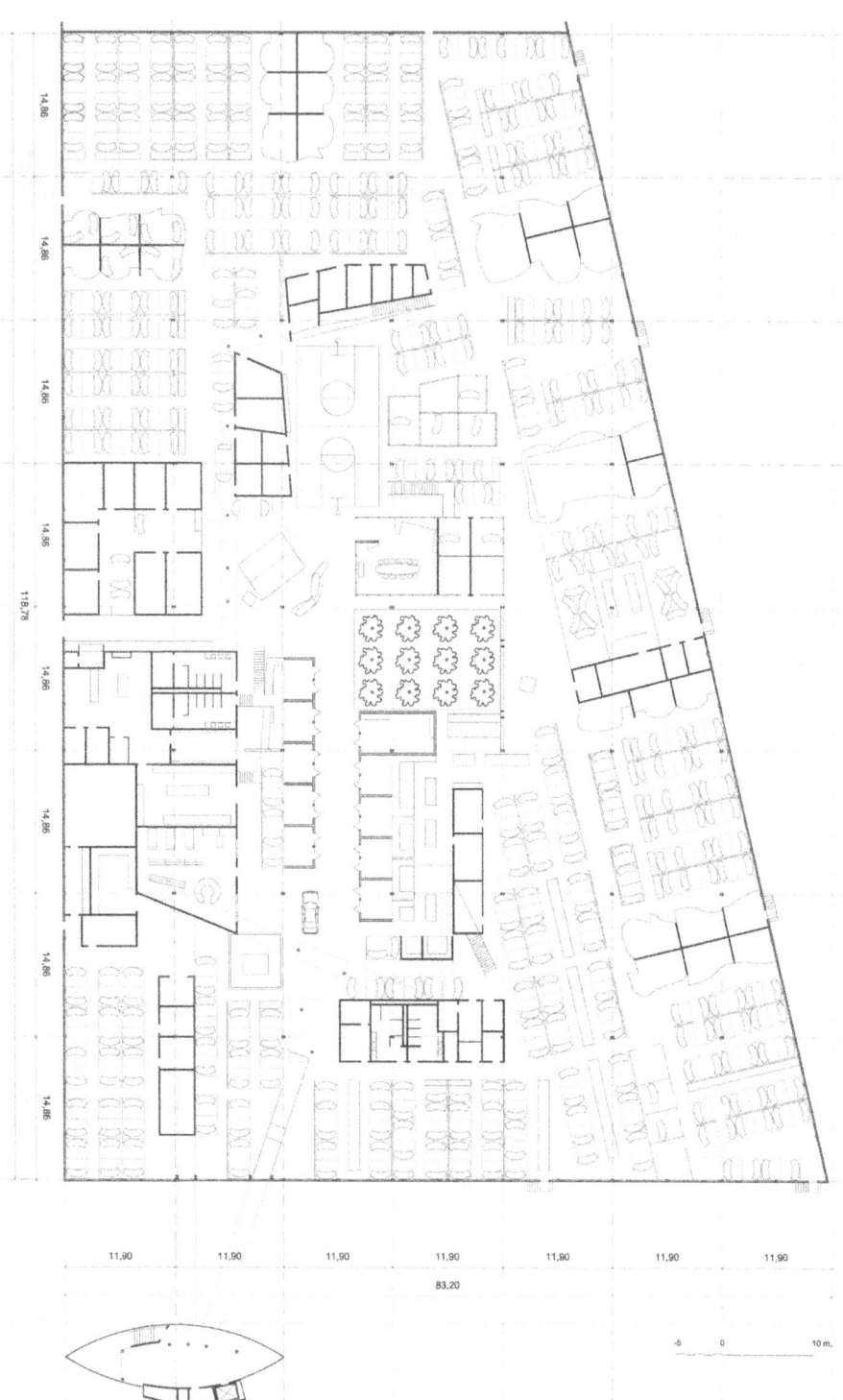

CHIAT

Elegir un ejemplo que nos sirva de punto de arranque de este tipo de oficina ha sido una espinosa tarea. Nos hemos decidido por uno de los primeros trabajos de Clive Wilkinson en la Playa del Rey, Los Ángeles, no tanto por ser un ejemplo temprano, se terminó de construir en 1998, sino porque engloba todas las características que nos sirven de partida para definir el tipo de forma diferenciada. El proyecto ganó varios premios entre los que se incluye un premio honorífico nacional de *The American Institute of Arquitects* que lanzó al estudio en su expansión internacional. TBWA Chiat Day es una importante agencia de publicidad poco convencional con un marcado carácter vanguardista. Jay Chiat, uno de sus fundadores, contribuyó desde los años noventa a iniciar un cambio en la cultura empresarial, apostó por un ambiente progresista en la oficina para favorecer el trabajo innovador e imaginativo. Ya había desarrollado sus polémicas oficinas 'Prismáticos'[132] de la mano de Frank O. Ghery en 1991, Venecia de los Ángeles, y su filial de Nueva York junto a Gaetano Pesce y ahora decide expandirse transformando una vieja nave de 11.150 m2 en una completa ciudad cubierta [71].

Este sobrio y ciego contenedor encierra un lugar de trabajo poco convencional al que se accede a través de dos tubos estrechos y elevados, similares a los *fingers* de los aeropuertos, que unen un amarillo y llamativo pabellón de acceso exento con la nave. Al interior aparece una verdadera ciudad protegida y privada con una calle principal como elemento articulador, una plaza o parque central, una cancha de baloncesto, pantallas publicitarias y barrios de agrupaciones diferentes que engloban puestos de trabajo intercalados con variadas estructuras que sirven como lugares de reunión. En el centro de la agencia se apilan contenedores amarillos para el departamento creativo y los directores de arte [72].

El entorno de trabajo ofrece un espacio para la comunidad que facilita el encuentro personal en diferentes lugares donde los puestos de trabajo no aparecen asignados a un trabajador, sino que cada uno de ellos

---

[132] La filial de TBWA Chiat Day en Venecia de los Ángeles recibe el nombre de Edificio Prismáticos, por los grandes prismáticos que Claes Oldenburg colocó en la entrada.

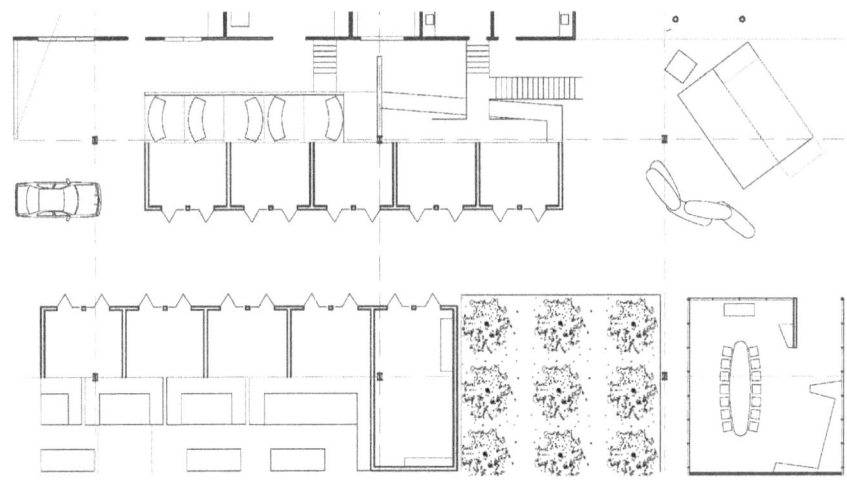

[72]
Despacho no asignado
TBWA/Chiat/Day

elije el lugar más adecuado a la actividad que va a realizar. Una oficina como la que propone Chiat ofrece variedad de lugares de trabajo en los que se pueda realizar actividades de diversa índole, algunas de ellas novedosas, como puntos de conexión a internet, lugares para la realización de *tormentas de ideas* y determinados encuentros informales, pero otras convencionales como salas de reunión y conferencias, áreas de reuniones y zonas de trabajo individual, tanto en abierto, semi-abierto o en despacho cerrado, según sea el nivel de privacidad y concentración necesaria. El concepto de oficina virtual se da la mano con una oficina de carácter cooperativo y comunicativo, más ajustada a las necesidades del sector de la compañía. Las formas innovadoras coexisten con las clásicas para ofrecer diversas posibilidades de realizar el trabajo con mayor interacción y mayor autonomía. Podría pensarse que el *club* del que habla Duffy, que tradicionalmente había quedado relegado a la dirección, pasa ahora a abrirse al resto de la compañía. Las estructuras laborales cada vez menos jerárquicas posibilitan esta situación para gran parte de sus trabajadores. El tipo de empresa nos va a ayudar a valorar qué tipo de oficina requiere y qué equipamiento es el más adecuado en cada caso.

EL ENTORNO DE TRABAJO INFORMAL

La organización del trabajo, junto a determinados factores sociales, culturales y técnicos, influye de forma decisiva en la implantación de la oficina y su equipamiento. Cada una de las aportaciones que hemos estudiado supone una decisión de proyecto distinta, un punto de vista diferente en la organización laboral, que permite identificar cada tipo de oficina. La oficina lineal parte de la organización taylorista, con la dirección separada en plantas independientes del trabajador, que utiliza un equipamiento de superficie mínima, configuración en hilera, con un trabajo mecánico, con poca interacción y poca autonomía. La oficina modular, que proviene de la oficina humana americana, permite la relación entre directivos y empleados organizados en una estructura modular que fomenta el trabajo en equipo. La oficina libre, con origen en la oficina paisaje, propone estructuras menos jerárquicas, con la dirección integrada en el área abierta y más flexible en la formación de grupos.

A pesar de estas diferencias, el equipamiento individual ha mantenido una forma convencional de escritorio, silla y archivo[133]. Con la aparición de la tecnología en red, el equipamiento tradicional sigue siendo utilizado, pero al mismo tiempo aparecen otros equipamientos novedosos que permiten un trabajo dinámico y creativo, con mayor interacción y autonomía, propias del concepto de *club*. El entorno de trabajo de finales del siglo XX aglutina todos los conceptos anteriores, pero además incorpora uno nuevo que hemos denominado informal y cuyo puesto de trabajo pierde su configuración formal establecida hasta ahora como mesa, silla y archivo. El diseño del equipamiento va a ofrecer por primera vez un entorno de trabajo diferente. Si el equipamiento de la oficina libre se distinguía por ser autónomo, ahora adopta además un carácter informal que lo aleja de los formatos convencionales.

Si consideramos el desglose de empresas que propone Duffy[134], podríamos establecer que las que se dedican a operaciones bancarias rutinarias, procesamiento y recepción de datos, tele-ventas y servicios bá-

---

[133] Como mantiene Fermín Vázquez: "E-topía, trabajar desde el sofá" AV Monografías 103 (2003) Tipos de oficina. (Pág 20)
[134] Duffy, Frank. *The New Office.* Conran Octopus Limited, London, 1997. (Pags 62-65)

sicos requerirán un entorno laboral *lineal*. Mientras que las compañías formadas por abogados, consultores o ingenieros, donde directivos y empleados trabajan en equipo en espacios separados pero cercanos, necesitarán un entorno *modular*. Por otro lado, empresas relacionadas con el diseño, la radio y la televisión encontrarán en la oficina *libre* el entorno de trabajo más adecuado, donde el directivo forma parte del área abierta de trabajo y donde se pueden formar equipos diferentes de manera inmediata para distintos proyectos. Por último, las empresas más creativas dedicadas a las nuevas tecnologías, publicidad y comunicación, están formadas por personal altamente creativo que requieren de un espacio alternativo que hemos denominado *informal*.

Sin embargo la relación entre los puestos definidos por Duffy y la oficina propuesta en esta tesis no es tan directa porque cada clasificación parte de unas premisas diferentes. Además, esta separación del tipo de puesto de trabajo por agrupaciones de empresa, no debe considerarse como algo inamovible, de hecho, las compañías actuales tienden a ser cada vez más flexibles para adaptarse a los nuevos retos. Por otra parte, la complejidad de una empresa es grande y determinados departamentos internos salen del ámbito general y requieren un espacio propio. Consideremos una compañía cuya implantación sea predominantemente lineal. El departamento de venta, gestión o dirección necesitarán otro tipo de organización acorde a su función. Y a la inversa, cualquier empresa cuya implantación óptima se considere modular o libre, dispondrá siempre de un departamento de contabilidad fundamentalmente lineal. Los tres tipos de oficina no definen actualmente las características de una empresa en su conjunto, que tiende a asumir nuevos retos desde finales del siglo XX.

A partir de la introducción de las nuevas tecnologías inalámbricas, la diversidad del trabajo dentro de cualquier empresa puede llegar a ser tal, que en muchas ocasiones el resultado peligra de ser disperso y poco unitario, y este es su mayor riesgo. El nuevo siglo se adentra en una era de transformación corporativa continua, donde la velocidad del cambio se convierte en un factor determinante para que la empresa sea más competitiva. La base son los empleados creativos pues las innovaciones provienen de la comunicación entre las personas. Las empresas fomentan el pensamiento y el trabajo creativo con determinados méto-

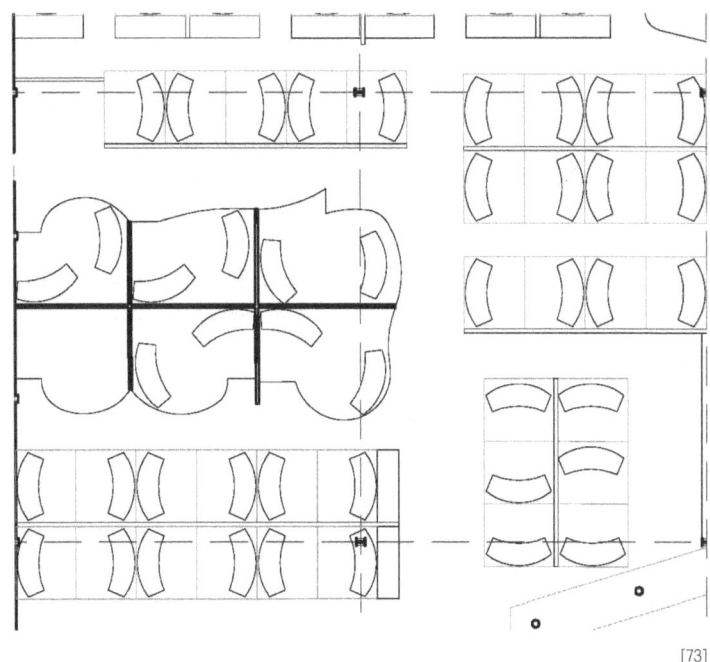

[73]
Nido
Steelcase
TBWA/Chiat/Day

dos y con la ayuda de espacios específicamente diseñados para ello. En oposición a la anterior burocracia, adquiere ahora importancia un nuevo carácter desenfadado del lugar de trabajo, que afecta de forma directa en el diseño del equipamiento y del entorno de trabajo, como veremos a continuación.

El paisaje urbano que propone TBWA Chiat Day invita a sus cuatrocientos cincuenta trabajadores a que la habiten potenciando los contrastes y las diferentes alturas que separan las intervenciones en barrios diferenciados. Las zonas de trabajo en equipo modifican el puesto de trabajo personal por medio de unas telas tensadas a modo de carpa que configuran un *nido* [73]. Este equipamiento construido por Steelcase fue diseñado expresamente para esta compañía y consiguió el premio Neocon Gold al mejor producto de diseño en 1999.

EL EQUIPAMIENTO INFORMAL

A finales de los años sesenta, se ensayaron los primeros prototipos de oficina que proponen la idea de trabajar en un lugar indefinido elegido por cada usuario, a pesar incluso de que la tecnología no estaba suficientemente desarrollada para llevarlo a cabo. El proyecto visionario de Hans Hollein de 1969 abre un campo novedoso que inspira no solo el deseo de libertad en la elección del lugar de trabajo sino incluso el modo en el que se realiza, una nueva forma de trabajo que hemos denominado *informal*, por el hecho de estar liberada del habitual escritorio convencional utilizado hasta ahora en el trabajo de oficina. Unas décadas más tarde, la tecnología será capaz de evolucionar hasta lo que hoy en día es de hecho una realidad. El trabajo individual se puede realizar desde cualquier lugar, con tal de que disponga de conexión inalámbrica, y se lleva a cabo de múltiples formas según el grado de concentración e interacción que se requiera en cada caso.

El equipamiento individual se ve directamente afectado con los avances de la tecnología y los cambios sociales y organizativos de la última década de siglo. Numerosos ejemplos avalan este hecho, como los columpios de la zona de llegada de la compañía Another.com que diseña Nowicka Stern en el año 2000 en Londres o la muy difundida y reconocida hamaca, que propone Camenzind Evolution en Zurich para la compañía Google. Todos ellos forman parte de una serie de equipamientos de oficina que proponen un elemento colgado en el que trabajar de una forma relajada y que nos recuerda a la propuesta de Hans Hollein, en cuanto a la búsqueda de un entorno de trabajo poco formal y más lúdico.

Another.com ofrece otros espacios para un trabajo poco convencional y añade al elemento colgado un césped continuo, donde el aislamiento del trabajo individual que se proponía en los ejemplos anteriores se sustituye por la posibilidad de realizar un trabajo, con las mismas premisas en cuanto a su carácter informal y creativo, pero que además permite la relación relajada con un equipo.

Gracias al ordenador portátil, el teléfono móvil, Internet y las conexiones inalámbricas, la posibilidad de trabajar a distancia se ha hecho realidad

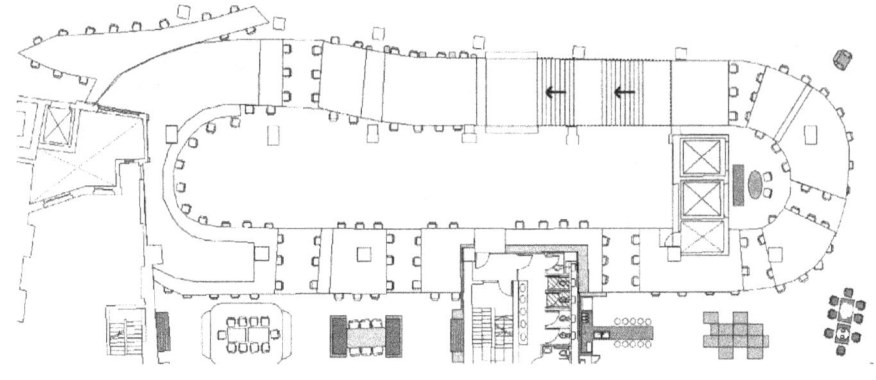

[74]
Mother
Clive Wilkinson Architects
California, EEUU, 1998

y permite conceptos nuevos de oficina donde el equipamiento tiene un papel relevante. Trabajar desde un sofá, como propone Penson en el ambiente hogareño de la Central de Google en Londres, o las sorprendentes salas de reuniones informales que desarrolla Camenzind Evolution en Google Zurich, que reutiliza una barca como asiento, son algunas de las propuestas más publicadas que abren unas expectativas hacia un tipo de trabajo imposible de haber sido imaginado hasta ahora, un equipamiento individual que forma parte de un entorno de trabajo llamativo y sugerente. Un sistema de trabajo que se presta a empresas donde lo importante es la *atracción del talento*. El lugar de trabajo se transforma en un entorno de juego atractivo para los jóvenes talentos.

LA IMPLANTACIÓN INFORMAL

En este nuevo mundo del trabajo, donde cada uno puede realizar su actividad laboral desde cualquier parte, se toma conciencia de las ventajas del trabajo autónomo. El control del tiempo y del espacio permite conciliar mejor el trabajo con la vida familiar, hacer lo que uno quiere y sentirse cada uno como su propio jefe[135]. El trabajo autónomo busca un apoyo mutuo en espacios compartidos y oficinas en coworking, con el fin de provocar choques creativos de enriquecimiento mutuo. Por otra parte, las empresas dan cada vez mayor valor a los nexos sociales donde se pueda también sacar partido al apoyo comunitario en una economía más colaborativa y lateral. La forma de realizar el trabajo adopta diferentes formas y la compañía ofrece diversos lugares para ello. La estructura de la organización laboral es flexible y plantea un equipamiento adecuado, con la premisa de disponer de capacidad suficiente para permitir los cambios necesarios en la organización. La distribución debe adecuarse a las necesidades de cada empresa.

En el caso de la empresa Mother dedicada al diseño de tejidos, realizada en 1998 por Clive Wilkinson [74], algunos asientos informales se alternan con puestos de trabajo poco convencionales que se ubican a lo largo de un gran tablero continuo realizado en hormigón a modo de telar iluminado con lámparas de cuelgue que muestran tejidos con sus propios diseños. La comunicación de marca se manifiesta de forma más directa en los espacios interiores, dirigida a los propios empleados, y pasa a un segundo lugar la imagen del propio edificio, como había ocurrido hasta ahora. La comunicación exterior es más eficaz con las herramientas que proporciona las nuevas tecnologías en red que con la envolvente exterior del edificio, que como veremos, tiene otras prioridades, aunque nunca dejará de ser un medio de comunicación de marca.

En este panorama general aparecen nuevos conceptos de oficina, como la oficina *sin papeles*, la oficina *sin cables* o la oficina *móvil*. Esta terminología no corresponde siempre con soluciones concretas y novedosas

---

[135] Horowitz, Sara. *What is new Mutualism?* Freelancers Union. Freelancers Broadcasting Network. Dispatches.
https://www.freelancersunion.org/blog/dispatches/2013/11/05/what-new-mutualism/

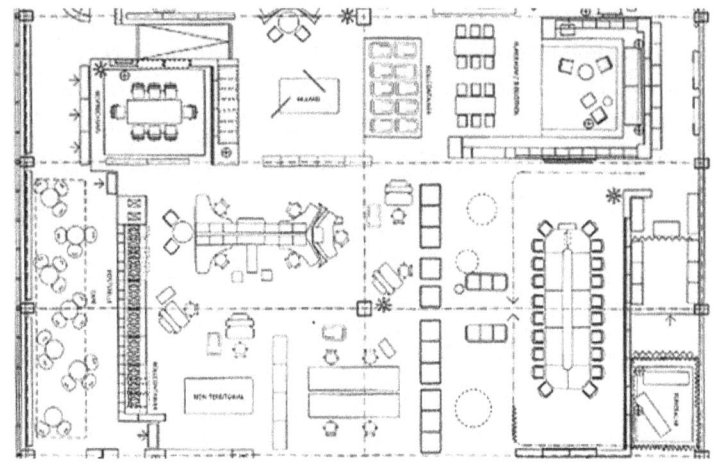

[75]
Vitra. Sevil Peach
Weil an Rhein,
Alemania, 2000

pero anticipan un concepto general que las engloba y que sí propone un gran cambio, la *oficina a-territorial*[136]. Su característica esencial es la eliminación de la relación fija entre el trabajador y su lugar de trabajo. El espacio de la oficina que permanece sin ocupar durante grandes periodos de tiempo por diversos motivos (trabajo realizado fuera de la oficina, bajas médicas, vacaciones, seminarios y reuniones) supone un gran coste económico. Compartir el espacio permite un ahorro de la superficie ocupada que rentabiliza mejor el negocio. El trabajador puede estar en contacto permanente con su sede desde cualquier lugar por medios remotos, informar con anticipación de su asistencia y reservar el puesto desde el que trabajará. La flexibilidad ha encontrado su máxima expresión en los nuevos modelos de oficina donde cada empleado no tiene asignado un puesto fijo. Aparece así, el puesto de trabajo *flotante*, *compartido* o *no asignado* que permite reducir la superficie ocupada.

---

[136] Peter Kern y Klaus Stiefel desarrollan este término en "Tecnología de la información aplicada al nuevo trabajo del conocimiento". *Atlas de edificios de oficinas*. Gustavo Gili, 2005, (págs. 66-69)

Para el fabricante de muebles Vitra[137], en su sede de Alemania, el estudio Sevil Peach propone en el año 2000 una intervención en la primera planta de una fábrica construida por Nicholas Grimshaw, en la que plantea una gran variedad de lugares diferentes [75]. Con esta propuesta dota a las oficinas de equipamiento no asignado para las nuevas formas de trabajo cooperativas, flexibles y dinámicas, donde pone de manifiesto la disolución de las fronteras entre el mundo laboral y el familiar con propuestas novedosas de puestos de trabajo. Una mesa de billar, sofás para una reunión informal, biblioteca y mesas de reunión en un ambiente de salón doméstico forman parte de las zonas propuestas para la interrelación personal. Peach divide la gran superficie en zonas diferenciadas a través de pavimentos y circulaciones que separan zonas de trabajo individual y en grupo. Dispone también de una zona para impresoras y fotocopiadoras, donde se depositan los carritos personales para puestos no asignados. La oficina está formada por una gran diversidad de lugares, con multitud de zonas de reunión dispuestas de forma informal y lugares de trabajo con posibilidad de aislarse para realizar actividades con mayor concentración. Al mismo tiempo, como en la compañía Mother, sirve de expositor para exhibir los productos que comercializa.

Algunas compañías apuestan por llevar la comodidad del hogar y lo doméstico a sus sedes centrales. Como hemos visto en Mother y Vitra, la central de Google en Londres[138], que Penson realiza en 2012 [76] lleva al extremo esta tendencia, donde relacionarse, aprender y habitar, se pueda llevar a cabo sintiéndose como en casa propia, con tu propia familia. En este caso se ocupa un conjunto de oficinas y viviendas diseñadas por Renzo Piano en Central Saint Giles y se recrea un interior estereotipado de la *casa de la abuelita*, con paredes mullidas y suelos enmoquetados. La oficina es un punto de encuentro con clientes, por lo que el ambiente cálido ofrece un clima de confianza que se alterna con componentes de ocio y deporte. Los puestos de trabajo compartidos reducen la superficie de la oficina convencional, que se ocupa con áreas de descanso, zonas de ocio, salas de reunión y espacios representativos, que la convierten

---

[137] Hascher, Rainer, et al: *Atlas de edificios de oficinas*. Gustavo Gili, 2005. (pág. 202)
[138] A+T: "Workshops. A better place to work", 2014 (págs 24-27)

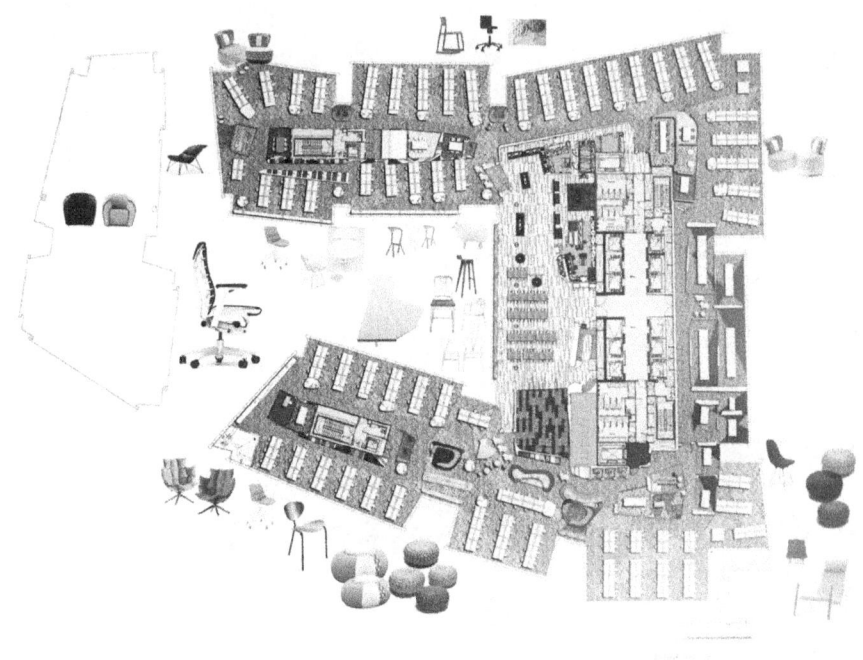

[76]
Google Central
Penson
Londres, 2012

en un lugar para realizar sobretodo trabajos comunitarios, en una búsqueda de relaciones personales de calidad. Las características de estas oficinas son difíciles de definir debido a la búsqueda de innovación en cada proyecto y las diferentes necesidades de cada cliente, pero tienen algo en común. Todas ellas buscan adecuar los nuevos retos laborales con un clima relajado o de trabajo informal, proveniente de las zonas de descanso de las primeras oficinas modulares de los años cincuenta en América.

[77]
'El becario'
Nancy Meyers, 1960

Por otro lado, son muy habituales espacios con un efecto emocional intenso. Crear una imagen joven, alegre y dinámica es una premisa prioritaria en algunas empresas, donde el tiempo del ocio y del negocio se mezcla para potenciar el pensamiento creativo y la innovación. Google dispone de numerosas sedes por todo el mundo donde lleva al extremo estos criterios y formas de trabajo, menos jerarquizada. En estos ejemplos, la utilización de materiales industriales con vivos colores y las instalaciones vistas son habituales, permiten reparaciones sin necesidad de romper falsos techos y ofrecen una imagen industrial, divertida, informal y relajada, llevada al cine por 'El Becario', dirigida por Nancy Meyers y protagonizada por Robert de Niro y Anne Hathaway. En esta imagen se ve cómo la protagonista entra con la bicicleta a la misma zona de trabajo de una oficina en un edificio industrial.

LAS CLAVES DE LA OFICINA INFORMAL

El equipamiento individual es la base de este tipo de oficina. Adopta formas muy variadas desde las convencionales, adecuadas al trabajo lineal, modular y libre en las áreas correspondientes a departamentos que requieran esa disposición, hasta otras soluciones innovadoras que se alejan del puesto de trabajo habitual e introducen rasgos propios de la oficina informal para un trabajo en red, creativo y dinámico. En cualquier caso, se trata de un equipamiento compartido, no asignado, que permite reducir el espacio de trabajo ocupado.

El entorno de trabajo alcanza su grado máximo de flexibilidad, un entorno cambiante que integra diversas posibilidades de uso dentro del área de trabajo que intercala lugares de mayor concentración para el trabajo individual con otros usos, zonas de encuentro, reuniones informales, zonas de descanso, cafeterías e incluso lugares de ocio dentro de la oficina, que dan un valor añadido a los nexos sociales entre los trabajadores. Se mantienen las salas de reunión convencionales y los espacios representativos a la vez que aparecen funciones novedosas relacionadas con las nuevas formas de trabajo.

Como hemos estado viendo, se potencia un clima de trabajo relajado, informal, dinámico, abierto y joven, con un interés por la búsqueda de innovación en cada proyecto, personalizado a las necesidades de cada compañía, a su imagen de marca y al carácter de la empresa. Por lo tanto, las posibilidades son infinitas, desde proyectos que favorecen un clima relajado y doméstico hasta otros con soluciones más industriales, que potencian el uso de colores vivos e instalaciones vistas y que ofrecen espacios con un efecto de gran potencia emocional. En la oficina informal, crear una imagen adecuada es una tarea prioritaria con el fin de favorecer la confianza necesaria, capaz de promover el carácter colaborativo en una nueva economía lateral, que aboga por un trabajo más autónomo donde todo empleado se sienta que forma parte del club.

EL EDIFICIO INFORMAL

Una nueva concepción del trabajo nos posiciona en la consideración de un contenedor diferente que sea capaz de asumir los nuevos cambios. Sin embargo, el trabajo en red no afecta a la definición de una tipología edificatoria propia, ni siquiera los aspectos ambientales y de sostenibilidad tan presentes en los últimos años. Podemos afirmar que el apellido *informal* no define exactamente a un tipo de edificio. En realidad, hace referencia al tipo de oficina que alberga, a la que debe dar respuesta en cuanto a sus exigencias en las nuevas estructuras de trabajo. El término *informal* nos sugiere una ausencia de formalidad, vinculada a un nuevo aspecto que aparece en los entornos laborales, el carácter lúdico, en las últimas décadas siempre presente de alguna manera.

"Homo ludens" o "el hombre que juega" no es un concepto nuevo. En 1938, Johan Huizinga planteó este término para presentar una teoría sobre la función social del juego en el ser humano. En 1795, Friedrich Schiller hizo la siguiente reflexión: "Sólo juega el hombre cuando es hombre en todo el sentido de la palabra, y es plenamente hombre sólo cuando juega"[139]. El trabajo no carece de sentido lúdico, no deberíamos aceptarlo si no se disfruta de lo que se está haciendo. El filósofo francés Jean-Paul Sartre escribe: "Desde el momento mismo en que un hombre se aprehende como libre y quiere usar su libertad (...) su actividad es lúdica"[140]. Durante el siglo pasado 'trabajar para vivir' supone para muchas personas 'vivir para trabajar'. Los cambios sociales y las nuevas tecnologías van introduciendo una nueva idea, 'vivir para jugar', que marca el comienzo de una nueva Era. La posibilidad de liberar al ser humano del peso de tener que trabajar para sobrevivir ha sido una ilusión de los filósofos de todas las épocas, nos recuerda Jeremy Rifkin[141]. Trabajar duro nos ha alejado del juego profundo.

La creatividad tan aclamada en las nuevas actividades económicas sólo podrá desarrollarse a través de una mirada limpia, sin ataduras, como

---

[139] Schiller, Frederic. *On the Aesthetic Education of Man, In a Series of Letters.* Trad. E.M. Wilkinson y L.A. Willoughby, Oxford, Clarendon Press, 1967 (trac. castellano: *La educación estética del hombre.* Madrid, Espasa-Calpe, 1968. Pág. 73)
[140] Sartre, J. Paul. *The writings of Jean-Paul Sartre*, vol.2, Evanston (Illinois), Northwestern University Press, 1974.
[141] Rifkin, Jeremy. *La tercera Revolución Industrial. Cómo el poder lateral está transformando la energía, la economía y el mundo.* Paidós, Barcelona. Febrero 2012. (Pág 364).

la que tiene un niño cuando juega, en ocasiones alejado de la realidad y que muchas veces nos sorprende con una interpretación más accesible, comprensible y eficaz de la realidad. La libertad facilita al niño y a las nuevas compañías emergentes la entrada a un mundo imaginativo y sin reglas establecidas. Los jóvenes que crearon Google y Facebook, introdujeron a nivel mundial una red social desde sus residencias de estudiantes universitarios, sin un lugar ni un capital financiero convencional.

A partir de estas nuevas formas de comunicación, la organización de las empresas ven una oportunidad de negocio en la utilización de las nuevas redes globales. Las industrias tradicionales se han visto sorprendidas por la rápida aceptación del cambio de sistema. El negocio musical, editorial y comercial es capaz de disminuir los costes permitiendo las descargas en línea, los libros electrónicos, acuerdos de leasing como cuotas temporales para la adquisición de un coche, o incluso, vacaciones en régimen de tiempo compartido. La estructura del trabajo en red, junto a unos criterios de sostenibilidad más exigentes y la introducción de los nuevos valores del trabajo en la ciudad dispersa contemporánea, introducen un nuevo paradigma al que vamos a acercarnos en los siguientes apartados.

La oficina *informal* se posiciona en la búsqueda de un nivel de confort suficiente e imprescindible para que la sociedad se libere de las cadenas de un trabajo agotador y mecánico, y sea capaz de generar capital social a través del juego.

LA ESTRUCTURA EN RED

Las compañías han tenido que adaptarse rápidamente a las nuevas tecnologías con el fin de permitir un desarrollo de la organización interna hacia conceptos novedosos. Desde hace varias décadas, la prestación de servicios es más rentable que la producción. El uso de la tecnología provocó una creciente automatización de sector productivo que ahora involucra al sector de servicios. Los trabajos administrativos más rutinarios se ven afectados y se simplifican con programas específicos donde el cliente accede directamente al servicio en tareas sencillas como las que se realizan en cajeros automáticos, servicios bancarios, reserva de viajes, comercio electrónico y móvil[142]. Este cambio provoca una pérdida masiva de puestos de trabajo y una redefinición de las tareas de los empleados. La tecnología de la información y la progresiva globalización provocan cambios sustanciales en la organización de las empresas. La competencia y la demanda es cada vez más exigente y la capacidad de reacción e innovación es determinante para el éxito de las nuevas empresas y el mantenimiento de las grandes compañías. Los equipos organizados en red se adaptan rápidamente y permiten subcontratar trabajos que no son de competencia propia. El tamaño de la empresa ya no es un factor decisivo, pues se requieren equipos pequeños que sean capaces de adquirir la máxima flexibilidad. El conocimiento y la información se han convertido en un recurso económico que relega a un segundo puesto al capital y al trabajo[143]. Nacen así, a principios de los años noventa, las empresas virtuales que se crean y se disuelven continuamente en función de las necesidades del mercado y que permiten trasladar el trabajo a países con sueldos más bajos. El nuevo concepto de trabajo, motivado con los cambios técnicos y culturales, exige lugares de trabajo diferentes.

Las nuevas estrategias en la dirección empresarial y las formas de organización del trabajo superan el ámbito de la arquitectura. El edifi-

---

[142] Wilhelm Bauer y Peter Kern. *Atlas de edificios de oficinas. Gustavo Gili 2002* (pág.9)
[143] Ulrich Beck. *Un mundo feliz. La precariedad del trabajo en la era de la globalización.* Paidos, Barcelona 2000 (pág. 44)

cio administrativo, desde la propuesta de la oficina paisaje en los años sesenta, carece de cualquier referencia tipológica y de modelos formales estables. La creciente movilidad, propiciada por los ordenadores portátiles y servicios de alojamientos de archivos multiplataforma en la *nube*, modifica la forma misma de acometer los trabajos y los empleados se independizan todavía más del espacio físico. El trabajo basado en una red a escala mundial, Internet, los servicios en línea y los programas informáticos tiene como resultado una mayor autonomía del puesto respecto al medio físico en el que se desarrolla. El puesto de trabajo se independiza definitivamente de las vinculaciones físicas con el edificio, a excepción de una puntual alimentación energética. La falta de necesidad de una localización concreta y la posibilidad de realizar el trabajo a lo largo de todo el día lleva a que las empresas actuales superen las fronteras locales y temporales. El trabajo a distancia y la pérdida del lugar personal del trabajo en la empresa da origen al concepto que ya hemos visto como *oficina no territorial*.

Si la situación es tal y como la hemos presentado, nos encontramos en un momento histórico que revoluciona el mundo laboral. Según Wilhelm Bauer y Peter Kern, en la actualidad no se habla de *oficina*, sino de *puesto de trabajo*. La nueva situación afecta sustancialmente al equipamiento individual. La flexibilidad ha encontrado su máxima expresión en los nuevos modelos de oficina donde se valoran otras facetas del empleado y formas de negocio a favor de una eficaz adaptabilidad a los cambios. The Vision Weg[144] es una organización empresarial en red, como muchas otras que van surgiendo, que no dispone de una estructura piramidal sino que se organiza según un principio reticular, de jerarquía plana, basado en equipos multidisciplinares. Cada unidad tiene capacidad para tomar decisiones que permiten reaccionar directamente frente a los requerimientos de los clientes. Se trabaja en proyectos de manera flexible, con equipos no fijos. En este sentido son importantes nuevas fa-

---

[144] The Vision Web, empresa fundada en 1995 en Delft, Holanda, se dedica al asesoramiento de tecnología de la información y se ha convertido en un ejemplo emblemático de la organización reticular, publicada en Atlas de edificios de oficinas, en el artículo de Bart Piepers y Marcel Storms "Nuevas estructuras empresariales y sistemas de trabajo" (pág.36).

cetas que hasta ahora no habían sido significativos para la elección del personal. Los valores que se fomentan desde la empresa están basados especialmente en la rapidez, el dinamismo, la creatividad y la capacidad de comunicación. Cada trabajador tiene que convertirse en empresario y ser capaz de desarrollar negocios, buscar clientes y colaboradores. De esta forma, la entidad matriz está formada por muchas microempresas independientes cada una de ellas responsable de sus resultados. Todos los procesos de la oficina están diseñados en intranet y cada cual puede trabajar desde cualquier parte, por lo tanto no requiere de oficina en el sentido convencional. La sede de la empresa no juega ningún papel desde el punto de vista laboral, sólo es un punto de encuentro, lugares donde encontrarse de forma relajada con los colegas. Esta es la manera en la que se produce el intercambio de información y se fomenta la cohesión social de sus integrantes.

La experiencia no es un factor tan determinante, se equipara a la rigidez, por el contrario se valora la flexibilidad. Las oficinas son dinámicas en función de las tareas y de los usuarios con el fin de fomentar la creatividad y materializar innovaciones rápidamente. La velocidad de improvisación se convierte en un factor definitivo para que la empresa sea competitiva, para ello se fomentan determinadas técnicas desarrolladas para este fin, como el *brainstorming*[145] y el *mind-mapping*[146]. Las personas creativas desarrollan al máximo su rendimiento cuando disponen de un grado suficiente de autonomía y se encuentran con tareas atractivas y complejas que supongan un reto. El papel de la dirección es fundamental para el buen funcionamiento de este nuevo orden en la empresa donde se fomenta el riesgo y la proactividad individual, dentro de una jerarquía

---

[145] Braimstorming, o tormenta de ideas, es una herramienta de trabajo grupal para generar ideas originales en un ambiente relajado, ideada en 1919 por Alex Faickney Osborn.
[146] Mind-mapping es un mapa mental o diagrama que representa ideas, tareas o conceptos dispuestos radialmente alrededor de una palabra clave. Tony Buzan ha sido su gran difusor desde los años setenta con un programa de televisión para la BBC, con aplicación también en las tormentas de ideas.
Buzan, T. *Use Your Head.* 1987.(en castellano: *Cómo utilizar su mente.* 1987, Ed. Deusto ISBN 978-87-234-0679-1)
Buzan, T. *Cómo crear mapas mentales.* Barcelona. Urano, Enero 2013. IBSN 978-84-7953-833-0.

plana. Los productos y servicios que ofrece la empresa responden cada vez más a un trabajo realizado por equipos multidisciplinares altamente cualificados. La adquisición de personal adecuado es para numerosas empresas una actividad estratégica, pues se han dado cuenta de la gran importancia del potencial humano para determinados sectores de trabajo. Se invierte en la formación y motivación del personal y se valoran las experiencias individuales que puedan aportar nuevas visiones.

La dirección debe ofrecer a estos trabajadores de altas cualidades un clima de confianza, tanto en los éxitos como en los fracasos, que promueva la competitividad en el mercado global y la búsqueda de objetivos comunes basándose en la comunicación y en la colaboración. Las nuevas formas de trabajo modifican los mecanismos para favorecer la colaboración en los equipos. El trabajo individual se reduce a favor del trabajo comunicativo en equipo. La cultura de la empresa actual cambia notablemente con la organización del trabajo orientado al beneficio, nuevos modelos de contratos a tiempo parcial o tiempo de trabajo flexible. No hay que olvidar que la libertad de tiempo y espacio que ofrece el nuevo mercado laboral está unida a la inestabilidad y a la inseguridad.

La organización jerárquica y burocrática tradicional ofrecía a los empleados un alto grado de seguridad social y emocional.

La estabilidad de un sueldo fijo, los despidos regulados, los horarios de trabajo, las vacaciones fijas y la pensión asegurada, lo queramos o no, pertenecen a un sistema de la organización laboral, que va poco a poco pasando a formar parte del pasado.

El trabajo en red pone el énfasis en nuevos valores como la apertura, la confianza y la transparencia, frente la autoridad y la opacidad de las estructuras tradicionales. La difusión de Internet ha reducido drásticamente los costes de la información y ha dado lugar a nuevos modelos de negocios, radicalmente distintos con respecto a los modelos centralizados convencionales. Estos nuevos modelos son especialmente atractivos para una nueva generación acostumbrada a compartir información en espacios sociales virtuales. Los sectores tradicionales vinculados al mercado convencional se enfrentan al desafío de competir con nuevos modelos de negocio que aparecen gracias a la creatividad y a la confianza, redes dedicadas a compartir, ya sea información, música, vehículos, aparcamientos o intercambio ocasional de viviendas.

Jeremy Rifkin compara los dos modelos de negocio[147] el convencional, de estructuras piramidales, y el más novedoso, horizontal y en red. Así como las grandes empresas que surgieron el siglo pasado, como las petroleras, automovilísticas, telefónicas, eléctricas y constructoras, entendieron que cada una reforzaba las oportunidades comerciales de las otras, la nueva estructura en red genera un único panorama indivisible con empresas de diversos campos, energías renovables, construcción verde, telecomunicaciones y transporte eléctrico. Jeremy Rifkin añade un punto interesante especialmente para estos últimos tiempos vividos en España. Según él, no está cambiando solamente nuestro modo de hacer negocios, sino también nuestra manera de concebir la política, más allá de izquierdas y de derechas[148]. Y es que el mundo político también tiene que ser capaz de adaptarse a las nuevas reglas de juego, donde el dinamismo y la creatividad doten a los equipos de la capacidad necesaria para llegar a entenderse y conseguir acuerdos.

---

[147] Rifkin, Jeremy. *La tercera Revolución Industrial. Cómo el poder lateral está transformando la energía, la economía y el mundo.* Paidós, Barcelona, Febrero 2012. (Pág 191).
[148] Ibid. Pág 195.

CRITERIOS DE SOSTENIBILIDAD

El crecimiento demográfico y la urbanización del siglo pasado han dado lugar a los grandes edificios de oficinas, a grandes infraestructuras de comunicación y a amplias extensiones de nuevos suburbios, a costa de la degradación y la desaparición de los ecosistemas naturales de la Tierra. La sostenibilidad del planeta está amenazada por la explosión demográfica, la destrucción del medio por emisiones tóxicas y el agotamiento de los recursos naturales. El cambio de siglo empieza a hacer frente a los nuevos desafíos. Con el propósito de frenar este proceso se promueve un convenio global para proteger el ecosistema en varios aspectos como la masa forestal del planeta y las emisiones de CO^2. La reducción de estas emisiones es una de las prioridades de la Unión Europea[149].

Según Jeremy Rifkin[150], los edificios de Estados Unidos consumen el 50% de la energía total y el 74'5% de la electricidad, lo que equivale al 49,1% de todas las emisiones de dióxido de carbono del país. El 40% del consumo total de la energía en la Unión Europea corresponde también a los edificios. Desde la crisis del petróleo de 1975, la sociedad comienza a ser consciente de que los recursos naturales no son ilimitados y pueden agotarse. De la misma forma que la demanda social tiene presente la calificación energética de sus electrodomésticos, los arquitectos debemos asumir nuestra responsabilidad en la construcción de los edificios y las ciudades. La arquitectura del trabajo dispone de algunos ejemplos donde los aspectos bioclimáticos están presentes, como la torre Menara Mesiniaga de Yeang & Hamzah[151]. Pero estas cuestiones ya empezaron a ser planteadas desde hace décadas. A mediados de los años ochenta la introducción del ordenador personal generó una alta carga térmica y las necesidades de climatización, refrigeración, ventilación e iluminación eran cada vez más exigentes. Se empezó a reconsiderar algunas estrategias de proyecto que permitían una reducción del gasto energético de

---

[149] Directiva 2010/31/EU del Parlamento Europeo y del Consejo, de 19 de mayo de 2010, publicado en el Diario Oficial de la Unión Europea L 153/13, 18.6.2010.
[150] Rifkin, Jeremy. *La tercera Revolución Industrial. Cómo el poder lateral está transformando la energía, la economía y el mundo*. Paidós, Barcelona, Febrero 2012.(Pág 117).
[151] Yeang, Kenneth. *The green skyscraper: the basis for designing sustainable intensive buildings*. Paperback 2000.

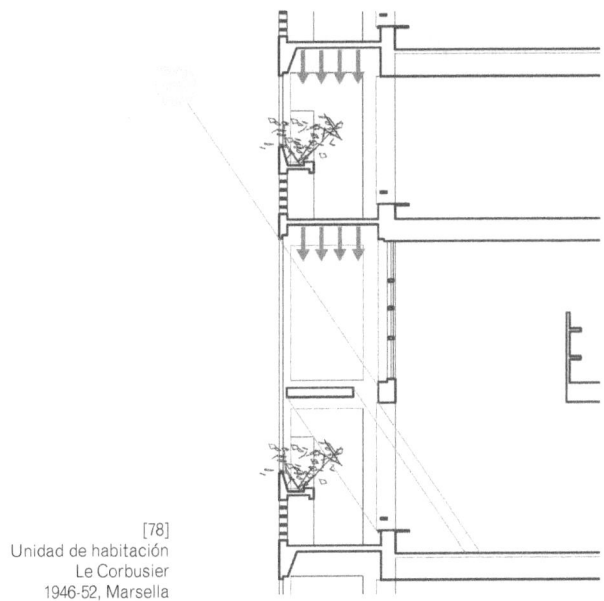

[78]
Unidad de habitación
Le Corbusier
1946-52, Marsella

forma pasiva. El efecto invernadero, asociado al comportamiento energético del vidrio, exige un tratamiento en la envolvente diferenciado según el clima y la orientación. La protección exterior del vidrio aporta un sistema pasivo que se comporta de forma diferente en verano y en invierno. Veamos algunos ejemplos que supusieron un avance en este sentido[152].

El elemento protector surge de la necesidad de resolver ciertas discrepancias entre el beneficio de la luz y el mal comportamiento climático del vidrio. La protección solar es una primera respuesta típica de la cultura mediterránea, basada en la ventilación natural que impide el acceso de radiación directa en el interior de las edificaciones durante los meses más calurosos. Esta forma pasiva de regulación energética se formaliza en la Unidad de Habitación [78], donde aparece como un elemento que

---

[152] Añado unas notas de un artículo que escribí para Arkrit, del Departamento de Proyectos de la Escuela de Arquitectura de Madrid: "El ahorro energético de una doble piel", publicado en: AAVV. *The power of skin. New materiality in contemporary architectural desing*. Arcadia mediática, 2018. ISBN 978-948774-6-9. (Págs. 206-222)

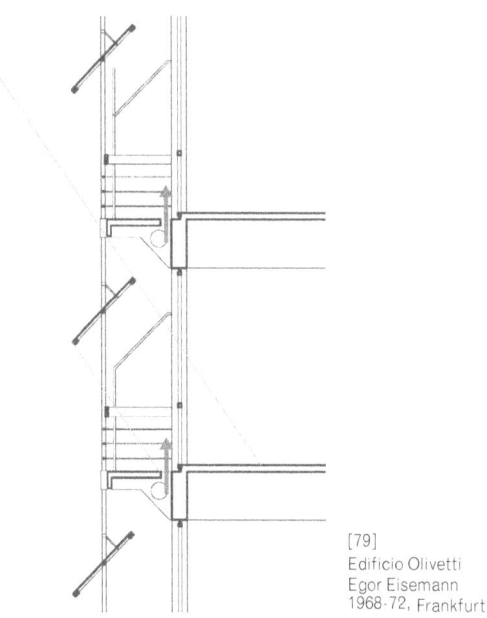

[79]
Edificio Olivetti
Egor Eisemann
1968-72, Frankfurt

constituye el cerramiento y desvela la estructura interna del edificio. El brise-soleil se convierte en un elemento compositivo del alzado, que no siempre cumple con las exigencias de orientación, ya que es inútil en el lado norte, ni tampoco con cuestiones térmicas, debido a que el hormigón calienta el vidrio por convección como un radiador que acumula el aire recalentado. A partir de los proyectos de Le Corbusier, las lamas protectoras del vidrio, se van a perfeccionar con el fin de conseguir un mejor ahorro energético en el consumo de los edificios.

El hormigón utilizado en los parasoles de Le Corbusier se sustituye en proyectos posteriores por aleaciones ligeras que no almacenan calor y se separan del cerramiento con el fin de permitir el ascenso del aire recalentado. La arquitectura alemana de Egor Eisemann resuelve los problemas de soleamiento y calentamiento del vidrio de manera muy simple en el edificio de Olivetti [79], construido en Frankfurt entre los años 1968 y 1972, posiblemente el más representativo de su obra. El conjunto edilicio dispone de un basamento rectangular sobre el que emergen dos paralepípedos de estructura similar. Ambas torres disponen de un centro

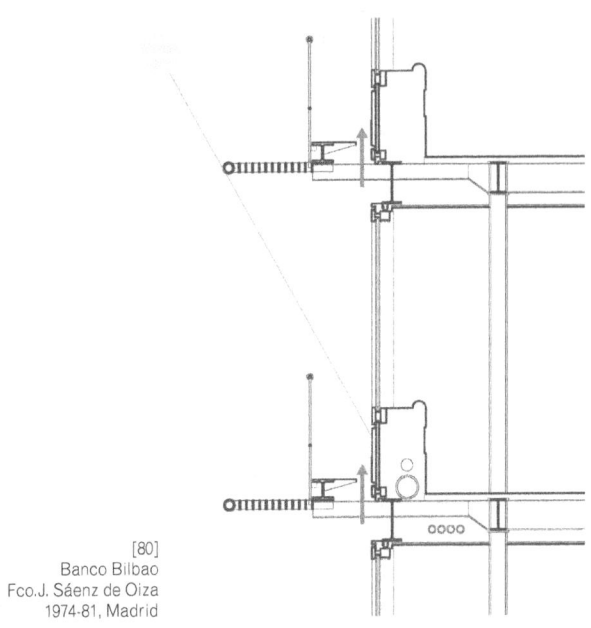

[80]
Banco Bilbao
Fco.J. Sáenz de Oíza
1974-81, Madrid

estructural del que cuelgan los forjados, del mismo modo que resuelve Antonio Lamela en las coetáneas torres de Colón, en Madrid. En el caso alemán, los vidrios se protegen con la sombra que ofrece un sutil corredor perimetral de estructura ligera y metálica, que soporta una pequeña estructura inclinada para ubicar lonas tensadas que prolongan la protección solar y aportan la escala humana al conjunto.

En este sentido cabe destacar el ejemplo más significativo de la arquitectura corporativa de Francisco Javier Sáenz de Oíza, el Banco de Bilbao en Madrid, ganador de un concurso en el año 1971 [80]. El vidrio doble dispone de una cámara estanca, con un vidrio exterior coloreado en bronce para reducir la trasmisión luminosa y térmica. En la cara exterior, propone un anillo perimetral en forma de IPN que marca la altura de los forjados y evidencia la escala humana del edificio, subrayada con la fina línea del pasamanos de latón. Este anillo se separa del cerramiento y permite una ventilación ascendente del aire recalentado de forma natural. A él se fija una chapa antideslizante de hierro galvanizado que sirve para el montaje de los vidrios y facilita su limpieza. Cada cara se

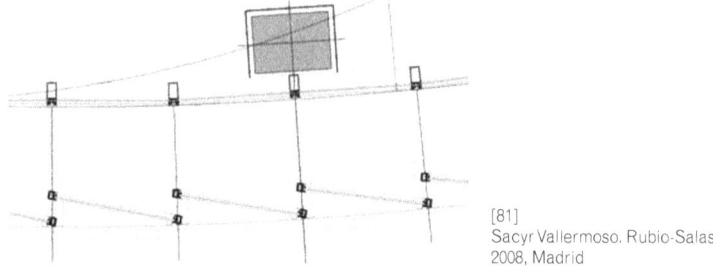

[81]
Sacyr Vallermoso. Rubio-Salas
2008, Madrid

especializa según las condiciones solares. Mientras que el norte no añade más elementos, el sur, este y oeste prolonga el anillo perimetral con una rejilla exterior formada por pletinas de aluminio anodizado en bronce, a modo de parasol. En el oeste añade además en su cara externa unas lunas absorbentes coloreadas que crean un espacio de aire ventilado intermedio que invierte el efecto invernadero.

De hormigón, de lonas tensadas o de vidrio, la doble envolvente ofrece una beneficiosa sombra al vidrio. Con mejor o peor acierto a lo largo de la historia del siglo XX, este sistema recupera una tradición de la arquitectura popular mediterránea, la celosía. Proveniente del mundo árabe, la celosía aporta una doble piel a la envolvente exterior de la arquitectura que, formada por piezas cerámicas o entramados de madera, ofrecen una sombra al espacio interior mientras que permiten el paso del aire y la ventilación. Si además se dota a esta doble piel de la movilidad necesaria[153] se permite adaptar su forma a las condiciones variables de luz y temperatura a lo largo del día. Esta movilidad puede ser conveniente desde el punto de vista ecológico, siempre que sea capaz de ajustarse a criterios de rentabilidad. Destacamos la envolvente de la torre Sacyr Vallermoso [81] que el estudio Rubio-Salas construyó en Madrid en 2008, como una de las Cuatro Torres emblemáticas que dibujan un nuevo skyline para la ciudad de Madrid. El conjunto se protege con una doble piel formada por escamas de vidrio y aluminio que unifica el aspecto en su conjunto y la protege de ciertos agentes externos, como el soleamiento, el aire y los ruidos.

---

[153] Lutz, M.: "La envolvente cambiante". *Atlas de edificios de oficinas.* Gustavo Gili, 2005, (pág 59).

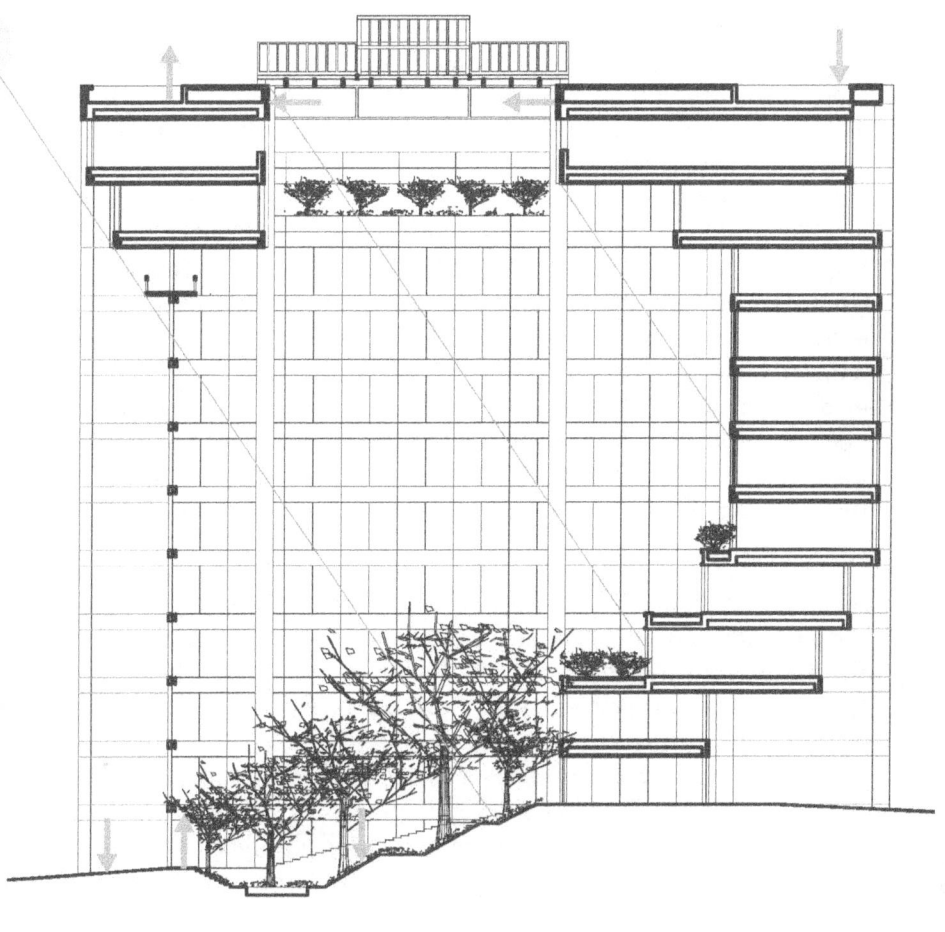

[82]
Fundación Ford
K. Roche y J. Dinkeloo
1963-68, Nueva York

La Fundación Ford [82] de Kevin Roche y John Dinkeloo ofrece en los años sesenta una aportación novedosa y con gran trascendencia. Un espacio intermedio verde, un patio ventilado de clima constante[154] entre las fachadas sur y este, separa el lugar de trabajo de los saltos térmicos extremos de la ciudad de Nueva York y elimina en cierto grado la hermeticidad obligada por la climatización. La oficina se desarrolla a lo largo de dos lados contiguos de un atrio ajardinado que sirve de acceso y propicia el encuentro. A nivel climático, el patio adopta un papel bioclimático como solución pasiva que favorece la sostenibilidad y el ahorro energético del edificio. Este esquema de patio interior ajardinado se va a repetir desde entonces en otras sedes corporativas como el John Deere en Illinois, que realizan los mismos arquitectos una década más tarde. En Madrid, contamos con el edificio Endesa en la M-40, de Rafael de la Hoz, como ejemplo característico de patio bioclimático, que permite entrada de la máxima luz y el mínimo consumo energético. El rascacielos también ha tenido que adaptarse a los nuevos tiempos. La superposición en diagonal de patios vegetales que propone Foster en la torre Swiss de Londres, ofrece una solución a escala humana para el edificio en altura. Se trata de lugares internos que además de permitir la entrada de luz natural indirecta favorecen el ahorro energético en el consumo del edificio.

Un tema importante queda pendiente. La introducción de zonas verdes dentro del edificio administrativo tiene que ver con un aspecto de la sostenibilidad que emplea zonas ajardinadas en forma de patio como la Fundación Ford, pero también tiene que ver con un intento de integrar la naturaleza en los ambientes de trabajo. Jean Nouvel demuestra su preocupación por estos temas en varios proyectos. En Suiza plantea en la sede Richemont con una sencilla estructura metálica integrada en la vegetación de su entorno y abriendo patios verdes. En el Centro Omnilife en México propone una cubierta como una gran parrilla metálica bajo la cual se dispersan módulos de oficina, caminos y cursos de agua que ofrecen distintos ambientes para reunirse, intercambiar ideas o descansar. En estructuras verticales su investigación profundiza en el tratamiento vegetal de la envolvente exterior que aplica en One Central Park, en Aus-

---

[154] Ver G.A.Details, nº4; Progressive Architecture, febrero 1968 (págs 92-105) y Framptn, K.: "A house of Ivy Leagues values", Architectural Design, Julio 1968, (págs 305-311).

tralia. Richard Louv[155] advierte que falta de naturaleza en la vida conlleva una larga serie de problemas de salud, como depresiones, dolencias físicas causadas por la vida sedentaria, obesidad, déficit de atención con hiperactividad o lo que él llama un trastorno por déficit de naturaleza. Lo cierto es que los jóvenes de hoy desarrollan sus vidas en un mundo conquistado por la nueva tecnología de la información y la comunicación y, en cierta medida, pierden la capacidad de centrarse. Autores de diversa índole como el escritor Robert Michael Pyle, E.O. Wilson, el historiador Tomas Berry, la antropóloga Elizabeth Lawrence y el sociólogo Stephen Kellert nos advierten que cada vez aumenta nuestra desafección con la naturaleza y nuestro desinterés por los problemas de la Tierra, siendo precisamente el mundo natural el entorno más rico en información. La interacción con la naturaleza resulta esencial para el pensamiento crítico. Numerosos estudios avalan la idea de que los espacios verdes favorecen el desarrollo infantil sano. La organización social es más igualitaria en estas zonas de juego, estimula el asombro, la imaginación y la creatividad. Los sicólogos ambientales Stephen y Rachel Kaplan, de la Universidad de Michigan sostienen que la solución a estos problemas de atención pasa por acompañar a los estudiantes durante periodos dilatados en entornos naturales y en los ritmos del mundo de la naturaleza. Esta es la manera en la que adquieren mayor sensación de paz y tranquilidad personal y adquieren mayor capacidad para pensar con más claridad. Terry A. Harting, profesor de sicología en Uppsala, Suecia descubrió que quienes habían caminado por el espacio natural rendían mejor o cuanto mayor era su exposición a actividades al aire libre en espacios verdes, más capaces son de centrar su atención. Por lo tanto, no es de extrañar que la inclusión de la naturaleza en los lugares de trabajo favorezca al estado emocional del trabajador y, por ende, su capacidad creativa y de interacción social.

No menos valor aportan los proyectos que dotan al edificio de una larga vida flexible, capaz de adaptarse a varios usos. Dentro de esta línea de actuación destacamos la reutilización del espacio con proyectos de rehabilitación que adaptan edificios existentes a las nuevas condiciones de trabajo. En cualquier caso, tanto en obra nueva como en rehabilitación, el principio básico consiste en el desarrollo de un proyecto a nivel

---

[155] Ibíd págs. 34-50. Citado por Jeremy Rifkin.

integral, donde los aspectos particulares estén siempre al servicio del sistema global gracias a las aportaciones de las diferentes disciplinas que participan en el desarrollo del proyecto, usuarios, arquitectos e ingenieros. La doble envolvente térmica es solo un factor más dentro de los aspectos que tienen que tener en cuenta las sedes corporativas como edificios sostenibles. La estructura, la construcción y la conservación también deben considerarse dentro de estos objetivos. El consumo de energía y recursos de los edificios administrativos se consideran no sólo durante el periodo de su uso sino también desde el momento de su construcción. En los países más industrializados, sobre todo en las grandes ciudades de economía emergente como India y el este asiático, los complejos edilicios de gran envergadura se siguen construyendo con estándares tecnológicos anticuados, que aceleran el consumo energético. La construcción de los grandes edificios administrativos y su mantenimiento afectan negativamente a la sostenibilidad del medio ambiente, provocan un gran consumo de energía y generan materiales tóxicos. Rainer Hascher[156] asegura que casi la mitad de la energía consumida en Europa se invierte en el mantenimiento de los edificios y que Norteamérica incrementa casi tres veces el consumo per cápita de los países industrializados occidentales. El ciclo vital de los edificios administrativos necesita un enfoque nuevo que incorpore el desarrollo sostenible al proceso proyectual, sin dejar al margen los aspectos económicos, sociales y culturales. La concepción global del proyecto debe equilibrar estos objetivos con una estrategia unitaria que justifique la elección de los materiales, su procedencia, su reciclaje y reutilización; el proceso constructivo, su coste y detalles constructivos sencillos que faciliten el desmontaje; la estructura clara y acorde a las condiciones del trabajo; la ubicación, la topografía, la vegetación del terreno y su infraestructura; las condiciones climáticas, radiación solar, viento, variabilidad térmica, condiciones geotérmicas, luz diurna; y la reducción del aporte energético. En este sentido cobra importancia los nuevos sistemas de trabajo organizados en redes que proponen entornos laborales de puesto no asignado. Esta implantación en los edificios de oficinas reduce la superficie construida y, por tanto, los gastos de materiales y energía.

---

[156] Rainer Hascher. "*Sostenibilidad aplicada a los edificios de oficinas*". Atlas de edificios de oficinas. GG, 2005. (Pág 47).

El acuerdo entre el coste de la obra y los costes de uso, o la simplificación de los aparatos de climatización en favor de una arquitectura pasiva son cuestiones a considerar en este planeamiento global de un sistema coherente. Para valorar el conjunto de las aportaciones en favor de la sostenibilidad de los edificios se desarrolló el Método de Evaluación Medioambiental del Establecimiento de la Investigación Constructiva[157] que posibilita una comparación fiable entre edificios existentes y nuevos. Este método de evaluación ha supuesto una fuerte regulación con respecto al consumo de energía, la eliminación de residuos y las emisiones nocivas. Pero con todo ello el fin es sólo minimizar los daños. Cada edificio que construyamos debería ser capaz de generar la energía limpia y renovable necesaria para cubrir sus necesidades. Jeremy Rifkin presenta una Tercera Revolución Industrial como la esperanza de poder alcanzar una era poscarbónica sostenible a mediados del siglo XXI con el propósito de evitar un cambio climático de niveles catastrófico. A lo largo del texto propone cinco pasos para que esto se produzca[158]: una transición hacia las energías renovables; la transformación del parque de edificios en microcentrales eléctricas; la incorporación de un sistema de almacenaje energético con tecnología de hidrógeno; el uso de la tecnología de internet para compartir la energía; y la transformación de la flota de transporte hacia vehículos de motor eléctrico. La arquitectura debería ser capaz de asumir esta transformación de los edificios en pequeñas centrales eléctricas que produzcan la energía que consumen y generen energía para la cuidad. La Arquitectura del Trabajo tiene una oportunidad para hacer frente a los nuevos y grandes desafíos que permitan revitalizar la economía y frenar a la vez el cambio climático.

---

[157] Baldwin R., Yates A., Howard N., Rao S., *BREEAM 98 for office*. Watford: BRE, Londres, 1998.
[158] Rifkin, Jeremy. *La tercera Revolución Industrial. Cómo el poder lateral está transformando la energía, la economía y el mundo.* Paidós, Barcelona, Febrero 2012. (pág 357).

EL TRABAJO EN LA CIUDAD DISPERSA

Estamos asistiendo a una considerable aceleración de algunos procesos urbanos, como el aumento de la movilidad y el incremento de las superficies ocupadas. En principio podría considerarse como una continuidad de la descentralización iniciada el siglo pasado, con la creación de nuevos ámbitos metropolitanos que soportan una mayor fragmentación espacial, pero además se está produciendo un paradigma metropolitano diferente como resultado de un nuevo ciclo del desarrollo económico que pone fin al ciclo fordista e inaugura un nuevo periodo. Las nuevas tecnologías de la información, las estructuras en red y los cambios de carácter social y económico están dando como resultado el comienzo de una nueva era en todas las sociedades.

Si echamos la vista atrás, reconocemos que los principios modernos de la zonificación, que planteaban una función determinada para cada lugar dentro de la ciudad, fracasaron. El centro estaba destinado a dar cobijo a la actividad terciaria, comercial y administrativa, con el rascacielos como principal tipología edificatoria para unas estructuras laborales piramidales. Un rápido proceso de industrialización provocó una intensa densificación del centro, mientras que la residencia se veía obligada a desplazarse a lugares más tranquilos en la periferia, en bloques residenciales rodeados de espacios verdes. La separación entre el ámbito laboral y el espacio privado había sido provocada por el desarrollo de la sociedad industrial, pero el gran crecimiento demográfico de los años posteriores trasformó las periferias de las ciudades en inmensos barrios residenciales que potenciaron aún más esta separación y trajeron consigo otros problemas, un insufrible tráfico que tienen que soportar diariamente millones de personas para trasladarse desde sus viviendas a las oficinas donde trabajan, con la contaminación que ello conlleva.

El desarrollo del transporte ferroviario y las redes de carreteras facilitaron esta salida del centro y los suburbios se expandieron rápidamente, sobre todo después de la Segunda Guerra Mundial en Estados Unidos. En esos momentos la expansión suburbana se identificaba con el bienestar de la economía. William H. Whyte publicó en 1956 *The Organización*

Man[159], donde dedica un apartado a esta forma de vida de la clase media carente de rebeldía e idealismo que en su búsqueda de la homogeneidad se encuentra necesitada de un sistema de vida comunal, mediocre y satisfecha[160].

Los esquemas rígidos de funcionalismo promovidos por la Carta de Atenas y los arquitectos modernos quedaron desfasados y sustituidos por otras soluciones que resuelven mejor los problemas de tráfico entre vivienda y trabajo. El traslado de la actividad comercial desde los centros de las ciudades hacia las periferias genera nuevos núcleos urbanos que distribuyen la movilidad y reducen parcialmente el colapso. Sigfried Giedion presenta la ciudad contemporánea como el símbolo más visible de las relaciones humanas, que solo puede ser construida cuando los métodos de la administración humana cesan en su oposición al desarrollo de la ciencia y el arte[161]. Las ciudades son aglomeraciones sociales y políticas con grandes intereses económicos donde la población se encuentra dominada por las máquinas, la omnipresencia de la circulación rodada y la confusión de diferentes inercias. Surgen nuevos suburbios independientes económica y administrativamente en una ciudad difusa como una nueva forma política y social de las grandes metrópolis. La construcción de las redes de transporte han potenciado la formación de núcleos periféricos en vastas extensiones que produjeron grandes sistemas territoriales intercomunicados sin orden aparente, una estructura en red cuyos nódulos giran en torno a una ciudad descentralizada, coherente con la nueva situación social, económica y cultural de la sociedad, provocada por las nuevas tecnologías en la era de la comunicación y por la globalización. Para definir estos nuevos sistemas territoriales aparecen términos como *ciudad dispersa, ciudad-territorio* o, como denomina Mike Davies[162] a Los Angeles, *ciudad de ciudades.* Una ciudad, entendida como la forma que ha tomado el crecimiento de las grandes metrópolis, constituye un nuevo modo de organización de la vida social en las

---

[159] Whyte, William H. *The Organization Man.* 1956. (pág 265).
[160] Ibid pág 345. Hace referencia a este hecho David Riesman *Muchedumbre solitaria,* 1971. (pág 235-240).
[161] Giedion S. *Space, Time & Architecture. The growth of a new tradicion.* First Harvard University Press paperback edition, 2008. (pág. 856).
[162] Mike Davis. *City of Quartz.* 1990

ciudades. Este crecimiento no ha estado exento de grandes contradicciones, que se expresan en la forma como se producen sus límites, en el debilitamiento de lo público y en una nueva forma de organización de la heterogeneidad social. Joel Garreau denomina este fenómeno como *edge city*[163]. Después de la salida de la población del centro urbano y del desplazamiento de los negocios a las periferias, nacieron las *edge cities* con una gran importancia económica y un enorme espacio dedicado a los negocios que generan mayor movilidad que el propio centro tradicional. La generación de estas ciudades de ciudades, cada vez más autónomas y dispersas en el territorio, genera intersticios fragmentados con una nueva jerarquía entre lugares.

La alta densificación de las nuevas periferias se produce al mismo tiempo que el abandono de las áreas centrales. A partir de 1960, este hecho es desastroso para algunas ciudades desde el punto de vista económico, como Manchester y Detroit. Al mismo tiempo que el carácter descentralizador aparece en la ciudad contemporánea, el espacio público consolidado en la ciudad tradicional deja espacios vacíos, lugares residuales y marginales. El espacio público pasa a ser un lugar restringido y protegido en el interior de las actuaciones comerciales densas y de usos diversos, fomentado por la creciente inestabilidad social. La congestión y la complejidad, presentada en *Delirius de New York* por Rem Koolhaas, estimula la arquitectura hacia un modelo de actuación que modifica las formas de habitar y percibir la ciudad en sintonía con el capitalismo actual. Este fenómeno, americano en su origen, tiene similitudes con algunas actuaciones japonesas puramente especulativas en un contexto de capitalismo extremo, como las fashion-buildings de Shinjuku, en Tokio. Sin embargo, en Europa aparecen propuestas que mantienen una correspondencia con la escala territorial y con la técnica adecuada a estos nuevos modelos espaciales, sin perder su sentido social y cultural. Los tejidos semi-consolidados, las zonas industriales obsoletas y las antiguas periferias deterioradas ofrecen posibilidades territoriales para la ubicación de nuevas actuaciones multifuncionales, basadas en intereses tanto públicos como privados, como alternativa social demócrata.

---

[163] Joel Garreau. *Edge City. Life on the New Frontier.* 1991.

Los proyectos de Euralille, de OMA, 1989-94 y el Berlín Zemtrum de Herzog & de Meuron, 1990, ejemplifican este proceso europeo con objetivos de revitalización de la ciudad consolidada. En 1989 OMA gana el concurso para revitalizar un vasto solar que había quedado degradado en la ciudad de Lille, Francia, con un programa complejo que incluye la estación, tiendas, oficinas, aparcamientos, hoteles, viviendas y un centro de convenciones y conciertos. La concentración de usos diversos promueve una ciudad más sostenible, capaz de optimizar el consumo energético y de reducir el tráfico. Las operaciones comerciales han aplicado la isotropía creciente de la ciudad contemporánea y su carácter homotético, desde la escala global a la local. Aparecen nuevas formas capaces de integrar la velocidad de los cambios y el desorden como factores inherentes al desarrollo de la ciudad.

Jeremy Rifkin plantea que el poder colaborativo que promueve internet reestructura las relaciones humanas en horizontal, con las profundas implicaciones que ello conlleva para el futuro de la sociedad. Según su texto[164], las grandes revoluciones económicas de la historia surgen en el momento en el que converge una nueva tecnología de la comunicación con nuevos sistemas energéticos. El poder que se ha ejercido tradicionalmente de forma vertical a través de una estructura piramidal da paso a nuevas estructuras horizontales y en red. Rifkin afirma que existen relaciones análogas a un organismo complejo entre las tecnologías de comunicación, que funcionan como el sistema nervioso que supervisa, coordina y administra el organismo económico, y las fuentes de energía, que compara con la sangre que circula por el cuerpo político, proporciona bienes y servicios y el crecimiento de la economía. Este planteamiento le lleva a buscar estas relaciones en las tres Revoluciones Industriales. Así comprueba que en el siglo XIX la I Revolución Industrial fue propiciada por la combinación de una comunicación novedosa, como fue el crecimiento de la imprenta y el telégrafo, con la aparición de una energía, el carbón. La II Revolución Industrial surgió en el siglo XX cuando la nueva comunicación a través de la electricidad y telefonía coincidió con una nueva energía, el petróleo. Fue el momento de las cadenas de producción del modelo T de Ford, la era del automóvil y la infraestructura de carrete-

---

[164] RIFKIN, Jeremy. *La Tercera Revolución Industrial. Cómo el poder lateral está transformando la energía, la economía y el mundo.* Paidós, Barcelona. Febrero 2012. (Pág 14)

ras, el cable telefónico, la radio y la televisión. Pero es ahora en el siglo XXI, cuando está asentada la comunicación de internet y empiezan a considerarse las energías renovables, el momento en el que puede cambiar la forma fundamental de trabajar y vivir, la estructura de la sociedad y la pérdida del poder jerárquico[165].

Las consecuencias en la ciudad son evidentes. Mientras que la I Revolución Industrial favoreció la creación de ciudades verticales y densas que albergaban estructuras piramidales, la II propició urbanizaciones suburbanas descentralizadas. Según Rifkin, Internet y las energías renovables traerán consigo la creación de múltiples nodos interconectados entre sí que producirán una nueva estructura económica y social[166]. Interesante su siguiente reflexión, que introduce términos como el 'juego creativo' para definir un nuevo carácter del trabajo: "Si la era industrial puso de relieve los valores de la disciplina y el trabajo duro (amén del flujo vertical descendente de la autoridad, la importancia del capital financiero, el funcionamiento del mercado y las relaciones basadas en la propiedad privada), la era colaborativa guarda más relación con el juego creativo, la interactividad entre iguales, el capital social, la participación en espacios abiertos en régimen público y el acceso a las redes globales."

En este sentido es significativo el esquema de Cedric Price, autor del aviario de Londres, que en relación a la evolución de la ciudad compara tres estados de un huevo, cocido, frito o revuelto, con una ciudad, antigua, del siglo VII al XIX o moderna, respectivamente, (the city as an egg).

La ciudad del siglo XXI deberá asumir los Objetivos de Desarrollo Sostenible (ODS), que implican una reducción del cambio climático, evitar la dispersión urbana, potenciar la mezcla de usos y la descentralización de núcleos generadores de ciudad, especialmente en ciertas cuestiones urbanísticas más urgentes que hacen referencia al tratamiento del espacio público como elemento esencial de la vertebración social.

---

[165] Ibid, pág 59.
[166] Ibid, pág 117.

CONCLUSIONES

*"Eres responsable de tu rosa,
porque la rosa es débil y necesita cuidados,
y porque tú la has domesticado,
la has hecho de algún modo tuya".*

Saint-Exupéry, *El Principito*

La unidad espacial del entorno laboral nos ofrece un punto de partida, concreto y definido, que ayuda a dirigir la atención a un aspecto clave para el entendimiento de una cultura corporativa con capacidad de ser identificada. El puesto de trabajo, su equipamiento y su agrupación asumen ciertas características que sirven de punto de arranque para definir cada uno de los tipos de oficina que se han experimentado durante el siglo pasado. La recopilación de los casos seleccionados no tiene un carácter enciclopédico. No hemos pretendido ordenar, conocer y clasificar de forma impasible los casos de implantación de oficina más publicados y significativos. Por el contrario, los ejemplos elegidos son los necesarios para mostrar de forma ordenada una investigación personal que se ha ido desarrollando a lo largo de una dedicación de más de quince años de experiencia profesional y que se ha ido formando con eslabones de una cadena que dejan atrás un camino andado, una visión dirigida, no exenta de algunas contradicciones. Con esta intención, el periodo de tiempo establecido en la tesis de cien años ha resultado ser suficientemente extenso y significativo para poder incluir alrededor de cien obras relevantes que nos permiten estar en disposición de sacar algunas conclusiones y ser capaces de vislumbrar hacia qué propósitos y fines se dirige la arquitectura de las corporaciones en el siglo XXI. Un periodo más corto hubiese sido insuficiente para este fin.

Un acercamiento a la arquitectura corporativa del siglo XX desde el punto de vista de la organización del entorno de trabajo en oficina se desarrolla en tres líneas relacionadas entre sí, de forma que una lleva a la otra y esta última a la siguiente. En primer lugar, se pretendía identificar los grupos generales en los que se pudiera englobar la gran mayoría de las obras seleccionadas. Los cuatro modelos de oficina propuestos han resultado ser una hipótesis de partida que establece cuatro organizaciones diferentes claramente identificadas con un origen concreto, que disponen de ciertas características permanentes en el tiempo y que permiten ser consideradas como *tipo*. En segundo lugar, se observan y definen algunas consecuencias arquitectónicas para cada organización, resultado de sus inquietudes y de una cultura propia. Estas condiciones permiten evaluar la idoneidad de cada una de ellas desde un punto de vista actual. Y en tercer lugar, como propósito último de la tesis, se observa el proceso evolutivo de la oficina, una sucesión de pasos que reconocen algunas pautas de transformación hacia la oficina ideal del siglo XXI.

Las oficinas *lineal*, *modular*, *libre* e *informal* son grupos con un carácter generalista cuyo origen es claramente reconocido y aceptado, aunque con otra terminología, y que no solo se distinguen por la configuración formal, como sugiere la nomenclatura propuesta, sino también por un sistema de organización empresarial ligado a determinadas condiciones sociales y culturales. Partimos, por tanto, de la hipótesis de que los condicionantes técnicos, que fueron decisivos en su configuración inicial, han sido capaces de adaptarse a las nuevas tecnologías que han ido surgiendo a lo largo de los tiempos. En consecuencia, los grupos son atemporales y se establecen como *tipos* de manera genérica para cualquier parte del mundo civilizado, a pesar de tener un origen temporal y físico definido. Cabría suponer una confirmación de los tipos propuestos como modelos ideales al margen de su origen, puesto que este era un aspecto clave y los datos de partida así lo sugerían. Podríamos justificar esta decisión como una suposición hecha a partir de una experiencia que sirve de base para iniciar una investigación, una intuición, que la razón nos ha confirmado a posteriori. Hemos hecho mención a los híbridos que aparecen entre ellos y al hecho de que cada oficina asume a la anterior como un caso particular. De tal suerte que la oficina modular puede disponer de una parte dentro de ella que tenga un carácter lineal, pero el simple hecho de que su geometría esté sometida a un módulo y que la dirección aparezca en la misma planta que los operarios denota un cambio significativo. Según esta premisa, la oficina libre, ejerciendo su libertad de organización interna, puede disponer de una parte claramente modular o lineal. Pero no cabe duda de que se trata de una oficina libre para el conjunto de la implantación, si la dirección pasa a un área abierta y se trabaja en equipos flexibles y versátiles. Del mismo modo, ya hemos visto cómo la oficina informal está compuesta por diversos tipos de oficina que incluyen los anteriores y que proporcionan una complejidad mayor del espacio de trabajo, donde los lugares de encuentro informal adquieren protagonismo. Estos asuntos, que dejan una clara evidencia de la fuerte resistencia que ofrecen las organizaciones a los cambios, ya los hemos tratado en cada uno de los capítulos, por lo que no vamos a incidir más en ello.

Sin embargo, sí parece oportuno matizar algunas cuestiones referidas al concepto arquitectónico de cada modelo. En el desarrollo del texto hemos planteado que la arquitectura corporativa ofrece unas características concretas para cada modelo organizativo que no tienen tanto que ver con un momento en la historia sino que permanecen latentes hasta la actualidad con sutiles variaciones. Cada uno de los grupos de oficina ha servido de excusa para tratar tres aspectos de la arquitectura corporativa que aparecen como referencias estables relacionadas con el *tipo*. La máquina del trabajo, la opaca piel de vidrio, la centralidad, la isotropía, el lugar de las relaciones humanas, la ciudad protegida de los negocios, la exhibición de la alta tecnología, el poder de los negocios, la sede como medio de comunicación, la estructura en red, la sostenibilidad y el trabajo en la ciudad dispersa, se podrían plantear como doce temas de tesis independientes. Cada uno de estos subcapítulos se ha tratado, por lo tanto, de forma breve pero con la profundidad suficiente con el fin de establecer una relación entre el tipo de oficina propuesto y la arquitectura más acorde a sus principios, eliminando todo aquello que no mantenga esta relación. La visión en conjunto de todos estos temas ofrece un panorama global de la Arquitectura del Trabajo del último siglo. La cuestión más polémica que se plantea a lo largo del texto, en más de una ocasión, es en qué medida cada uno de estos aspectos de la arquitectura se limita a un modelo o, si por el contrario, son temas generales en los que cada uno de los tipos se puede ver en mayor o menor medida identificado. Es un aspecto espinoso en el que muchas valoraciones son posibles. El hecho de partida que limita a tres los aspectos arquitectónicos de cada oficina es una decisión personal, no científica y, por lo tanto, discutible, pero que no se ha tomado sin una reflexión. Debían ser suficientes para identificar la organización pero no demasiadas para no caer en el caos de una maraña de conceptos que se cruzan entre sí. De hecho, desde los primeros capítulos referidos a la arquitectura que alberga la oficina lineal nos hemos sorprendido con ciertos conceptos que son difícilmente encasillables por tipo de oficina. La máquina del trabajo hace referencia a la arquitectura corporativa de la oficina lineal que se pone en marcha con el trabajo de las personas como piezas de un engranaje formado por trabajadores que disponen de un lugar de trabajo fijo, un horario estricto y un sueldo definido. Aunque hemos señalado que se trata de una característica esencial de la oficina lineal es imposible limitarlo en exclusividad a esta organización, porque ninguna otra elimina definitivamente este rasgo y lo único que cabría señalar es precisamente en qué medida está más relacionado con una organización que con otra.

Por último, planteamos una cuestión evolutiva, si existe una relación entre los cuatro tipos que permita asegurar un proceso de acercamiento creciente hacia lo que hemos denominado oficina *informal*. El orden cronológico del origen de cada uno de los modelos ayuda a entender que entre ellos se produce un incremento de la flexibilidad y versatilidad de la oficina. En cada tipo se aprecia una vuelta más de tuerca hacia un incremento de la entropía, un aumento del grado de desorden interno o, en otras palabras, un incremento en el grado de flexibilidad que aporta un nuevo valor hacia la libertad del individuo. El acercamiento hacia una oficina informal posibilita una nueva manera de enfrentarse al trabajo con beneficios impensables para los trabajadores de hace cien años, una libertad del uso del tiempo y del espacio que solo se puede entender desde las premisas de un trabajo informal. Este proceso evolutivo tiene sus inconvenientes, la pérdida de la protección empresarial bajo el paraguas laboral, casi familiar, que ofrecía un trabajo para toda la vida, un sueldo fijo, un horario y una pensión asegurada. Las dos caras de la misma moneda, un frente y un envés, que forman parte de una única tendencia en la que se debate la sociedad y la economía del siglo XXI. La organización laboral avanza con un gran lastre a sus espaldas que le impide desprenderse definitivamente de las normas establecidas en el pasado.

La protección empresarial cede lentamente espacio a una nueva organización corporativa adecuada a la era del individualismo actual, donde el capital social es la base de las nuevas organizaciones. Terminamos con unas breves notas sobre estos tres aspectos: la protección empresarial, una oportunidad en la era del individualismo y el valor del capital social.

LA PROTECCIÓN EMPRESARIAL

La organización del trabajo se ha dispuesto tradicionalmente con una jerarquía vertical y piramidal. Estas grandes compañías ofrecen un paraguas de protección que se ha ido perdiendo con el paso de las décadas. Aun en esos momentos y hasta incluso en la gran mayoría de las empresas más avanzadas, las interacciones personales dentro de las compañías sigue siendo vertical y jerárquica, proveniente del sistema de trabajo que ha sido útil para la producción y la construcción de las infraestructuras necesarias para el desarrollo. El convencimiento de que las relaciones sociales son beneficiosas para la empresa ha dado como respuesta estructuras laborales cada vez más horizontales, que empezaron con las primeras oficinas modulares de los años cuarenta americanos y se potenciaron con las estructuras libres de los equipos de trabajo flexible en los años sesenta en Alemania. A pesar de la relevancia de estos cambios en la implantación de la oficina solo ha podido vislumbrarse un rayo de algo radicalmente distinto con la introducción de internet a partir de los años noventa y su utilización de forma generalizada. La competitividad y la aceleración económica han promovido nuevas formaciones empresariales, flexibles y adaptables a los rápidos cambios que se ven obligadas a aceptar la inestabilidad que estas estructuras organizativas soportan y que dan lugar a oficinas que no necesitan entornos de trabajo permanentes[1].

Y es precisamente en los momentos de cambio y de incertidumbre cuando se corre el mayor riesgo, tanto más en cuanto el éxito de la empresa se apoye en beneficios inmediatos. Sennet señala que el peligro de una sociedad basada en la obtención de resultados a corto plazo favorece la corrupción del carácter en el mundo económico[2]. Las compañías, que aceptan las exigencias del corto plazo como la única forma para su organización, se ven obligadas a mantener un equilibrio inestable entre la continua adaptación a los entornos cambiantes y el mantenimiento su propia identidad. Las raíces de la confianza, la lealtad y el compromiso estable sólo pueden consolidarse a lo largo de un tiempo suficiente. Las empresas basadas en beneficios a corto plazo forman parte de una estructura débil, donde la preocupación no se centra en los individuos que la componen sino en un crecimiento económico rápido.

El trabajo estable que garantiza la fuerza de una empresa ha degenerado en redes de trabajo precario, con equipos tan flexibles como efímeros. La estable protección empresarial desaparece y se transforma en

---

[1] Pardo, Jose Luis. *Nunca fue más hermosa la basura* (págs. 176-177). "La oficina flexible no está pensada para ser un lugar de permanencia. La arquitectura de las oficinas de las empresas flexibles requiere un entorno físico que pueda ser rápidamente reconfigurado —en último extremo, la oficina se reduce a la terminal de un ordenador (...) es preciso que el espacio tenga la uniformidad y trasparencia del dinero".
[2] Richard Sennet, *La corrupción del carácter*, Anagrama, Barcelona, 2000. (pág.25)

esta situación frágil donde la sociedad se desorienta y no prospera. En tiempos de crisis económica, los gobiernos realizan recortes en enseñanza, asistencia social, sanidad y empleo público, mientras que las empresas privadas reparten las pérdidas con reducciones de empleos y sueldos. El trabajador se encuentra desamparado, el respeto a la persona desaparece, mientras que aumenta una obsesiva búsqueda por lo útil, que en palabras de Nuccio Ordine[3], "transforma en inútil la vida misma". El cortoplacismo consigue una ciudad que sigue siendo en el siglo XXI, como hace un siglo, un lugar de autómatas, de hombres sin tiempo para reflexionar, prisioneros de la necesidad, esclavos y robots, en vez de ser un lugar para ciudadanos libres y responsables, capaces de expresar solidaridad, defender la tolerancia, apoyar la justicia y proteger la naturaleza. Ortega y Gasset planteaba que el estar desmoralizado impide a las personas y a la sociedad llevar adelante su vida, porque no están en su quicio, no crean, ni son capaces de proyectar su futuro[4].

Adela Cortina, Catedrática de Ética y Filosofía Política plantea que "la lucidez permite tomar conciencia (…) de que una vida de calidad disfruta de las relaciones humanas, del ejercicio físico, del contacto con la naturaleza, del trabajo gratificante y de los bienes culturales"[5] por encima del mero interés por acumular bienes. La pregunta que surge entonces es evidente, hasta qué punto somos verdaderamente libres hoy en día de elegir nuestra forma de vida, de trabajo y de consumo. La protección empresarial se había considerado un entorno estable como la de una familia patriarcal bajo cuyo techo nada malo puede ocurrir. Una sobreprotección inadmisible por la sociedad actual que se desenvuelve en la era del individualismo.

---

[3] Ordine, Nuccio. *La utilidad de lo inútil*. Acantilado, Barcelona, 2013. (6º edición) (pág. 57)
[4] José Ortega y Gasset: "Porqué he escrito *El hombre a la defensiva*", *Obras completas*, Revista de Occidente, IV. (pág. 72)
[5] Cortina, Adela. *¿Para qué sirve realmente la ética?* Paidós Barcelona, 2014. (pág. 174)

UNA OPORTUNIDAD EN LA ERA DEL INDIVIDUALISMO

Este texto no pretende afirmar que cualquier tiempo pasado fue mejor, sino por el contrario, el propósito de este apartado es dejar entrever las posibilidades positivas dentro del panorama actual de continuo cambio en el campo de los negocios. Estamos inmersos en la Era del Individuo, confirma Cortina[6]. La sociedad está al servicio de los individuos, no por lo que suponen como individuos aislados, sino por el valor de las personas en sí mismas, en favor de su libertad de religión, libertad de expresión, de reunión, de desplazarse por un territorio, de ser defendido y de forjarse una conciencia propia. Son libertades desconocidas para una buena parte de la humanidad y, sin embargo, son irrenunciables. La libertad como independencia se conquista para no perderla. Immanuel Kant[7] planteaba la idea de tratar a cada persona como un fin, no sólo como un medio, del sentimiento de respeto que las personas experimentamos ante la capacidad de darnos a nosotros mismos nuestras propias leyes. Las personas queremos llevar las riendas de nuestra vida, aunque el hecho de poder elegir no garantice una vida mejor[8].

Estas son las ventajas del trabajo autónomo, la libertad entendida como un ámbito en el que podemos actuar sin interferencias ajenas y sin dominación, lo que no quiere decir sin responsabilidades, pero desde luego con menos protección. El trabajo personal es tanto más grato y eficaz cuanto más es reconocido. Así lo plantea el pensamiento de origen hegeliano que se refleja a través de varios autores a lo largo de las últimas décadas del siglo pasado[9]. El ser humano no quiere ser

---

[6] Adela Cortina. *¿Para qué sirve realmente la ética?*. Ediciones Paidós Barcelona, 2014. (pág 100-101)
[7] Immanuel Kant. *Fundamentación de la Metafísica de las Costumbres*, Espasa-Calpe, Madrid, 1967, 3º edición (pág. 84)
[8] Según Schumpeter en *Capitalismo, socialismo y democracia*, 1942 (edición Aguilar, Madrid, 1971), una democracia realista debe descansar en la elección de sus representantes. Conceder al pueblo mayor protagonismo, basándose en el "bien común" y la "soberanía popular" sería un error, porque no existe voluntad del pueblo, sino voluntades particulares de los ciudadanos, no existe un bien común, sino intereses en conflicto.
[9] Los autores mencionados por Adela Cortina en *¿Para qué sirve la realmente la ética?* Paidós, Barcelona, 2014 (p127) son: Georges H. Mead (*Espíritu, persona y sociedad*, Paidós, Barcelona, 1972, 3ª edición); Jürgen Habermas (*Conciencia moral y acción comunicativa*, Península, Barcelona, 1985); Axel Honneth (*La lucha por el reconocimiento*, Crítica, Barce-

ignorado, necesita el vínculo social del reconocimiento. Para ello, es necesario que las organizaciones permitan la participación, tomar parte en las decisiones, poder influir en ellas y que esa participación sea significativa[10].

Las empresas tanto públicas como privadas, como cualquier organización, necesitan de esta colaboración y su éxito dependerá de la profesionalidad de sus equipos. Cortina señala en su texto, premio nacional del ensayo en 2014, que para que este proceso se lleve realmente a cabo, lo esencial consiste en mantener viva la capacidad de reflexionar y ser consciente de porqué se toman las decisiones, con una verdadera voluntad de justicia que nos anime a reflexionar sobre lo hecho para proyectar un futuro mejor. Según esta teoría la base se encuentra en la educación. La necesidad de tomar decisiones a corto plazo exige tener los reflejos preparados para tomar buenas decisiones, estar entrenados para ello, ganar músculo ético como un deportista lo hace para estar en situación de competir. La integridad consiste en la coherencia entre las declaraciones y las realizaciones, mientras que las dobles intenciones, las mentiras y las calumnias crean desconfianza. El sistema educativo basado en la competitividad de la economía y el nivel de prosperidad de un país tiene como meta formar personas preparadas para lidiar en el mercado de trabajo, con el objetivo primero de centrarse en conseguir verdaderos profesionales que no sean meros técnicos. Si los profesionales se convierten en técnicos, la sociedad deja de confiar en ellos, por eso importa revitalizar las profesiones, recordando cuáles son sus principales fines[11]. Así como la sanidad procura el bien del paciente, la docencia transmite cultura y conocimientos y la justicia trabaja para una convivencia justa, la arquitectura se ocupa de buscar respuestas a los lugares habitados[12]. En este sentido, mientras que la vivienda ha sido un tema recurrente en las escuelas de arquitectura, los entornos

---

lona, 1997); y Adela Cortina (*Alianza y contrato,* Trotta, Madrid, 2001).
[10] Adela Cortina. *¿Para qué sirve realmente la ética?.* Ediciones Paidós Barcelona, 2014. (págs 109-112)
[11] Ibid. Pág 138
[12] En palabras de Weber "el profesional no se sirve a sí mismo, sino a una tarea que le transciende". Max Weber, *La ética protestante y el espíritu del capitalismo,* Península, Barcelona, 1969.

del trabajo han sido olvidados. Y quizá es donde los cambios sociales, técnicos y culturales están encontrando una salida propia de los tiempos que corren.

La nueva era de cambio para las organizaciones corporativas ha sido precedida de una fuerte crisis en la que se ha echado en falta a los buenos profesionales en las entidades financieras en primer lugar, pero también en los juzgados, en la política, en los medios de comunicación, en la sanidad, en las escuelas y en todos los puntos neurálgicos de la sociedad. También en la Arquitectura.

EL CAPITAL SOCIAL

"Deberíamos apostar por un mundo basado en la confianza para que el resultado sea menos doloroso y también más económico"[13]. La falta de ética en los negocios es considerada una de las principales causas de algunos problemas financieros y de la crisis del 2008. En la filmografía, 'Margin Call' se narra el proceso por el que un banco de inversión, supuestamente Lehman Brother, es capaz de vender algo que no vale nada, las conocidas "subprime"[14], con una total falta de conciencia respecto a sus gravísimas consecuencias. Mucho de lo que ha pasado podría haberse evitado si determinadas personas, entidades y organizaciones concretas hubieran actuado siguiendo las normas éticas que le corresponden, "de poco sirve tener una sociedad con leyes, elecciones y mercados si los ricos y poderosos no se comportan con respeto, honestidad y compasión hacia el resto de la sociedad y hacia el mundo"[15]. Las empresas deben favorecer el bienestar de la sociedad, tienen una responsabilidad ante ella por los perjuicios que pudieran ocasionar.

---

[13] Adela Cortina, ¿Para qué sirve realmente la ética?, Paidós Barcelona, 2014. (pág. 14)
[14] Las "subprime" solo fueron la gota que colmó el vaso, señala Adela Cortina, las malas prácticas financieras ya estaban arraigadas y la falta de control de estas prácticas, junto a la corrupción política y la burbuja inmobiliaria, no hicieron más que agravar la situación en España.
[15] Jeffrey D. Sachs, El precio de la civilización, Galaxia Gutenberg/ círculo de lectores, 2012. (Pág 9)

La educación no debe sólo formar simples técnicos especializados que puedan competir y atender a las demandas de los mercados, sino apostar por que sepan utilizar las técnicas para ponerlas al servicio de los mejores fines, responsables de los medios y de las consecuencias de sus acciones, con vistas a alcanzar los fines que le dan sentido a la profesión, la que comparten con una comunidad de colegas que persiguen idénticas metas[16]. La profesión requiere de cierta vocación, ha de contar con unas aptitudes determinadas para su ejercicio y debe asumir la meta que le da sentido[17]. En este contexto entra en juego lo que llama el *capital social*. La cooperación en las empresas genera confianza mutua, vínculos de amistad y crédito mutuo. La reciprocidad es la base de la cooperación y ellos se consiguen con una transformación interna en las empresas donde se tengan en cuenta estas consideraciones, a través de la educación que nos permita disponer de una capacidad crítica.

En cuestiones económicas, la capacidad de cooperación también se mueve por instintos y emociones, como señala Daniel Kahneman[18], que recibió el premio nobel de economía 2002 por integrar descubrimientos de psicología en la economía. Promover la cooperación es más inteligente que buscar conflictos, incluso con el propósito de sacar mayor beneficio y la máxima utilidad. En los últimos años, los grandes cambios van de la mano de un trabajo desde la sociedad civil donde los profesionales tienen mucho que aportar. La naturaleza colaborativa reordenará la vida económica, social y política en el siglo XXI. Jeremy Rifkin ilustra esta afirmación con ejemplos[19] y señala expresamente que esta

---

[16] Adela Cortina, *¿Para qué sirve realmente la ética?*. Ediciones Paidós Barcelona, 2014. (págs 132-135).
[17] Estos valores han sido explicados detalladamente por Adela Cortina en *Ciudadanos del mundo*, Alianza, Madrid, 1997, cap.VII.
[18] Daniel Kahneman, *Pensar rápido, pensar despacio*, Debate, Madrid, 2012.
[19] Rifkin, *La tercera Revolución industrial*. Paidós, Barcelona, Octubre 2011 (versión utilizada: Febrero 2012) (pág 178). TOMS, una compañía de Blake Mycoskie de 2006 realiza zapatos hechos con materiales sostenibles, orgánicos, reciclados e, incluso, veganos. Cada par de zapatos vendido, su filiar sin ánimo de lucro (Friends of TOMS) entrega otro par a un niño o niña necesitado en algún otro lugar del mundo. El calzado se recicla en productos de segunda generación como pulseras, balones, soportes para plantas y posavasos.

tendencia no tiene ninguna relación con las políticas de izquierdas o derechas convencionales, sino que está relacionado con los sistemas en red, colaborativos, horizontales, laterales, transparentes y abiertos, que se enfrentan a las viejas estructuras convencionales centralizadas, autoritarias, jerárquicas, opacas y cerradas. En la nueva era, la supervivencia no radica tanto en la competencia como en la cooperación, y tiene menos que ver con la búsqueda de la autonomía que con el arraigo y la integración. Los indicios que ya se hacen evidentes en la actualidad hacen pronosticar que la concepción de la teoría y de la práctica económica que nuestros hijos manejarán será radicalmente distinta de la nuestra.

El capital social será la base para que los nuevos sistemas organizativos se liberen del peso de la costumbre, del hábito a las antiguas corporaciones lineales y sobreprotectoras que impiden al individuo realizarse íntegramente como ser humano. En los próximos años se podrá comprobar en qué medida la sociedad será capaz de dejar atrás las grandes potencias económicas basadas en estructuras masculinas y dar paso a nuevas organizaciones laterales, colaborativas de cuidado y protección mutua. Nuestra supervivencia misma depende de la salvaguarda común del bienestar de los sistemas globales. El crecimiento económico ilimitado da paso tímidamente a la idea de un desarrollo sostenible.

UN RETO PARA EL ENTORNO DEL TRABAJO 2020

Inmediatamente después de publicar este libro el mundo entero se ha paralizado. Sin embargo, el proceso de trasformación se acelera, da un salto en el vacío, pero avanza en la misma dirección.

La pandemia covid-19 nos ha obligado a ser virtuales y a vivir con las redes sociales. Se nos ofrece la posibilidad de trabajar desde casa, ahorrarnos el tiempo del transporte y pasar más tiempo con nuestras familias. Se reduce el tráfico rodado y se fomenta el traslado de la población a pie o en bicicleta. Y como resultado inmediato, la ciudad respira, por fin, libre de la contaminación atmosférica. Nos damos cuenta de que todo esto puede ser provechoso tanto para los usuarios de las oficinas como para las empresas en las que trabajan. No debemos dejarlo escapar, sin pretender ignorar, por supuesto, la catástrofe sanitaria y económica que lo origina.

Las empresas que hasta ahora no estaban preparadas y se resistían a implementar el teletrabajo han tenido que dar el salto hacia lo digital de repente y de forma imprevista. Los restaurantes ofrecen comida a domicilio, las tiendas aceptan pedidos por internet y las oficinas se trasladan a las viviendas. El trabajo en red se instaura a la fuerza y no hay vuelta atrás. Tenemos la obligación de desprendernos del peso de la costumbre y caminar hacia un mundo que prevea estas nuevas circunstancias.

Es necesario afrontar el reto llevando a cabo un procedimiento adecuado que solvente los problemas ocasionados por una imposición repentina. En el caso de las oficinas, tanto espacios colaborativos en coworking como el resto de las empresas, dispondrán de espacios donde se permita la coexistencia del trabajo en red con el presencial. Los objetivos de la estrategia de reconversión pasan por la consideración de cinco aspectos fundamentales:

1. **La flexibilidad y la adaptabilidad de la oficina son prioritarias.**
   Los espacios de trabajo que ya habían adoptado soluciones versátiles, podrán adaptarse fácilmente a las nuevas exigencias. La tecnología ya permite el teletrabajo, solo queda terminar de implantarlo de manera eficiente basándose en una distribución flexible, de puesto no asignado, e instaurando horarios flexibles de entrada y salida.

2. **Asegurar de forma visible la distancia de seguridad de dos metros.** En principio, podría suponer un menor ratio de ocupación,

pero no será necesario si se considera la desocupación por diferentes causas, reuniones externas, bajas médicas, vacaciones, seminarios, incluso el propio trabajo en red, pero también la utilización puntual de salas de reunión y, en general, un cambio de uso de los espacios.

3. **Instaurar protocolos de seguridad dirigidos a la salud de las personas.** Una limpieza frecuente con productos apropiados de los espacios de trabajo se debe reforzar con la disposición de geles desinfectantes en distintos puntos, la ubicación de baños cercanos que faciliten un frecuente lavado de manos, la instalación de detectores de temperatura en los accesos, mamparas y mecanismos de luz, aperturas de puertas y griferías automatizadas.

4. **Garantizar la salubridad de las instalaciones,** con una renovación de aire controlada, un diseño de climatización por zonas, la optimización de la disposición de las rejillas y el sellado de las canalizaciones, con especial atención al mantenimiento. Ahora más que nunca será necesario disponer de los sellos de sostenibilidad, cada vez más respetuosos con el medio ambiente, el entorno, el confort y la salud de las personas, considerando la eficiencia energética dentro de una concepción global del proceso constructivo.

5. **La comunicación poniendo el foco en las personas,** en primer lugar de carácter interno, para transmitir confianza y motivación de forma regular y con cada cambio; una atención humanizada hacia los clientes, poniéndose en la piel de cada uno de ellos, pensando en cada proyecto, en los riesgos y sus particularidades; y una difusión de estrategias dirigida a proveedores y asesores para tirar hacia adelante conjuntamente.

Esta serie de cambios conllevan estrategias socialmente comprometidas, solidarias y más empáticas de cara a usuarios, clientes y proveedores, con la motivación de dejar un claro impacto en la sociedad. Una oportunidad que solo será posible con la coordinación entre lo público y lo privado con necesarias ayudas de la administración pública que dinamicen la recuperación, remando todos en una misma dirección.

La disposición de la propia vivienda y la misma organización familiar serán claves para que el trabajo en red funcione de forma eficiente. Un efectivo traslado del puesto de trabajo a casa supone un esfuerzo por parte de la empresa que ofrezca soporte, mantenimiento y seguridad a los equipos de sus empleados con asistencia remota. Todos estamos alarmados y el ser humano soporta mal la incertidumbre. Por eso, es necesario un mensaje de optimismo dentro de una situación excepcional, y poner de manifiesto que de ésta se sale arrimando el hombro. Solo así saldremos más reforzados y más comprometidos. Nuestra conversión en seres básicamente digitales impera y solo nos quedará el anhelo de lo analógico para quienes lo hayamos conocido.

BIBLIOGRAFÍA

BIBLIOGRAFÍA GENERAL

ÁBALOS, Iñaki; HERREROS, Juan. *Técnica y arquitectura en la ciudad contemporánea. 1950-2000*, Ed. Nerea, 1992.

BACON, Edmund N. *Desing of citys*. Primera edición 1967. Thames and Hudson LTD., London. Edición revisada, 1978. (Reimpreso, 1992).

BANHAM, Reyner. *The Architecture of the Well-Tempered Enviroment*. The architectural Press, Londres, 1969. (En castellano: *La arquitectura del entorno bien climatizado*. Ediciones Infinito, Buenos Aires, 1975)

BARTOLI, Annie. *Comunicación y organización: La organización comunicante y la comunicación organizada*. Paidós, Barcelona, 1992.

BECK, Ulrich. *Un Nuevo mundo feliz. La precariedad del trabajo en la era de la globalización*. Paidós, Barcelona 2000.

BOTTON, Alain de. *Miserias y esplendores del trabajo*. Lumen, Barcelona. 2011.

BRAND, Stewart. *How Buildings Learn: What Happens After They're Built*. Viking Penguin, New York, 1994.

CACCIARI, Massimo. *La cittá*. Villa Verucchio. Pazzini Editore. 2004.

CASTELLS, Manuel; MOLLENKOPF, John H. *Dual city. Restructuring New York*. Russel Sage Foundation, Nueva York, 1992.

CHENUT, Daniel: *Ipotesi per un habitat moderno*. Il saggiatore di alberto Mondadori. Milán, 1968

CONDIT, Carl W. *American Building: Materials and Techniques from the First Colonial Settlements to the Present*. The University of Chicago Press, 1983.

CORTINA, Adela. *Para qué sirve realmente la ética*. Paidós. Barcelona. 2014

COSTANTINO, María. *Frank Lloyd Wright*. Crescent Books, New York, 1991.

DAVENPORT, Alan. G. *The response of Supertall Building to wind*. Beedle, Lynn. Second Century of the skyscraper, Council on Tall Buildings and Urban Habitat, Van Nostrand Reinhold, Nueva York, 1998.

DAVIS, Mike. *City of Quartz: Excarving the Future in Los Angeles.* 1990

DORTIER, Jean-François (dir). *La gran historia del Capitalismo. Para entender qué pasa hoy y qué va a pasar mañana*. Filosofía hoy. Editorial Globus Comunicación. 2011.

DUFFY, Frank. *Work and the City*. Black Dog Publishing, Londres. 2008

DUFFY, Frank; HENNEY, Alex. *The Changing City*, Bulstrode Press. 1989

GARREAU, Joel. *Edge City. Life on the New Frontier*. Doubleday, New York, 1991.

GIEDON, Sigfried. *Space, Time and Architecture: The Growth of a New Tradition*. Harvard University Press, 1959 (en castellano: "Espacio, tiempo y arquitectura" Editorial Científico-Médica, Barcelona, 1961.)

GOLDBERGER, Paul. *Why architecture matters.* New Haven:Yale University Press. 2009.

GRASSI, Giorgo. *La Construzione Logica della Archittetura.* Marsilio, Papua, 1967. (versión en castellano: *La construcción lógica de la arquitectura.* COACB, Barcelona, 1973).

GUEVARA, Ramos, Emeterio. *La gestión de las relaciones y la responsabilidad social empresarial.* 2008. ISBN-13: 978-84-691-7212-4 N° registro 08/95673.

HARVEY, David. *The Condition of Postmodernity.* Blackell, Cambridge, 1990.

HILBERSEIMER, Ludwig. *Groszstadt Architektur*, 1927. (En castellano: *La Arquitectura de la Gran Ciudad.* Gustavo Gili, Barcelona, 1979.)

KAHNEMAN, Daniel. *Pensar rápido, pensar despacio.* Debate, Madrid, 2012.

KING, Anthony D. *Buildings and Society: Essay on the social development of the built environment.* 1980 Taylor &Francias e- library. (Duffy, F. Part III: 8. "Office buildings and organisational change" págs. 140-156)

KLEIN, Naomi. *No logo. El poder de las marcas.* Paidós, Barcelona. 1999.

KOOLHAAS, Rem. *SMLXL.* The Monacelli Press, NuevaYork, 1995.

KOOLHAAS, Rem. *Delirious New York: A Retroactive Manifesto for Manhattan.* Oxford University Press, NuevaYork, 1978.

FENTON, Joseph. *Hybrid Buildings.* Pamphlet n°11, Nueva York-San Francisco, 1985.

NAHMIAS, Steven. *Análisis de la producción y las operaciones.* McGraw-Hill Interamericana, 2007. (Capítulo 4: La gestión del conocimiento. Capítulo 10: Distribución y ubicación de instalaciones.)

MARTÍN, Victoriano. *Historia de la empresa.* Ediciones Pirámide, 2012.

MARX, Karl. *El Capital.* Editorial siglo XXI, 1946 (versión original 1867).

MITCHELL, William J. *City of bits.* MIT Press, Cambridge, 1995

MUSCHAMP, Herbert. *Hearts of the City. The Selected Writings of Herbert Muschamp.* Editor Alfred a Knopf. 2009

NORBERG-SCHULZ, Christian. *Los principios de la arquitectura moderna.* Editorial Reverté, S.A. 1988.

ORDINE, Nuncio. *La utilidad de lo inútil.* Acantilado, Barcelona, 2013.

PARDO, José Luis. *Nunca fue tan hermosa la basura. Artículos y ensayos.* Galaxia Gutenberg. Barcelona, 2010

PARDO, José Luis. *Estética de lo peor.* Barataria /Pasos Perdidos, Barcelona, 2010.

PÉREZ Gorostegui, Eduardo. *Introducción de la economía de la empresa.* Editorial Universitaria Ramón Areces, 2009.

POPPER, Karl Raimund. *Logik der Forschung,* 1934 . (Versión utilizada: *La lógica de la investigación científica.* Editorial Tecnos, Madrid, 1995).

RAGON, Michael. *Historia mundial de la arquitectura y el urbanismo modernos.* Ediciones Destino, Barcelona. 1979 (Edición original: *Histoire mondiale de l'architecture et de l'urbanisme modernes,* Casterman, 1971)

RILEY, Terence, et al. *Frank Lloyd Wright, Architect.* The Museum of Modern Art, New York, 1994

RIFKIN, Jeremy. *El fin del trabajo. Nuevas tecnologías contra puestos de trabajo: el fin de una era.* Barcelona, Paidós. 1996. (version original: *The End of Work. The Decline of the Global Labor Force and the Dawn of the Post-Market Era.* Putnam Publishing Group, 1995).

RIFKIN, Jeremy. *El sueño europeo.* Paidós, 2004. (Versión original: *The European Dream: How Europe's Vision of the Future is Quietly Eclipsing the American Dream.* Jeremy P. Tarcher, 2004)

RIFKIN, Jeremy. *La Tercera Revolución Industrial. Cómo el poder lateral está transformando la energía, la economía y el mundo.* Paidós, Barcelona. Febrero 2012. (Versión original: *The Third Industrial Revolution.* 2011)

SCHILLER, Frederic. *On the Aesthetic Education of Man, In a Series of Letters.* Trad. E.M. Wilkinson y L.A. Willoughby, Oxford, Clarendon Press, 1967 (trac. castellano: *La educación estética del hombre.* Madrid, Espasa-Calpe, 1968)

SENNETT, Richard. *The culture of the New Capitalism.* Yale University Press, New Haven, 2006.

SUDJIC, Deyan. *La arquitectura del poder. Cómo los ricos y poderosos dan forma al mundo.* Editorial Planeta, Barcelona, 2007.

TAYLOR, Frederick. *The Principles of Scientific Management.* Harper & Brithers, New York, 1911.

WEBER, Max. *Economía y sociedad. Esbozo de sociología comprensiva.* Fondo de Cultura Económica, Ciudad de México, 1964.

WHYTE, William H. *The Organization Man.* Simon & Schuster, NY, 1956.

YEANG, Kenneth. *Bioclimatic Skyscrapers: the basis for designing sustainable intensive buildings.* Artemis, Zurich, 1994

BIBLIOGRAFÍA ESPECÍFICA PARA LA ORGANIZACIÓN LABORAL

ALLEN, Tim, et al. *Working Without Walls.* Crown, Londres, 2004.

ALLEN, Thomas, et al. *The Organization and Architecture of Innovation. Managing the Flow of Technology.* Butterworth-Heinemann, Oxford, 2007.

ANSOFF, H. Igor. *La dirección y su actitud ante el entorno.* Deusto, Bilbao, 1985.

ARETS, Wiel. *La casa oficina.* Inst. Monsa de ediciones, Barcelona, 1999. ISBN: 9788486426903.

BALLHAUSEN, Nils. *Where Architects Work.* Detail. Munich. Alemania. New November 2013. ISBN 978-3-03821-412-0.

BECKER, Franklin; KELLY, Tom. *Offices at Work. Uncommon Work Space Strategies that Add Value and Improve Performance.* Jossey-Bass, San Francisco. 2004

BLYTH, Alastair; WORTHINGTON, John. *Managing the Brief for Better Desing.* E&FN Spon, Londres. 2010

CAYWOOD, Douglas B.: *The designer's workspace. Ultimate office Design.* Architectural Press. 2004

CASTILLO, Juan José. *El taylorismo hoy, ¿arqueología industrial? Nuevas formas de organización del trabajo.* Centro de publicaciones del Ministerio del Trabajo y Seguridad Social, Madrid. 1988

CASTILLO, Juan José. *A la búsqueda del trabajo perdido*, Madrid, Tecnos, 1998.

CLEMENTE-CROOME, Derek. *Creating the Productive Workplace.* E&FN Spon, Londres. 2000

DANZ, Ernst. *SOM: Architektur von Skidmore, Owings & Merril. 1950-1962.* The Monacelli Press, 2009.

DUFFY, Frank; HANNAY, Patrick. *The Changing Workplace*, Phaidon. 1992

DUFFY, Frank; POWELL. Kenneth. *The New Office. Facilities Design and Management.* Conran Octupus. Londres. 1997

DUFFY, Frank et al. *New Environments for Working* , Construction Research Publications, 1998

EISELE, Johann, et al. *Bürobau Atlas: Grundlagen, Planung, Technologie, Arbeits platzqualitäten.* Callwey, Munich. 2005

FERNÁNDEZ-GALIANO, Luis. *El edifico de oficinas.* Análisis y criterios de diseño. CITEMA, 1975

FLORIDA, Richard L. *La clase creativa: la transformació*n de la cultura y el ocio en el siglo XXI. Paidós, Barcelona. 2009

FURNARI, Michele. *Guide per progettare gli Uffici.* Ed. Laterza, 1995

GALL, Catherine; ARANTES, Beatrice. *Office code: diversité culturelle et espaces de travail en Europe.* Steelcase, Grand Rapids. 2009

GORDON, Trevor; PAINE, Henry. *La oficina interconectada, redes e internet para la empresa.* Ed. Robin Book.

GRECH, Chris; Walters, David. *The Future Office Design, Practice and Applied Research.* Taylor & Francis, Nueva York. 2008

HARDY, Bridged, et al. *Working Beyond Walls.* Crown. Londres. 2008

HASCHER, Rainer, et al. *Atlas de edificios de oficinas.* Gustavo Gili, 2005 (versión original, 2002)

HEINZ, Thomas A. *Frank Lloyd Wright: Interiors and Furniture.* Academy Editions, London, 1994

KREKLER, Bruno. *Proyecto y planificación. Edificios administrativos.* Gustavo Gili, Barcelona, 1978. (Dirigida por Paulhans Peters).

LIPMAN, Jonathan. *Frank Lloyd Wright and the Johnson wax Buildings*, Rizzoli, Nueva York, 1986.

LORANGE, Peter. *Corporate Planning: An executive Viewpoint.* Prentice Hall, Englewood Cliffs, New Yersey, 1980.

MARTIN, Reinhold. *The Organizational Complex. Architecture, Media and Corporative Space.* The MIT Press, Cambridge, Massahusetts. London, England, 2003.

MEEL, Juriaan van, et al. *Cómo planificar los espacios de oficinas. Guía práctica para directivos y diseñadores.* Gustavo Gili. Barcelona 2012 (versión original 2010)

MENGES, Axel: *SOM: Architektur von Skidmore, Owings & Merril. 1963-1973.* The Monacelli Press, 2009.

MESTRE, Octavio. *Efficient Offices.* Monsa publications S.A. 2016. ISBN: 978-84-16500-25-3

MESTRE, Octavio. *Espacios para vivir y trabajar.* Instituto Monsa de Ediciones. 2009

MONTES, Cristina. *Oficinas: Arquitectura y diseño.* H. Kliczkowski, Madrid, 2003. ISBN: 9788496137578.

MYERSON, Jeremy; ROSS, Phillips. *21th century office*: Architecture and desing for the new millennium. Rizzoli. New York, 2003.

MYERSON, Jeremy; ROSS, Phillips. *Nuevos diseños de oficinas: espacios para trabajar.* Ed. H. Kliczkowski. 2006.

MYERSON, Jeremy. *La oficina del siglo XXI.* HKliczkowski, Madrid, 2003. ISBN: 9788496137653

ORLANDO, Fabricio. *Spazio Ufficio: architettura e ambiente di laboro.* Edición Kappa, 1985

POGADE, Daniela. *Oficinas: Organización y diseño –Cómo diseñar espacios de trabajo.* Links books. 2009

REINHOLD, Hohl. *Bürogebäude International Office Buildings.* Niggli, 1968.

SAVAL, Nikol. *Cubed: A secret history of the workplace.* Anchor, 2015.

SCHMERTZ, Mildred F. *Office Building Design.* An architectural Record Book, 1975.

STEWART, Matt. *The other office: Creative Workplace Design.* Frame Birkhauser, 2004.

STEWART, Walton. *La oficina en casa.* Editorial Everest, 2001. ISBN: 9788424184254

SUNDSTRÖM, Eric. *Work Places: The Psychology of the Physical Environment in Offices and Factories.* Cambridge University Press. Nueva York. 1986

VAN DER VOORDT, Theo J. M. *Cost and Benefits of Innovative Work place Design.* Center for People and Buildings. Delft. 2003

PUBLICACIONES PERIÓDICAS

Arquitectos, n° 158: "Rafael de la Hoz". Consejo Superior de Colegios de Arquitectos de España. Madrid, 2001.

Arquitectos de Madrid, n° 01: "Distrito C de Telefónica. Rafael de la Hoz". COAM. Madrid. Marzo-2008. ISSN: 1888-2331.

Arquitectura, n° 22-23: "Bankunión". Colegio Oficial de Arquitectos de Madrid, Madrid, 1978.

Arquitectura, n° 222: "edificio de oficinas", "Bankunión", Colegio Oficial de Arquitectos de Madrid, Madrid, 1980.

A+T: "Workshops. A better place for work", Vitoria-Gasteiz, Spring 2014. ISSN: 1132-6409. ISBN: 978-84-617-1519-0.

AV Monografías 103: "Tipos de oficina", Madrid, 2003. ISBN 2910009944961

Detail: "Best of Detail Office", Munich, Alemania. Marzo-2013. (Publicación basada en artículos publicados entre 2002 y 2012)

Detail 09/2011 *Concept*: "Office Buildings". Munich, Alemania. 2011.

Detail Inside 2/2015: "Open Space", Munich, Alemania. Enero 2015.

Dezeen: "Google has had a negative effect on office desing", Jeremy Myerson. London. March 2016. www.dezeen.com

Diseño interior, n° 248: "Diseño sostenible", Madrid. Abril-2013.

Experimenta, n° 50: "Dossier Oficinas". Madrid. Enero 2005.

Experimenta, n° 34: "La oficina que viene". Madrid. Marzo 2001.

Facilities, Vol.11, Iss: 7: "Space/Time Office", Andrew Chadwick, 1993, (págs. 21-27), ISSN: 0263-2772. www.emeraldinsight.com

Oficinas. Grupo Tecnipublicaciones España. Madrid. (Revista especializada en el sector de la oficina).

ON Diseño, n° 338: Oficinas y espacios de trabajo. Barcelona. Octubre, 2013.

Revista Española de Investigaciones Sociológicas, n° 82: "El significado del trabajo hoy", Castillo Alonso, Juan José. 1998, (págs. 215-229).

Sociología del Trabajo, nueva época, n. 34, "Trabajo del pasado, trabajo del futuro: por una renovación de la Sociología del Trabajo", Castillo Alonso, Juan José. Otoño de 1998, (págs. 133-147).

SUMMA 42. La oficina contemporánea. ISBN 2910007270086. 2000

www.ingramcontent.com/pod-product-compliance
Lightning Source LLC
Chambersburg PA
CBHW031432160426
43195CB00010BB/698